사람살이와 자연섭리의 이치를 풀어 밝히는

주역의 건강철학

유장림(중국사회과학원 교수) 지음
김학권(한국주역학회 회장) 옮김

사람살이와 자연섭리의 이치를 풀어 밝히는

주역의 건강철학

| 옮긴이의 말 |

변화의 도를 따라 건강함을 추구한다

동양철학에 대한 폭넓은 지식과 깊은 이해가 없이 대학원에 진학하여 가까이 접하게 된 『주역』은 처음부터 나의 관심에서 벗어나 있었다. 무엇보다도 그 난해함으로 말미암아 나의 학문역량으로는 이해하기가 힘들었기 때문이었다.

대만 유학시절 은사이신 중천(中天) 김충열(金忠烈) 선생님께서 대만대학 철학과 객좌교수로 오셔서 대학원 강의를 하시게 되었는데, 어느 날 『주역』 연구의 권위자이신 중국 문화대학의 고회민(高懷民) 교수님에게 나를 소개해 주시고, 고회민 교수님을 지도교수로 모시고 『주역』 연구로 박사학위 논문을 쓰라고 말씀하셨다. 그 날의 당혹감은 지금도 잊을 수가 없다.

세월이 한참 지난 뒤에 선생님께서 왜 그렇게 말씀하셨는지를 깨닫게 되었고, 그 사랑과 배려에 감사하지 않을 수 없었다. 중국사상의 원천이 되는 『주역』에 대한 이해 없이는 중국사상을 깊이 있게, 그리고 바르게 이해할 수 없기 때문이었다. 그렇게 『주역』을 공부한 인연으로, 그 후 『주역』은 물론 『주역』과 관련이 있는 한의학, 기학 등의 영역에서 강의를 맡게 되었고, 중국의 건강철학에 대한 관심을 갖게 되었다.

1996년 LG연암문화재단의 후원으로 북경대학 철학과에 1년간 연구교수로 있으면서 중국사회과학원 철학연구소의 유장림(劉長林) 교수를 알게 되었고, 그가 쓴 『역학과 양생(易學與養生)』을 보게 되었다. 이 책은 중국 고래의 양생이론을 『주역』사상에 의거하여 알기 쉽게 설명하고 있어, 중국의 전통적인 건강의학 이론을 이해하려면 반드시 읽어야 할 필독서라는 생각이 들어, 이를 『주역의 건강철학』이라는 이름으로 번역하게 된 것이다.

이 책은 본래 9장으로 구성되어 있다. 제1장에서 제6장까지는 주로 역학철학의 이론과 양생학에서 역학철학을 어떻게 응용하였는지를 주제별로 나누어 서술한 것으로, 앞서 소개한 유장림 교수가 썼다. 제7장부터 제9장까지는 역사의 순서에 따라 각 시대의 중요한 양생학자 및 저작의 사상이론, 그리고 역학철학과의 관계를 서술한 것으로, 중국사회과학원 미학연구소의 등수요(滕守堯) 연구원이 쓴 것이다. 본서에서는 유장림 교수가 쓴 제1장에서 제6장까지만을 번역하였다.

본서의 제1장은 건강(養生)이론의 기초를 『주역』의 변통론(變通論)에 기초하여 설명한다. 제2장은 기공(氣功)을 통한 건강한 삶의 법칙을 『주역』의 환도관(圜道觀)에 의거하여 서술한다. 제3장에서는 건강유지의 목표로서의 중화(中和)를 『주역』의 중화론에 의거하여 설명한다. 제4장은 고귀한 생명의 근원으로서의 태극(太極)을 『주역』의 태극론에 의거하여 논의한다. 제5장에서는 건강한 삶을 영위하는 요령으로서의 형신동정(形神動靜)을 『주역』의 형신관과 동정관에 입각하여 설명한다. 그리고 마지막으로 제6장에서는 양생의 최고 경지로서 인간과 우주의 합일을 『주역』의 천인합일론(天人合一論)에 기초하여 논의함으로써, 고래로부터 전해져 온 전통적 건강철학의 이론적 토대가 『주역』에 있음을 간단하면서도 명료하게 설명하고 있다.

『주역』은 원래 점서(占書)에서 비롯된 것이나 근본적으로는 상반된 두 요소의 상호작용을 통한 변화의 세계에 뿌리를 두고 있는 변화의 철학서이다. 『주역』에서의 일체 사물은 끊임없이 생멸(生滅)을 반복하는 변화의 과정 속에 존재한다. 어떠한 사물도 생장쇠망(生長衰亡)의 순환과정을 벗어날 수 없는 과정적 존재에 불과한 것이다. 따라서 『주역』에서 변화는 존재의 본질적 속성이자 양태인 것이다.

유장림 교수는 이러한 『주역』의 철학사상이 양생학에 적극적으로 수용되어 중국의 독특한 양생이론이 구축되었다고 보고, 양생학의 중요 핵심이론을 『주역』의 변통, 순환, 중화, 태극, 음양동정(陰陽動靜), 천인합일 등의 이론에 의거하여 이해하기 쉽고 분명하게 설명하고 있다.

이와 같이 중국의 양생학은 형신합일관(形神合一觀)에 의거하여 '형기신(形氣神)'의 원활한 순환을 통해 건강하게 천수를 누릴 수 있다고 생각하고, 정신과 육체가 상호 긴밀하게 연계된 형신합일의 건강이론을 『주역』의 변화철학을 토대로 하여 구축하게 된 것이다.

최근 국민들의 생활수준이 향상되면서 건강한 삶을 추구하려는 웰빙 바람이 거세게 불고 있다. 과거에 비해 정신적 요인에 의한 질병의 발생도 급증하고 있는 상황이다. 우리의 전통의학에서는 정신과 육체를 독립된 별개의 두 영역으로 나누어 이해하는 것이 아니라 서로가 긴밀하게 연계되어 있는 상보적(相補的) 관계로 이해한다. 즉 정신적 수련과 육체적 건강의 상호 관계성을 강조하는 것이다.

아무쪼록 이 번역서가 『주역』과 우리의 전통적인 건강철학에 관심을 가진 모든 분들에게 유용하게 쓰이기를 기대한다. 아울러 우리의 전통의학을 이해하고 발전시키는 데 있어서도 도움이 되기를 희망한다. 어려운 여건 속에서도 본서의 출판을 허락해주신 정보와 사람(주), 바쁘신 가운데에도 여러 가지로 번역을 도와주신 고려대학교 민족문화연구원의 주광호 박사님에게 진심으로 감사드린다.

2007년 2월 15일
원광대학교 인문대학 연여서실(然如書室)에서　김학권

한국의 독자들에게

먼저 원광대학교 철학과의 김학권 교수에게 특별히 감사드리고자 한다. 그의 노력으로 건강한 삶(養生)에 관한 이 책자의 한국어 번역판이 출판되기 때문이다.

사람들이 빠른 템포에 심한 중압감을 느끼고 있는 이 시대에, 올바른 방법으로 건강한 삶을 영위하는 일이야말로 매우 절실한 것으로 생각된다. 그리고 역학易學과 중의기공中醫氣功에서 논하는 건강한 삶(養生)의 이념은 분명 오늘날 사람들의 요구와 필요에 가장 적합한 것으로 생각된다. 왜냐하면 그것은 개인의 건강한 삶(養生)을 타인과는 물론 만물과도 상호 조화를 이룰 수 있도록 하나로 통일시키고, 신체를 기르는 일(養形)과 정신 기르는 일(養神)을 하나로 통일시키면서, 정신을 기르는 일이 신체를 기르는 일에 우선하는 것임을 분명하게 지적하고 있기 때문이다. 또한 이러한 이념의 성실한 수행을 통해 능히 신체를 강건하게 하고 지혜를 더욱 심오하게 할 수 있을 뿐만 아니라, 심령(心靈)을 영원히 평안하고 유쾌하게 할 수 있기 때문이다.

본서의 논의가 아직은 미숙한 것이어서 의심할 나위 없이 적지 않는 결점과 여지가 있을 것이다. 한국 학자들 및 동학들의 아낌없는 가르침을 삼가 부탁드린다.

2007년 2월 25일
북경에서 유장림(劉長林)

| 들어가는 말 |

사람과 우주의 변화의 도를 좇아서

역학은 『周易』 자체는 물론이고 후세 사람들이 『주역』에 대한 연구를 통해 형성된 모든 지식과 학설을 포괄한다. 그러므로 역학이 포함하고 있는 내용은 여러 방면에 광범위하게 걸쳐 있다. 그러나 본서에서 논의되고 있는 역학의 범위는 역학의 철학사상에 한정되어 있다. 역학철학과 중국의 전통적인 양생학설과의 관계가 본서의 주된 요지이다.

우리 모두 아는 바와 같이 역학은 중국문화의 발전에 매우 큰 영향을 끼쳤다. 여기에서 마땅히 지적해야 할 점은 역학이 중의학中醫學과 양생학에 끼친 영향은 다른 무엇보다도 더 크다는 점이다. 왜 그랬을까? 그것은 역학의 철학사상이 의학 및 양생과 특별히 긴밀한 내재적 관련성을 가지고 있었기 때문이다. 그러기에 역학철학은 중국의 전통의학 및 양생학의 형성과 발전을 가능하게 하는 커다란 촉진제 역할을 해왔을 뿐만 아니라, 중국의 의학과 양생학 또한 역학철학의 이론과 정신을 깊이 구현하였다.

역학철학은 어떤 측면에서는 생명철학이라고 부를 수도 있다. 여기에서 말하는 '생명철학'이란 생명에 관한 철학을 지칭하는 말이 아니라, 생명의 체험과 생명에 대한 이해를 바탕으로 우주 인생을 다루는 철학을 지칭하는 말이다. 『주역』의 작자와 역학자들은 우주를 하나의 유기적 총체(生命體)로 바라보고, 인간과 객관적 세계를 하나의 완전한 통일체로 생각했기 때문에 그들은 인간 자신에 대한 인식을 바탕으로 자연계를 이해하고, 동시에 자연계에 대한 인식에 의거하여 인간을 이해하는 데에 익숙해져 있었다.

역학의 또 다른 하나의 특징은 향내적向內的 사고의 편중과 자아 체험의 중시이다. 그러기에 앞서 현인들은 더욱더 인간 자신에 대한 이해와 체험을 가지고 자연계와 융합시키고자 했으며, 자연계에 대해 고찰할 때에도 종종 인간의 자연변화에 대한 체험에 의거하여 판단하였던 것이다.

「繫辭傳」하下에서 "옛날 복희씨가 천하를 다스릴 때에 머리를 들어 하늘의 상象을 살피고, 고개를 숙여 땅의 법칙(法)을 살피며, 새와 짐승의 무늬와 땅의 마땅한 바를 관찰하여, 가깝게는 자신에게서 취하고, 멀리는 사물에서 취하여, 이에 비로소 팔괘八卦를 만들어 신명神明한 덕德에 통하며, 만물의 정情을 분류하였다."라고 하였다. 『易傳』의 작자는 팔괘를 '만물의 정情', 즉 우주본질에 대한 파악으로 생각하고, 그러기에 팔괘의 획득은 "가깝게는 자신에게서 취하고, 멀리는 사물에서 취함"으로부터 비롯된 것이라고 생각하였던 것이다.

이러한 설명은 주체인 '자신(身)'과 객체인 '사물(物)'이 일치된 것으로, 함께 팔괘법칙의 지배를 받는다는 말이다. 다시 말해서 인식의 순서로 말하자면, 일반적으로 당연히 가까운 데에서부터 시작하여 먼 데에로 나아가는, 즉 자신으로부터 천지天地 · 조수鳥獸 · 식물

植物로 이르게 되는 것이다. 또한 가까운 것(자신)과 먼 것(사물)이 일치된 이상, 당연히 가까운 것이 먼저이며 근원이 되는 것이다. 『皇帝內經』의 표현을 빌리자면 "나로써 남을 알고, 밖으로써 안을 안다. 이로써 지나침과 모자람의 이치를 살피는 것이다."(「素問·陰陽應象」)라는 말은 바로 이를 두고 하는 말인 것이다.

이와 같이 『주역』의 작자와 역학자들은 우주만물과 인간은 모두 똑같이 생명을 가진 존재이며, 모두가 당연히 정상적인 생명의 역정 歷程에 따라 그렇게 생존하면서, 그렇게 변화해 간다고 보았던 것이다. 이것이 바로 『주역』의 작자가 생명철학을 만들게 된 동기이다.

『주역』의 생명철학에는 다음과 같은 이념과 특징이 있기 때문에 특별히 이를 중시하여 설명하고자 한다.

1. '도道'는 가치의 속성을 지니고 있다

일찍이 어떤 학자는 중국의 고대철학에서는 필연과 당연이 엄격하게 구분되지 않는다고 말하였다. 필연적인 것 혹은 법칙에 합당한 것이 바로 당연인 것이다. 반대로 당연한 것 역시 반드시 법칙에 합당한 것이며 심지어는 필연적인 것이기도 하다. 오랜 세월 동안, 또한 오늘날에 이르러서도 많은 학자들은 여전히 이러한 상황이 중국 고대사회의 혼돈성과 원시성에 속한 것으로서 과학정신과는 서로 배치된다고 여긴다. 그러나 사실 이러한 시각은 일반적인 것이 아니다.

우리들은 법칙성과 필연성에 가치적 속성을 부여하는 방법이 『주역』 가운데 이미 충분히 표현되어 있음을 볼 수 있다. 『역전』의 관점에 의하면 팔괘와 64괘는 우주의 변화과정에 대한 모방이다. 한 몸(一體)으로서 그것은 인간사에 있어 화복을 알려주는 것이며, 또한 천지만물의 운동변화를 반영하고 있는 것이다. 그리고『易經』의 괘효사卦爻辭는 이를 이용하여 인간사를 예측함은 물론 또한 이를 이용하여 천지만물을 설명하고, 궁극적으로는 모두가 '길흉회린吉凶悔吝'과 선善·불선不善으로서 길흉을 판단하는 용어로 사용한다.

「계사전」 하에서 "도道에 변동함이 있으므로 효爻라 말하였고, 효爻에 등차等差가 있으므로 물物이라 말하였으며, 물物은 혼잡되어 있으므로 문文이라 말하였고, 문文은 합당하지 않음이 있으므로 길흉이 생겨나게 되었다."라고 하였다. 또한 "길흉이라는 것은 항상 이기는 것이다."라고 하였다. 『역전』의 작자는 자연계의 사물은 운동변화의 과정 중에 있는 것으로 여겼다. 그 자체로 말한다면 합당함과 부당함의 구분이 있게 되고, 이로 인해 혹은 길하게 되고, 혹은 흉하게 되는 결과를 갖게 된다는 것이다. 따라서 길하고 흉함은 그것이 객관적 법칙에 부합되느냐 부합되지 않느냐에 따라 정해지게 되는 것이다.

'정貞'은 '바름(正)' 또는 '항상(常)'의 뜻이나 법칙의 의미로 확대되었다. 법칙에 합당하면 반드시 승리하여 길하게 되고, 이에 반하게 되면 반드시 패해서 흉하게 된다. 그러기에 "길흉이라고 하는 것은 항상 (바르게) 이기는 것이다."라고 했다. 또 건괘乾卦「文言傳」에서는 '선의 으뜸', '아름다움의 모음', '의로움에의 조화', '일의 근간'으로서 하늘(天)을 대표하는 건괘 괘사卦辭 '원元·형亨·리利·정貞'을 해석하였다. 주희朱熹는 또한 '원·형·리·정'을 춘하추동의 사시와 짝을 지어 비유하였다.(『周易正義』) 이러한 방법은 「문언전」의 작자와 주희 모두가 가치개념을 사람과 마찬가지로 천지자연에도 곧바로 적용시키고 있음을 표명하는 것이다.

원래 『주역』의 이와 같은 방법이 불합리한 것만은 아니다. 옛사람들은 자신과 천지만물을 일체─體로 보았기 때문에 자연계의 객관적 법칙 또한 인간의 주관적 특징과 인문적 특징을 갖추고 있으며, 자연계의 변화 역시 길흉선악에 있어 서로 다른 결과를 낳게 된다고 보았다. 더욱 중요한 것은 고대의 사람들은 천지만물을 유기적인 총체로 파악했을 뿐만 아니라 사람과 마찬가지로 생명체계를 가지고 있는 것으로 보았으며, 따라서 자연계 일체의 운동변화는 이러한 측면에서 말할 때 곧 이로움과 해로움의 차이를 갖게 되는 것이며, 이로써 곧 가치적 속성을 지니게 되는 것이다.

『역전』에서는 '도道', '리理' 등의 개념을 사용하였다. '도'와 '리' 모두는 법칙적 함의를 지니고 있다. 그러나 우리들이 현재 사용하고 있는 법칙이라는 개념과는 용법상 같지 않다. 현재 통용되는 법칙의 개념은 일정한 조건하에서 반드시 다시 출연하는 모종의 현상법칙을 지칭한다. 여기에서 '일정한 조건'은 어떠한 한정도 주어지지 않는 것이다. 그러나 『주역』과 중국 고대철학에서 말하는 '도'와 '리'가 '법칙'으로 해석될 때에는 주로 총체로서의 우주와 만물이 정상적으로 운행되는 그러한 법칙을 지칭한다. 그러므로 그것과 서로 어긋난 변동은 모두 자연계의 어떤 총체에 손해를 끼치게 되는 것이다.

우리는 여기에서 두 가지 점을 분명히 해야 할 필요가 있다고 생각한다. 하나는 도의 가치적 속성을 견지해야 한다는 점인데, 이는 본질적으로 말하면, 어떠한 다른 형태의 법칙을 결코 배척하거나 인지하는 것을 방해해서는 안 된다는 점이다. 다른 하나는 도의 가치속성은 사람들로 하여금 더욱더 그것을 받들고 지키도록 촉구할 뿐만 아니라, 사람과 천지자연과의 친밀한 관계를 더욱 강화하는 데에도 유리하다는 점이다.

2. 생명의 현존과 연장延長을 유지 보호하는 것이 천지의 본성이다

『주역』에서는 '생生'을 매우 숭상한다. 그리고 '생'을 우주 제일의 본질로 간주한다. 「계사전」에서 "천지의 큰 덕(大德)을 일러 생生이라 한다.", "낳고 낳는 것을 일러 역易이라 한다.", "무릇 건乾은 고요할 때는 전일專一하고, 움직일 때는 곧다. 그러기에 큼(大)이 생한다. 무릇 곤坤은 고요할 때는 닫히고, 움직일 때는 열린다. 그러기에 넓음(廣)이 생한다.", "천지의 기운이 서로 얽힘에 만물이 화化하여 무성하고, 남녀가 정精을 맺음에 만물이 화하여 생한다."라고 하였다. 「序卦傳」에서도 "천지天地가 있은 뒤에 만물이 생겨났다."고 하였다. 「說卦傳」에서는 천지(乾坤)를 부모에 비유하였으며, 우레(震)·바람(巽)·물(坎)·불(離)·산(艮)·연못(兌)을 장남長男·장녀長女·중남中男·중녀中女·소남少男·소녀少女에 비유하였다. 이것은 천지만물을 하나의 가정으로 간주한 것으로서, 그 착안점 역시 '생'에 있는 것이다.

『주역』을 통틀어 소위 '생'의 함의含意를 넓은 의미로 해석할 때, 이는 생명의 정상적 현존과 연장의 뜻으로 이해된다. 『주역』에서는 우주를 거대한 변화의 흐름이며(大化流行), 끊임없이 생생하는(生生不已) 하나의 생명과정이라고 생각한다. 그리고 우주의 천연적 본성, 즉 천지의 커다란 덕(大德)은 바로 만물의 정상적 생존을 유지하며, 그 내재적 본성의 발현을 촉진시키고, 아울러 끊임없이 진화 발전하게 하는 데에 있다고 한다.

『역전』에서는 춘추전국시대 제자백가 사상을 흡수하고 천지만물의 끊임없이 생생하는 동력과 근거가 음양의 상호작용에 있음을 긍

정하였다. 「계사전」 상上에서 "한 번 음하고(一陰) 한 번 양하는(一陽) 것을 일러 도道라고 한다. 이를 계속하는 것은 선善이요, 이를 이루는 것은 성性이다. 어진 자는 이것을 보고 인仁이라 하고, 지혜로운 자는 이것을 보고 지知라고 한다."고 하였다. 여기에서 도는 곧 일음일양一陰一陽이 서로 나뉘고 서로 합하는 것으로서, 이로 말미암아 만물의 생성과 변화가 이루어지게 되는 것이다.

이와 같은 일련의 화육化育과정의 행위를 촉진하고 실현하는 것이야말로 선善에 속하는 것이며, 이와 같은 화육의 기능을 보유하고 지속하는 것이야말로 만물의 천부적 본성인 것이다. 천지만물의 생성변화의 본성과 화육의 과정은 생명의 현존과 연장을 촉진하고 보증하는 측면에서 말한다면 '인仁'에 속하는 것이다. 그리고 온갖 사물이 잇따라 드러나고, 신묘하여 종잡을 수 없는(神妙莫測) 측면에서 본다면, 이것은 우주조화의 신기한 지혜를 드러내는 것이므로, 또한 이를 일러 '지혜(知)'라고 하는 것이다. 음양은 우주의 근본법칙이기에 그 작용은 천지만물로 하여금 이를 얻어서 변화생성(化生)하도록 하는 데 있는 것이다. 이로써 우주의 본성은 다만 '생'할 수밖에 없는 것이며, 이 '생'은 바로 유가가 숭배하는 인과 지의 최상의 실현인 것이다.

3. 낙관적 심경心境으로 천도와 천명을 인식하고 실천한다

『주역』에 의하면 사람은 천지음양이 화합하여 이루어 낸 산물이다. 사람의 성性과 명命은 하늘로부터 부여받은 것이다. 건괘乾卦「단전彖傳」에서 "건도乾道의 변화과정에 사물은 각기 바른 성명을 가지며(各正性命), 우주의 커다란 조화(太和)를 보존하여 이에 합치되니(保合太和), 이로써 곧고 바르게 함에 이롭다."라고 하였다. 주희는 이를 주석하여 "'각기 바름(各正)'이란 생生의 처음에 얻은 것이며, '보존하여 이에 합치됨(保合)'은 생生이 이루어진 이후에 온전하게 하는 것이다. 이는 건도乾道의 변화과정에 이롭지 않은 바가 없으며, 만물은 각자 그 성명性命을 얻음으로써 스스로 온전하게 한다는 것을 말한 것이다."(『周易正義』)라고 하였다.

인간과 천지는 하나의 총체(整體)이기 때문에 인간의 생명과정은 우주의 거대한 변화의 흐름(大化流行)을 따라 행하는 일부분이며, 우주의 본성 또한 일체 생명의 정상적 진행을 보장하는 데에 있는 것이다. 그러하기 때문에 하늘이 부여한 성명性命과 지각 주체로서의 인간의 요구는 근본적으로 일치된 것이지 대립적이거나 서로 충돌되는 것이 아니다.

이에 의거하여 『주역』에서는 "천명天命을 알고 즐기며 살기에 근심하지 않는다(樂天知命, 故不憂)."라는 사상을 제기하였다. 다시 말하면 인생의 참된 도리(眞諦)는 천부적인 성性과 명命을 힘써 이해하여, 한편으로는 자신의 생명이 정상적으로 보존되고 연장되게 하여 하늘의 각종 기능과 지혜를 계승하여 이를 모두 실현하여 나타내도록 하는 데 있으며, 다른 한편으로는 우주만물의 정상적인 생성과 변화를 돕는 데 있는 것이다. 천도天道와 성명性命을 인식하고, 천도와 성명을 실현하는 것은 이러한 과정 가운데 자기와 우주를 한 몸(一體)으로 융합시키는 것이며, 이로써 인생의 최대 쾌락을 획득하게 되는 것이다.

위에서 설명한 『주역』의 이와 같은 기본 개념은 생명에 대한 뜨거운 사랑과 기대로부터 나오게 된 것이다. 이러한 기초 위에서 『주역』의 작자와 역학가易學家들은 일련의 생명운동의 특징들이 서로 연계된 철학이론을 구축하게 되었는데, 예를 들면 음양화합陰陽和合

학설, "신神이 만물을 묘妙하게 변화시킨다(神妙萬物)."는 사상, "정기가 사물이 된다(精氣爲物)."는 기화氣化이론, 동정은 하나로 통합되어 있음(動靜統一)과 변하고 소통하게 하여 장구하게 함을 추구한다(變通求久)라는 이론 등이다. 이와 같은 학설과 이론은 당시의 생명과학 내용 속에 상당 정도 녹아 들어가게 되었다.

『주역』의 작자와 역학가들은 생명의 이념에 의거하여 그들의 철학이론을 구축하고, 우주만물(인간은 만물 가운데 가장 고귀한 자)의 생존과 진화 즉, 정상적인 거대한 변화의 흐름(大化流行)을 유지하고 보호하는 것을 불변의 진리로 보고 최고의 도덕과 지혜로 보았으며, 이와 같이 넓고 큰 인도주의와 애물愛物주의 철학으로 생활을 지도함으로써, 양생養生을 매우 중요한 위치에 올려놓게 되었다. 따라서 역학철학은 중국 양생학의 창립을 대대적으로 촉진시키며 크게 영향을 미쳤고, 아울러 그것이 역학과 서로 회통할 수 있도록 하는 특징을 갖게 하였다.

역학의 관점에 따라 양생은 오직 개인의 장수만을 위한 것이 결코 아니며, 그것은 무엇보다도 먼저 유쾌하게 천도天道의 도덕행위를 실천하는 것이며, 천명天命 가운데 규정된 일종의 책임을 스스로 깨달아 실행하는 것이다.

그뿐만 아니라 역학과 양생학에서는 모두 천지자연의 도와 인류도덕의 도와 양생의 도가 통일된 것으로 여긴다. 그러므로 성명과 합치된 일체의 도덕행위는 본질적으로 양생이며, 일체의 양생활동은 모두 당연히 천지도덕성명의 원리 원칙에서 벗어나지 않는 것으로서, 모두 천도 실천의 일부분에 속한다. 그래서 중국의 양생학과 양생활동 또한 거꾸로 역학철학의 전파를 촉진시켰으며 역학철학의 내용을 풍부하게 하였고, 역학철학의 실천성을 보다 더 심화시켰다. 역학철학 가운데 그와 같이 생명운동과 관련된 구체적인 학설과 이론은 자연스럽게 중국 양생학 가운데에 응용되고 이식되어 중국 양생학의 품격과 매력의 근원이 되었다.

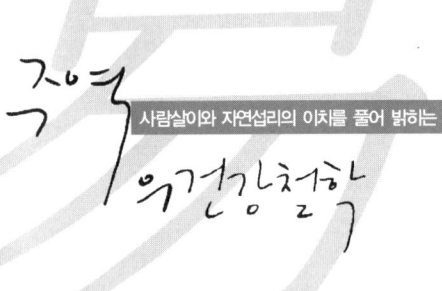

사람살이와 자연섭리의 이치를 풀어 밝히는
주역의건강철학

옮긴이의 말-변화의 도를 따라 건강함을 추구한다 4
한국의 독자들에게 8
들어가는 말-사람과 우주의 변화의 도를 좇아서 10

1장 변하여 통하게 함으로써 장구함을 추구한다 26
― 건강(養生) 이론의 기초

1. 만물 변역變易으로부터 발병 이전에 미리 예방함에 이른다 27
2. '통通'의 철학적 의의 34
   1) '통通'은 도의 본질적 속성이다 34
   2) 본성을 따라 통通한다(順性而通) 36
   3) 사물과 사물이 서로 통하다 39
3. 변하면 통하고 통하면 장구한다 44

4. 기공 양생 가운데 '통通'의 응용 49
　1) 일반적 생명체계의 모형 49
　2) 사물과 사물이 상통함(物物相通)의 원리에 대한 응용 51
　3) 성性을 따라 통함을 응용 57

2장 환도圜道는 천지인 일체사물 운동변화의 기본형식이다 62
－행기양생行氣養生의 법칙

1. 『주역』의 환도관 63
　1) 『주역』의 서명書名과 괘효사 중의 표현 63
　2) 괘효상卦爻象 중의 표현 66
　3) 환도는 음양변역의 형식이다 71
2. 환도관의 재평가 74
3. 환도관과 기공 양생 77
　1) 인체의 순환구조 77
　2) 기공이론 중의 환도 80
　3) 자기통제도 환도를 기초로 한다 82
　4) 인체 생성변화(生化)의 가역성원리에 관하여 84
　5) 기공 양생의 특출한 내적요인 89

3장 중화中和를 보존하고 유지하면 사물은 곧 장구한다 94
－건강 유지의 목표

1. 음양개념 및 그 형성 95
　1) 음양의 내함內涵과 와연外延 96
　2) 음양개념의 특징 97
　3) 음양개념의 두 내원來源 101
2. 한번 양하고 한번 음하는 것을 일러 도라 한다 109

1)음양은 우주의 근본법칙이다 109
2)음양은 생성변화의 근원이다 112
3)음양의 상호 교감이 만물을 흥성하게 한다 118

3. 음양의 구조이론 122

4. 태화太和, 상중尙中 이론 129
1)화和, 자화自和, 태화太和 129
2)법도에 정합精合함이 중中이다 132

5. 기공양생에서 음양의 응용 137
1)왜 기공과 역학이 같은 근원이라고 말하는가? 138
2)인체는 복잡한 음양구조체이다 140
3)음을 고르게 하고 양을 은밀히 행함으로써 늙지 않도록 한다 144
4)음양의 상호교감은 생명을 장구하게 한다 150
5)(변화를) 좇아서 사람을 이루고, 이를 거슬러 단丹을 이룬다 157

 4장 태극太極은 곧 기이며 만물을 생한다 164
-고귀한 생명의 근원

1. 태극이 만물을 낳는다 165
1)태극으로부터 육십사괘에 이르기까지 165
2)태극과 우주의 정보 모형 169

2. 태극은 기이며, 기는 우주의 본체이다 174
1)기氣 개념의 형성 175
2)기는 물질·기능·정보의 세 가지 종합체이다 178
3)기는 작게는 안이 없고, 크게는 밖이 없다 182
4)기가 모여 사물(形)을 이루고, 사물은 흩어져 기가 된다 184

3. 태극기학과 기공 양생 188
1)기공학의 기초는 기의 인체관이다 190
2)양기養氣, 조기調氣의 방법과 메커니즘 탐구 192
3)기를 사용하여 각종 기공현상을 해석한다 198

4) 명문命門 : 단전丹田학설의 창립 200

5장 기는 형신形神 양면을 가지고 동정動靜의 양태로 나타난다 212
  －양생의 요령

1. 신형神形 합일관 213
   1) 신神은 만물을 묘하게 변화시키나 물物에 얽매이지는 않는다 213
   2) 형形과 신神을 갖추면 천년을 다 마친다 219
   3) 가장 좋은 것은 신을 기름이요, 그 다음은 형을 기름이다 223
2. '형形·기氣·신神'의 총체관 227
   1) 신과 기의 관계 227
   2) '형·기·신'의 인체모형에 관하여 232
   3) '정·기·신'의 원활한 순환의 확립 236
3. 동정관動靜觀과 기공 240
   1) 『주역』의 동정관 240
   2) 동 가운데 정을 포함하고 있는 동공動功 244
   3) 정 가운데 동을 포함하고 있는 정공靜功 246

6장 우주와 인간은 하나의 기氣요, 하나의 리理다 256
  －양생의 최고 경지

1. 우주와 인간은 한 몸(一體)이다 258
   1) 『역경』 구조 중의 인간과 천天의 상응 258
   2) 우주와 인간은 하나의 기氣다 260
   3) 우주와 인간은 하나의 리理다 262
2. 선천先天의 전개 264
   1) 선천과 후천後天의 모순 264
   2) 고요하게 하고 사욕을 줄여 천도天道로 되돌린다 269

3)후천적인 신神의 능동성을 발휘하라   272

3.명命을 알고 운명을 즐겨라   276

   1)이치를 궁구하고 본성을 다함으로써 명命에 도달한다   276

   2)명命에 이르러 (자신의) 뜻을 이룬다   278

   3)즐거움은 하늘의 뜻을 행하는 데에 있다   281

4.우주와 그 덕성을 함께한다   285

   1)덕을 수양함은 몸을 기르는 것보다 중요하다   285

   2)자신 기르기, 남 기르기, 사물 기르기는 하나의 온전한 전체이다   289

   3)아름다움이 그 안에 있으면 사지四肢에 통하여 드러나게 된다   293

   4)해와 달과 그 밝음을 같이하며   296

5.우주와 그 질서를 함께한다   301

   1)때에 따라 행동하고, 때에 따라 멈춘다   301

   2)상수象數의 모형에 대하여   306

1장 건강(養生) 이론의 기초

변하여 통하게 함으로써 장구함을 추구한다

1장-건강(養生) 이론의 기초

변하여 통하게 함으로써
장구함을 추구한다

천지만물은 끊임없이 지속되는 영원한 운동변화 가운데 놓여 있다. 이것이 『주역』의 핵심사상이며, 역학의 확고한 하나의 기본 원리이다. 『주역』, 더욱이 『역전』은 여기에 한정되지 않고 한 걸음 더 나아가 만물이 운동변화하는 보편적 규칙과 형식을 깊이 탐구하여 만물의 변역變易으로부터 "편안하게 거처할 때에도 위태로운 상황을 미리 생각하는(居安思危)" 사상을 이끌어 내고, 아울러 "다함이 있으면 변하고(窮則變), 변함이 있으면 통하고(變則通), 통함이 있으면 장구하게 되는(通則久)" 운행공식을 제시하였는데, 이것이 기공氣功 양생학의 중요한 기초가 되었다.

1
만물 변역變易으로부터
발병 이전에 미리 예방함에 이른다

 의리義理의 측면에서 『역경』을 보면, 이 책의 주된 요지는 변화의 도를 설명하는 데에 있다. 『역경』의 괘효사卦爻辭는 모두 세계의 변역을 어떻게 이해하고, 어떻게 이에 대응할 것인가를 둘러싸고 전개되는 것이다. 「繫辭傳」에서는 "효爻는 변화에 대해 말한 것이다.", "효란 천하의 움직임을 본받은 것이다.", "성인이 천하의 움직임을 보고, 그 회통함을 관찰하여 그 전례를 행하고, 말을 묶어 길흉을 결단하였다. 그러기에 이를 일러 효라고 하였다."라고 반복하여 강조하고 있다. 효만이 아니라 효로 구성된 괘에서도 만물만상의 변역과정에 대하여 더욱 깊이 있게 묘사하여 서술하고 있다. 「說卦傳」에서도 "음양의 변화를 살펴 괘를 세우고, 강유剛柔(의 이치)를 발휘하여 효를 낳았다."라고 하였다. 여기에서 옛사람들이 효와 괘를 세운 것이 천지만물의 변화를 설명하고 연구하기 위한 것이었음을 알 수 있다.

 『역전』에서는 『역경』의 사상을 발휘하여 만물이 모두 변화한다는 것(萬物皆變)에 대해 더욱 구체적인 인식을 하고 있다. 예를 들면 「繫辭上傳」에서 "하늘에서는 상象을 이루고, 땅에서는 형形을 이룸으로써 변화가 나타난다. 그러므로 강유剛柔가 서로 마찰하고, 팔괘가 서로 격탕함에 우레(雷霆)로 고무시키고 바람과 비(風雨)로 윤택하게 하며, 해와 달이 운행하면서 한 번 춥고 한 번 덥게 된다. 건도乾道는 남男을 이루고 곤도坤道는 여女를 이룬다."라고 말한 것이 그러한 것이다.

『주역』의 작자는 만물은 끊임없이 변할 뿐만 아니라 또한 일정한 질서와 규칙을 가지고 있다고 생각하였다. 팔괘와 64괘의 관계 및 그들 사이의 배열은 바로 세계질서와 운동변화의 규칙을 반영한 것이었다. 통행본『역경』의 64괘는 건곤乾坤 두 괘를 시작으로 해서 기제旣濟卦, 미제未濟의 두 괘로 마무리 짓고 있는데, 『역전』에서는 이 하나의 괘서卦序를 우주진화의 진전과정을 대표하고 있는 것으로 보았다. 그러기에 「서괘전」에서 "천지가 있은 후에 만물이 생겨났다. 천지 사이에 가득 찬 것이 만물이기에 준괘屯卦로써 받았다. 준屯은 가득 참이요, 또한 준屯은 사물이 처음 생한 것이다. 사물이 생겨나면 반드시 어리기 때문에 몽괘蒙卦로써 받았다. 몽蒙은 어리다는 뜻이니 사물이 어린 것을 말한다. 사물이 어리면 기르지 않을 수 없다. 그러기에 수괘需卦로써 받았다. …다른 사물에 지나침이 있으면 반드시 고르게 하므로 기제괘旣濟卦로써 받았다. 그러나 사물은 마침이 있을 수 없으므로 미제괘未濟卦로 받아서 마무리하게 되었다."라고 하였다.

「서괘전」의 작자는 64괘의 배열을 하나의 거대한 인과因果체계로 해석하였다. 이러한 가운데 각기 괘 사이의 구체적인 연결 관계에 대한 설명이 반드시 정확한 것은 아니지만, 천지교감交感에 의해 만물이 생성되고 만물의 번성과 변화생성이 영원히 지속된다고 여긴 것은 오히려 객관적인 세계의 진화과정을 반영한 것이라고 하겠다.

그렇지만 64괘라는 한정된 괘의 서열을 가지고 만물화생萬物化生의 무한과정을 설명한다는 것은 정녕 어려운 일이 아닐 수 없다. 그러기에 작자는 미제괘未濟卦로 종결지음으로써 이 어려운 문제를 교묘하게 해결하였던 것이다.

미제괘는 감하리상坎下離上의 괘이다. 감坎은 물(水)이고, 리離는 불(火)이다. 이것은 불이 물 위에 있음을 의미한다. 물은 아래로 흘러 내려가고, 불은 위로 타 오른다. 그러기에 이 괘는 물과 불이 상호 교감하지 못함을 표시한다. 물은 음陰을 상징하고, 불은 양陽을 상징하므로, 음양상합陰陽相合은 사물이 이미 성숙하였음을 표시하고, 음양미합陰陽未合은 사물이 아직 잠복(潛蘊)의 상태에 있음을 표시한다. 그러나 음양은 반드시 미합未合으로부터 상호교감으로 나아가기 때문에 미제괘를 64괘의 말미에 배치하여 우주의 변화과정이 영원히 쉬지 않음을 상징하였다.

우주의 변화과정에는 종료의 시기가 없다. 그러나 구체적인 하나의 사물은 유한적 존재이기 때문에 결국에는 생함으로부터 죽음에 이르는 일련의 과정을 거치게 된다. 『주역』의 작자는 이러한 사실을 분명하게 알고 있었으며, 또한 만물의 삶과 죽음의 근본적인 원인이 음양의 상호작용에 있음을 인식하였다. 음양의 추동推動 아래 세계의 일체 대립된 두 면은 모두가 일정한 조건하에서 상호 전환(轉化)한다. 여기에서 일련의 사물이 생겨나고, 일련의 사물은 소멸하게 된다. 바로 음양의 이와 같은 서로 밀고 당기는 움직임(相互推移)으로 말미암아 64괘, 그리고 64괘가 대표하는 천지만물은 비로소 한 괘로부터 또 다른 한 괘로 넘어가게 되며, 한 사물로부터 다른 사물로 넘어가게 되는 것이다.

『주역』의 작자는 일체 모두가 움직이며 변화하는 것임을 깊이 깨달았다. 따라서 세계의 어떠한 사물도 영원히 변치 않는 것은 없으며, 때에 따라서는 모두 자기의 반대 방면으로 나아가기도 하는 것이다. 이와 같은 관점에서 사람의 일을 깊이 살펴볼 것 같으면, 곧 사람들로 하여금 원래 세상의 모든 것은 한 걸음만 방심하여도 하루아침에 모든 것을 잃게 된다는 사실에 경각심을 갖지 않을 수 없도록 한다. 『주역』의 작자는 이러한 점을 인식하였기 때문에 마음 속 깊이 불안을 느끼게 되었다. 그러기에 「계사하전」에서 말하기를 "역易을 지은 사람은 근심 걱정하는 마음을 가졌던 사람이었을 것이다."라고 하였다.

이러한 우환의식은 비괘否卦 가운데 가장 강렬하게 표현되었다. 비괘否卦 구오효사九五爻辭에 "비색否塞함을 두려워함이니(休否) 대인은 길하다. 그것이 망할까, 그것이 망할까 하고 걱정하니, 이는 뽕나무 뿌리에 (단단하게) 묶는 것과 같다."고 하였다. 고형高亨은 '휴休'를 '출怵'로 해석하였다. '휴비休否'의 뜻은 막히고 곤궁함(否塞困窮)에 대해 경계하며 두려워하는 마음을 갖는 것이다. 『역』의 작자는 이것이 대인에 대해서는 유리하다고 여겼다. "그것이 망할까, 그것이 망할까 걱정함은 뽕나무 뿌리에 묶는 것과 같다."는 것은 "비색함을 두려워함이니 대인은 길하다."에 대한 진일보한 설명의 표현이다. 시시각각 위기와 멸망에 빠질 가능성을 생각함은 오히려 자기를 뽕나무 뿌리에 묶는 것과 같이 더욱 견고하게 만드는 것이다.

위기와 멸망에 대한 경각심과 두려움, 그리고 이 위기와 멸망을 방지하는 방법을 찾는 것이야말로 『주역』의 주제인 것이다. 「계사하전」에서 말하기를 "그러기에 그 말이 위태로운 것이니, 위태롭게 여기는 자는 그 일을 태평하게 하며, 쉽게 여기는 자는 그 일을 기울게 만든다. …이것을 일러서 역의 도라고 말한다."라고 하였다.

이에 기초하여『역전』의 작자는 편안히 거처할 때에도 위태로운 상황을 염려한다(居安思危)는 이론을 제시하였다. 편안히 거처할 때에도 위태로운 상황을 염려함은 바로 사람들로 하여금 미연에 환난을 방지하고자 하는 것이다.

「문언전」에서 말하기를 "항亢이라는 말은 나아갈 줄만 알지 물러날 줄을 모르며, 보존할 줄만 알지 망할 줄은 모르며, 얻는 것만을 알 뿐 잃는 것은 모른다. 오직 성인만이 이것을 안다."라고 하여 사람들이 나아갈 줄만 알지 물러날 줄 모르며, 보존만을 볼 뿐 망함을 보지 못함으로써 곧 실패에 빠지게 된다는 사실을 지적하였다. 따라서 반드시 나아가고 물러나며, 보존되고 멸망함(進退存亡)이 상호간에 서로 잠복되어 있음의 도리를 깨달아, 어느 곳에서든지 중정中正의 도를 굳게 지킴으로써 불리한 방면으로 전환되지 않도록 방지하게 되는 것이다.

「계사하전」에서 말하기를 "위태롭게 여기는 자는 그 지위를 안전하게 지키는 자이며, 망함을 걱정하는 자는 그 현존을 보존하는 자이다. 어지러움을 생각하는 자는 다스림을 갖게 되는 자이다. 그러기에 군자는 편안히 거처할 때에도 위태로움을 잊지 않으며, 잘 보존 될 때에도 망함을 잊지 않으며, 잘 다스려질 때에도 어지러움을 잊지 않으니, 그러기에 몸은 편안하고 국가는 보존되는 것이다."라고 하였다. 만약에 방비를 하지 않으면 편안함과 보존과 다스림은 곧바로 위태로움과 멸망과 혼란으로 변하게 된다.

기제괘旣濟卦「象傳」에서 말하기를 "물이 불 위에 있는 것이 기제괘이다. 군자는 환난을 생각함으로써 미연에 이를 방지한다."라고 하였다. 기제괘는 리하감상離下坎上으로 리離는 불(火)이요, 감坎은 물(水)이기 때문에 물이 불 위에 있다고 말한 것이다. 이는 음양교합의 상象으로 그 일이 이미 성취되었음을 상징한다. 기제괘 괘사의 마지막 구절은 "처음에는 길하나 종국에는 혼란스럽다."이다. 이것은 처음에는 성공을 가져왔으나 결국 실패에로 나아갔음을 말하는 것이다. 따라서 「상전」에서는 "환난을 생각하며 미리 예방함"을 이루기 위해 경계하고 두려워하는 마음을 잃어서는 안 된다는 것을 강조하였다.

이와 같이 미연에 환난을 방지하는 사상은 중국의 정치학, 군사학, 농학, 과학, 의학, 양생학 등의 모든 영역에 걸쳐 중요한 영향을 끼치게 되었다. 「계사전」에 말하기를 "천지의 큰 덕을 일러 생生이라 한다.", "낳고 낳는 것을 일컬어 역易이라 한다."고 하였다. 「계사전」의 작자가 보기에 우주 변화의 실질은 곧 변혁을 통해서 끊임없이 새로운 사물을 낳고, 새로운 생명을 낳는 데에 있다.

공자는 말하기를 인仁이란 "사람을 사랑하는 것이다(愛人)."(『論語 · 顔淵』)라고 하였다. 노자는 말하기를 "그러기에 도가 크고, 하늘(天)이 크고, 땅이 크고, 인간 또한 크다. 우주 가운데에 네 가지 큰 것이 있으니, 인간은 그 중의 하나다."(『老子』 25장)라고 하였다. 순자 또한 말하기를 "인간은 기氣도 갖고 있고 생명도 지혜도 갖고 있을 뿐 아니라 또한 의리도 갖고 있다. 그러기에 천하의 가장 귀한 존재인 것이다."(『荀子 · 王制』)라고 하였다.

유가와 도가의 제자들은 인간의 본성에 대해서는 서로 다른 시각을 가졌지만, 그러나 생명을 중시하고 인간을 귀하게 여기는 점에 있어서는 서로 같았다. 그리고 이러한 사상은 상고 시대로 거슬러 올라간다. 그러기에 유가와 도가가 생겨나기 전에 많은 성현들은 생명이 짧음을 탄식하며 장수의 방법을 찾기 위해서 심혈을 기울였다.

중국의 기공 양생학은 건강을 유지하고 장수하려면 반드시 편안하게 거처할 때에도 위험한 상황을 생각한다는 정신적 자각을 통해 진정으로 일상수련의 중요성을 인식해야 한다고 여겼다. 이것이야말로 중의학에서 특별히 강조하고 있는 예방사상이다. 「素問·四氣調神」에서는 "그러기에 성인은 이미 병이 난 것을 다스리지 않고, 병이 나기 이전에 다스리며, 이미 어지러움을 다스리지 않고, 어지럽기 이전을 다스린다고 한 것은 이것을 두고 일컫는 말이다. 무릇 병이 이미 이루어진 후에 약을 쓰며, 어지러움이 이미 이루어진 후에 이를 다스림은 마치 목이 마른 뒤에야 우물을 파고, 전쟁이 난 뒤에야 무기를 만드는 것과 같음이니, 이 또한 너무 늦은 것이 아닌가!"라고 하였다.

  『주역』의 만물은 모두 변화한다(萬物皆變)는 사상과 편안하게 거처할 때에도 위태로움을 생각한다(居安思危)는 사상은 중국 기공 양생학의 중요한 바탕과 이론의 전제가 되었다.

2 '통通'의 철학적 의의

'통通'은 중국철학의 중요 범주이다. 따라서 그것을 파악하게 될 때 비로소 중국 고대철학의 참뜻을 이해할 수 있으며, 또한 중국 기공 양생학의 메커니즘을 깊이 있게 인식할 수 있는 것이다. 역학은 소통(通)이라는 이 철학범주의 확립에 중대한 공헌을 하였다.

1) '소통(通)'은 도의 본질적 속성이다

중국 철학 가운데에서 '도'는 우주의 본체와 시원 및 총체적 법칙을 표시한다. 그리고 '도'의 본질적 속성은 바로 이 '소통'이다. 노자는 "옛날 도를 잘 행하는 자는 미묘하고 심오하게 소통(微妙玄通)하였다."(『老子』 제15장)라고 말하였다. 장자 또한 곧바로 도를 칭하여 '대통大通'이라 하였다.(『莊子·大宗師』)

'도'와 '통通'의 관계에 대하여 역학에서도 긍정적 태도를 갖는다. 「단전」과 「문언전」에서는 '원형리정元亨利貞'을 건괘乾卦의 사덕四德으로 제시한다. 그리고 곤괘坤卦 역시 '원형元亨'을 본성으로 여긴다. 건괘는 천도天道를 대표하고, 곤괘는 지도地道를 대표하는 것으로서, 이른바 '형亨'은 곧 '통通'이다. 이러한 사상은 역대 역학가들에 의해 동일시되었다.

서한西漢의 양웅揚雄은 "도란 통함이니 통하지 않음이 없는 것이다."(『法言·問道』)라고 하였고, 당唐의 공영달孔穎達은 "도는 개통을 일컬음이다.", "도체는 무형이니 자연히 사물로 하여금 개통하게 한다. 이를 일러서 도라고 하는 것이다. 건괘의 덕은 자연히 만물에 통함을 말하는 것이기에 건도乾道라 일컫는다."(「건단전」의 疏, 「계사상전」의 疏)라고 하였다.

북송北宋의 주돈이周敦頤는 다시 『통서通書』를 지어 역도易道와 태극에 담긴 뜻이 '통'임을 발견하고, 이 '통' 자로써 책의 이름을 삼아 역도와 태극의 본지가 '통'에 있음을 밝혔다. 주돈이는 "원형元亨은 성性의 통이다."(『通書·誠上篇』)라고 말하였다. 주희朱熹는 이를 주석하여 "이 책은 『太極圖』와 더불어 서로 표리가 되니, 성誠은 곧 이른바 태극이다."라고 말하였다. 주희는 "성誠의 '통'을 사용하여 "원형元亨"을 해석하였으니, 이는 곧 태극이 '통'의 품성을 갖추고 있음을 긍정한 것이다.

중국 철학 가운데 있어 태극은 도와 대체적으로 같이 쓰인다. 주자는 또 말하기를 "성誠은 오상五常의 근본이요, 백행百行의 근원이다. 고요할 때는 없으나 움직일 때는 드러나고, 지극히 바르며 두루 통달한다(至正而明達). 오상 백행은 성이 아니면 그릇된 것이요, 사특하고 어두움은 (誠이) 막힌 것이다. 그러므로 뜻이 성하면 곧 일이 없게 된다."(『通書·誠下篇』)고 하였다. 여기에서 '명달明達'은 '통달通達'과 같고 '행行'은 '통通'과 같다. 이는 성이 만물 통달의 근원임을 말한 것이다. 성하면 곧 지극히 바르게 되고, 지극히 바르면 곧 만물에 통하게 된다. 성이 아니면 곧 사악하고 어두운 것이며, 사악하고 어두우면 곧 만물이 막히게 된다. 주돈이의 사상은 송명청宋明淸 모든 도학道學의 문을 연 것이었다.

이상의 논의를 종합하여 보면 도는 통을 그 본질적 속성으로 갖고 있으며, 여기에는 세 가지 뜻이 포함되어 있음을 알 수 있다. 첫째, 도체道體 그 자체가 통이다. 둘째, 도는 능히 만물에 두루 통한다. 셋째, 도는 만물로 하여금 서로 통하게 한다.

2) 본성을 따라 통한다(順性而通)

철학의 범주로서 '통通'은 다음의 두 가지 뜻을 포함하고 있다. 하나는 본성을 따라 통한다는 뜻이고, 다른 하나는 사물과 사물 사이에 서로 통하게 한다는 뜻이다. 전자는 시간을 따라 진행되는 역시적歷時的 성격을 지닌 것으로 사물 자신과의 관계에 속한 것이고, 후자는 공간 속에서의 사물과 사물간의 관계에 속한 것이다.

본성을 따라 통한다는 것은 우주만물의 거대한 변화의 흐름(大化流行)을 가리키는 말이다. 중국 고대 철학자들의 견해에 의하면 우주 전반의 운동은 인체와 마찬가지로 일종의 생명변화의 과정이라는 것이다. 건곤乾坤 두 괘의 「단전」에서 '원형元亨'의 두 가지 덕을 해석할 때에 있어서도 "위대하도다. 건乾의 원元이여! 만물이 이를 바탕으로 하여 시작되는 것이니, 이에 하늘을 통합하였다. 구름이 움직이고, 비가 뿌려짐에 만물이 형체를 변화시킨다.", "지극하도다. 곤坤의 원元이여! 만물이 이를 바탕으로 하여 생성하게 되니, 이에 하늘을 따르고 받든다. 곤이 두텁게 만물을 싣고 있음은 그 덕이 끝없이 펼쳐짐과 합치된다. 널리 포용하니 빛나고 위대하여 만물이 모두 형통하게 된다."라고 하였다. 이는 천지가 만물을 낳고 기름에 있어, 천지의 화생化生과 양육 아래서 온갖 종류의 사물이 "이를 바탕으로 하여 비롯되고(資始)", "성장변화하게 되며(流行)", "빛나고 위대하게 되고(光大)", "모두 형통하게 됨(咸亨)"의 뜻이다. 여기에서 '유행流行' 과 '함형咸亨'은 바로 통달과 창무暢茂의 뜻이다.

「문언전」에서는 "원元은 선善의 으뜸이요, 형亨은 아름다움의 모음이다.", "건원乾元은 비롯하여 형통하게 되는 것이다.", "건乾의 비롯함은 아름다운 이로움으로써 천하를 이롭게 한다.", "곤坤은 지극히 유순하나 움직임에 있어서는 또한 강의剛毅하다. …만물을 포용하고 화육化育하니 빛난다."라고 말한다. 주희는 이를 "형亨은 만물 생성에 통通하는 것이니, 사물이 이에 이르게 되면 아름답지 않음이 없게 된다."라고 설명하면서, 여기에서 말하는 "만물을 포용하고 화육하니 빛난다(萬物化光)."라는 말은 "다시 한번 형亨의 뜻을 밝힌 것이다."라고 주석하였다.(『周易本義』)

역학에서는 우주의 거대한 변화의 흐름에 있어 그 방향과 대세는 반드시 따르고 좇아야 하는 것이며, 만일 그렇게 하지 않으면 만물은 능히 생성 변화할 수 없고, 인류도 생존하기 어렵게 된다고 생각하였다. 따라서 '따름(順)'의 관념은 줄곧 중국 고대철학과 인체과학의 중요한 하나의 관념으로 자리 잡게 되었다. 예를 들면 예괘豫卦「단전」에서 "천지는 따름(順)으로 움직이기 때문에 일월日月에 틀림이 없고, 사시四時에 어그러짐이 없다. 성인은 따름으로 움직이기 때문에 형벌이 바르고 맑아 백성들이 복종한다."라고 한 것이다. 정이程頤는 『周易程氏傳』에서 "성인이 만물로 하여금 능히 따르며 다스려지게 할 수 있는 이유는 사물을 위해 법칙을 만든 것이 아니기 때문이다."라고 하였다. 왕부지王夫之는 『周易外傳』에서 "천지는 화합하며 따름(和順)을 명命으로 삼고, 만물은 화합하며 따름을 성性으로 삼는다. 이를 계승하는 것은 선善이다. 화합하며 따르는 것이기에 선善이다. 이를 이루는 것은 성性이니, 화합하며 따름이 이에 이루어진다."라고 하였다.

역학가들은 거대한 변화의 흐름에 대해 '따라야 한다(順)'고 주장한다. 여기에서 말하는 '따름'이란 일반적으로 말하는 객관적 법칙을 따르는 것과 같은 것이 아니다. 거대한 우주변화의 법칙을 따름이란 주로 총체적 자연으로서의 천지만물이 발전하면서 드러내게 되는 법칙과 과정을 가리키는 것으로, 그 안에는 일반적으로 일컫는 규칙과는 다른 특수한 성질을 포함하고 있는 것이다. 그것은 일정한 방향성을 표출하고 있을 뿐만 아니라 또한 순서에 따라 점차적으로 전개되는 특징을 가지고 있다. 그러기에 대화유행 자체는 곧 하나의 따름의 과정이다. 우주만물의 기화氣化는 마치 생명을 가진 개체와 마찬가지로 그 발육생장이 각자의 성과 명에 따라서, 그리고 또한 일정한 방향과 순서에 따라서 점차적으로 진전되는 것이다.

이미 그렇게 된 것을 따르는 것은 거대한 우주변화의 순조로운 진행을 가리키는 것이다. 그러기 때문에 따름은 곧 통이다. 『중용』에서도 "천명天命을 일러 성性이라 하고, 성을 좇는 것을 도라 한다."고 하였다. 『管子·君臣上』에서는 "리理를 따르며 이것을 잃지 않는 것을 일러 도라 한다."고 하였다. 여기에서 좇음(率)은 본성을 따라 움직이는(動) 것이고, 따름(循)은 순종함이다. 성性은 리요, 도는 통通이니, 사물의 본성을 좇아 생성 변화하는 것이 곧 통이다.

우주의 거대한 변화의 흐름을 성性을 좇는 측면에서 말하면 따름

(順)이고, 성을 드러내는 각도에서 말하면 통이 된다. 다만 본성을 따를 때에야 비로소 정상적 생성 변화가 가능하며, 왕성하게 본성을 드러내기 때문에 따름은 통의 전제가 된다. 통달(通)이 원활하고 왕성하게 이루어질 때 비로소 능히 지속적으로 본성을 따라 행할 수 있는 것이며, 그리하여 예정된 결과를 낳을 수 있기 때문에 통은 따름의 조건이 된다. 통通이란 곧 그 본성을 따름이요, 따름(順)이란 곧 사물 스스로의 통이다.

만물자체의 따름과 인간행위의 따름은 그 말이 담고 있는 의미에 있어서는 자연히 일치한다. 중국 고대철학에서 강조하고 있는 따름(順)과 통通의 근본적 특징은 바로, 사물을 집단적 총체로 파악하려는 사물의 총체성에 대한 존중과 살아 있는 유기체로서의 사물이 본성을 좇아 발전해감을 존중한다는 점이다. 여기에서 말하는 성性과 리理는 주로 총체로서의 사물이 생성 변화하는 운행의 법칙을 가리키는 말이다. 이러한 종류의 법칙은 일반적으로 항상 계절의 순서 및 환경과 긴밀하게 응합應合하는 것으로서, 본질적으로는 총체성의 범주에 속한다.

3)사물과 사물이 서로 통하다

천지만물의 거대한 변화의 흐름은 단지 시간 속에서 진행되는 것일 뿐만 아니라 또한 반드시 공간 속에서도 전개되는 것이다. 도는 있지 않은 곳이 없다. 통 역시 존재하지 않는 곳이 없다. 소위 "통하지 않음이 없다(无不通)."라는 말은 만물이 공간 속에서도 또한 통의 속성을 지니고 있음을, 즉 사물과 사물이 서로 통하고 있음을 명확하게 포괄하는 말이다. 『역전』에서는 일찍부터 이에 대한 종합적인 설명이 있었다. 건괘乾卦 「문언전」에서 "위대하다. 건이여! 강건剛健하고 중정中正하며 순수하여 정미精微하다. 육효로 발휘하여 정情에 두루 통通한다."라고 하였다. 공영달은 "육효로 널리 발휘하니 만물의 정情에 두루 통한다(『周易正義』)."라고 소疏를 달아 설명하였다. 건괘 육효는 하늘의 순수한 양(純陽)의 기氣를 대표한다. 그리고 하나의 부호체계로서의 육효가 능히 만물과 상통할 수 있는 것은 천지만물이 본래 상통하기 때문이다. 이 구절은 또한 하늘의 순수한 양陽의 기가 만물과 상통하는 것이라고 이해할 수도 있다. 「계사상전」에서는 "성인이 천하의 움직임(動)을 보고, 그 회통함을 관찰하여 그 전례典禮를 행하며, 말씀을 묶어 그 길흉을 결단하였다. 그러기에 이를 일러 효라고 한다."고 하였다.

효의 속성과 효와 효의 상호관계는 바로 천지만물이 완전 융합 소통되고 있는(融會通透) 상호관계의 반영인 것이다. 사물과 사물의 상호 소통은 기통氣通·리통理通·신통信通의 세 방면의 의미를 포괄하는 것으로서, 모든 우주의 각개 층차層次가 상호 관계되지 않음이 없고, 각개 조직이 서로 관련되지 않음이 없는 유기적인 통일체를 구성하게 하는 것이다.

우주 가운데 병존하고 있는 만물 사이는 본질적으로는 상통한다고 말할 수 있다. 그러나 과연 어떻게 상통을 실현할 수 있는 것일까? 상통의 동력과 메커니즘은 무엇인가? 고대의 철인들은 이것을 시간과정 가운데 있어서의 거대한 우주변화의 통通과 일치되는 것으로 생각하였다. 천지음양의 상호작용은 만물이 본성을 따라 스스로 통하게 하는 동시에 사물과 사물 간의 상통을 위해 길을 열어주고 있는 것이다.

"천지가 교감하니 만물이 형통한다."(泰卦「彖傳」)

"천지가 교감하지 못하니 만물이 형통하지 못한다."(否卦「彖傳」)

"두 기氣인 양기가 음기로 들어가고, 음기가 양기로 들어감으로써 두 기의 상호 교감이 그치지 아니한다. 그러기에 '낳고 낳는 것을 일러 역易이라 한다'고 말하였으니, 천지 안에 서로 통하지 않는 것이 없다."(京房『易傳』)

어떻게 음양의 상호작용이 만물이 상통할 수 있게 하는 것일까? 우선 첫째 음양의 상호작용은 곧 사물의 음양쌍방의 상호 교통을 포괄한다. 이것은 음양의 본성에 의해 결정되는 것이다. 그 다음은 음양의 상호작용이 사물과 사물의 상통을 위한 필요조건을 제공한다는 것이다. 이에 대한 왕부지王夫之의 설명이 있다. 그는 "조기燥氣를 조기에 합하면 찢어져 강剛을 얻지 못한다. 습기濕氣를 습기에 합하면 흘러버려 유柔를 얻지 못한다. 그러므로 이기二氣의 작용을 통어하여 조화를 좇게 하면 서로 받들어 통하지 않음이 없게 된다."(『周易外傳』卷七)고 하였다. 여기에서 왕부지는 대립적인 사물이 상호 협조적인 통일관계를 건립한 뒤에야 비로소 양호한 조직을 형성하게 되고, 그들의 품질을 제고할 수 있으며, 더욱 우수한 기능을 발휘할 수 있음을 조습燥濕의 기氣를 예로 들어 설명하였다.

화해적 관계, 양호한 조직과 고품위의 기능을 가지게 되면 사물과 사물 또한 왕성한 상통이 이루어지게 된다. 음양은 화해를 근본으로 삼는데, 음양의 상호작용은 반드시 서로 이끌며, 서로 화합하며, 서로 제한한다. 그리하여 만물의 상통을 촉진시킨다. 그러므로 왕부지는 또한 "음양이란 영원히 형통하는 것이다."(『周易外傳』卷七)라고 하였다.

사물과 사물의 상통함(物物相通)과 만물이 본성을 좇아 스스로 통함(順性自通)은 동일한 우주변화의 거대한 흐름 가운데 두 방면을 구성한다. 음양교통이 만물생성과 변화의 근본동력이 되는 것으로 말미암아, 만물의 생성변화 또한 '출입', '승강'의 메커니즘에 의존하게 된다. 그러므로 사물과 사물 간의 통함은 사물 자체의 통함을 실현하는 전제가 되는 것이다. 사물과 사물간의 통함이 없으면 곧 사물 자체의 통함을 이끌어내고 이를 유지할 수도 없게 되는 것이다.

> "그러므로 물과 불이 서로 따르며, 우레와 바람이 서로 어그러뜨리지 않으며, 산과 연못이 서로 기氣를 통한 뒤에 능히 변화하여 만물을 이루게 된다."(「설괘전」)
> "천지가 통하지 못하면 만물이 자라지 못한다."(『易緯·乾坤鑿度』)
> "천지가 불변하면 능히 기를 통하지 못하며, 오행이 그치게 되고, 사시도 없게 된다."(『역위·건착도』)
> "이기二氣가 교감하지 않으면 사물이 어떻게 생겨나겠는가?", "천지에 두루 통하며 만물을 기른다."(경방『역전』)

다른 측면에서 고대 학자들은 사물이 본성을 따라 스스로 통함이 사물과 사물이 서로 통함에 대해 역시 중요한 영향을 주었음을 알았다. 『내경』에서 "봄으로 인하여 생生하고, 여름으로 인하여 자라나고, 가을로 인하여 거두고, 겨울로 인하여 갖추게 된다. 상도를 잃으면 천지사방이 막히게 된다."(「素問·陰陽離合」)

만물 자체의 정상적 생성변화(生化)는 세계를 위한 조화의 질서를 창조하는 것이며, 사물과 사물 간의 교통을 가능하게 하는 것이다. 만약 세계의 질서가 파괴되면 사물과 사물 간의 교통 역시 곧 장애를 받게 된다. 결론적으로 사물과 사물 간의 교통은 사물이 본성을 따라 스스로 통함과 더불어 서로 돕고 서로를 완성시키는 상보상성相補相成의 관계에 놓여 있는 것이다.

3 변하면 통하고 통하면 장구한다

　우주의 거대한 변화의 흐름을 그 본질적 추세로 말하면 반드시 통通해야 하는 것이며, 이것은 역사적 필연이다. 그러나 만물이 행진하는 여정은 결코 순탄한 것만은 아니다. 그것들은 운명적으로 일련의 좌절과 곤란을 겪어야만 한다. 그러므로 구체적인 생명과정으로 보면 궁窮함과 형통함의 구분이 있게 된다. 순조롭게 잘 진행됨이 통이며, 막힘에 부딪혀 어려움을 당하는 것이 궁이다. 통하게 되면 왕성하여 창성하게 되고, 궁하게 되면 메말라 쇠락하게 된다. 여기에서 통은 궁에 대한 상대적인 말이며, 궁은 통에 대한 상대적인 말이다.
　그러나 우주의 총체적이고 본질적인 측면에서 말한다면, 이 거대한 변화의 흐름은 생생불식生生不息하며 계속 전진하는 것일 뿐 소위 궁통窮通이란 없는 것이다. 그러기에 '대통大通'이라고 부른다. 구체적인 생명과정 중의 통과 궁은 잠시적인 것으로 마치 장강長江의 만리萬里 가운데 파도의 올라감과 내려감에 불과한 것이다. 또한 일반적으로 말하는 통의 뒤에 궁하게 되고, 궁한 후에 통하게 되는 그러한 것이다. 물론 궁이든 통이든 이 모두는 대통, 즉 우주의 커다란 변화의 진행형식과 표현형태인 것이다. 궁하면 통하게 되고, 통하면 궁하게 되는 이러한 것으로부터 천지만물의 영원한 진화가 이루어지게 되는 것이다.

사물은 왜 궁과 통의 상호 전환을 연출하게 되는 것일까?「계사하전」에서 말하기를 "역易은 궁하면 변하고, 변하면 통하고, 통하면 장구하게 된다."고 하여 궁통의 이행移行 메커니즘이 역 자체에 있음을 명확하게 밝혔다. "역은 음양으로써 말한다."에서 '역'의 과정은 바로 음양의 대립과 융합이다. 그러기에 음양의 상호작용은 곧바로 사물진행의 궁통을 연출하는 것이며, 궁통의 동인과 근거가 되는 것이다.

역학에 의하면 만물은 모두 자기의 음양구조를 가지고 있다. 음양의 쌍방은 아무튼 천시天時를 따라 상호작용을 일으키면서 순조롭게 나아가야 하며, 결국 이것이 소멸하면 저것이 자라나고, 저것이 소멸하면 이것이 자라나는 상황을 이루어내야 하는 것이다. 일반적으로 말해서 음양이 어느 한쪽에서 자라나 최고의 정점에 이르게 되면 상대방의 다른 한쪽에서는 쇠퇴하여 최저점에 이르게 된다. 그래서 사물이 더 이상 본래의 상태로 진행될 수 없게 된다. 여기에서 생성변화의 과정은 바로 '궁'의 상태에 처하게 되는 것이다. 그러나 일단의 시간을 경과하게 되면 음양 쌍방의 관계는 전화轉化, 즉 '변變'이 발생하게 된다. 그리하여 자라남의 일방이 변하여 쇠퇴함이 되고, 쇠퇴함의 일방이 변하여 자라남이 된다.

이렇게 음양 사이에서는 하나의 새로운 진퇴가 개시되고 있다. 여기에서 사물의 운행은 '통'의 상태를 드러내면서 곧바로 또 하나의 새로운 발전단계로 나아가는 것이다. 물론 외부적 요소 역시 사물 궁통의 개변改變을 일으킬 수 있다. 그러나 일체의 외부 요소 역시 천지음양의 범위를 벗어나지 않는다. 음양 소장消長은 어떤 곳에서도 일어나지 않는 곳이 없다. 그러기에 만물의 변화 진행은 결국 통으로부터 궁으로 변하며, 궁으로부터 통으로 변하게 되는 것이다.

「계사전」에서 말하는 '변變'은 '화化'에 대해 상대적으로 쓰인 말이다. '변'은 갑작스런 변화(劇變)를 가리키는 것으로, 현대어의 질적 변화(質變)의 의미를 포괄하고 있다. '화化'는 곧 점진적인 변화(漸變)를 가리키는 것으로, 이것은 '변'을 위한 준비작업이다. 「계사상전」에서 "화해서 마름질하는 것을 일러 변이라 하고, 미루어 행하는 것을 통이라 일컫는다.", "한 번 닫고 한 번 여는 것을 일러 변이라 하고, 가고 옴이 다하지 않음을 통이라 일컫는다."고 말하였다.

공영달은 이에 소를 달아 "한 번 닫고 한 번 여는 것을 일러 변이라 한다는 것은 열고 닫음이 서로 좇아 음양이 번갈아 이르게 되는 것을 말한다. 혹 양이 변하여 음이 되고, 열림이 변하여 다시 닫힘이 되거나, 혹은 음이 변하여 양이 되고, 닫힘이 변하여 다시 열림이 되는 이러한 것을 일러 변이라고 하는 것이다."라고 설명하였다.(『周易正義』) '화하여 마름질하는 것(化而裁之)'의 뜻은 음양이 한쪽에서 자라나 일정 정도에 이르게 되면 다른 한쪽의 통제를 받게 되면서 상대방에 의해 대체되는 것을 말한다. 이것은 '한 번 닫고 한 번 여는 것'과 더불어 동일한 하나의 과정을 가리키는 것이다.

『내경』에서는 "무릇 사물의 생生은 화化로부터 말미암으며, 사물의 극치는 변變으로부터 말미암는다. 변과 화의 상호 부딪힘이 성패의 원인이다."(「素問·六微旨」)라고 하였다. 여기에서도 마찬가지로 '화'가 사물의 점진적 변화의 단계에 속해 있으며, '변'이 사물이 극점에 이르러 반전하여 질적 변화를 갖게 되는 단계에 속한 것으로 이해하고 있다.

이렇게 볼 때 궁으로부터 통으로의 변화의 관건은 음양의 상호작용을 통해서 사물의 발생이 반면을 향하여 전화轉化하는 데 있는 것이다. 이것이 이른바 '변'인 것이다. '화'가 극점에 도달하지 못하면 '궁'하지 못하게 된다. '궁'한 뒤에는 음양이 곧 억제하여 사물로 하여금 '변'하게 한다. 그러기 때문에 '통'은 반드시 출현하게 되는 것이다.

"통通하면 장구하게 된다."라는 말은 궁으로부터 통으로 변한 뒤에 순조롭게 진행되는 상태가 영원히 지속되어 사물들로 하여금 장구하게 한다는 말이 아니다. 사실상 '통'은 일정한 시점에 이르게 되면 또한 '궁'의 상태를 드러내게 된다. "통하면 장구한다."라는 말은 궁이 나타날 때마다 모두 능히 변하여 통이 되어 사물의 생명이 장구할 수 있게 됨을 말하는 것이다. 만약에 궁하고 변하지 않으면 장차 사망에 이르게 된다. 그러나 한 사물의 사망은 다른 한 사물의 새로운 탄생을 의미한다. 기화氣化는 장차 계속해서 진행된다.

건괘「상전」에서 "지나치게 높이 올라간 용龍이니 후회함이 있다. 가득 찬 것은 장구할 수 없다."고 말하였다. 이것은 사람들에게 사물이 영원히 상승의 추세에 머무를 수 없으며, 사물의 장구함 역시 가득 찬 상태로 유지할 수 없으며, 따라서 때에 따라 알맞게 변통해야 함을 일깨워 주는 말이다. 『장자』에는 "천 번 만 번 전변轉變하니 다함이 없다."(『莊子·田子方』)라는 말이 있다. 전변을 긍정하여 이에 능하게 되면 '궁'은 곧 반드시 전화하여 통이 된다. 속담에 말하기를 "수레가 산 앞에 당도하면 반드시 길이 있다."라고 하였는데, 이 말의 이치 또한 여기에 있는 것이다.

『주역』64괘 가운데 한 짝으로 구성된 된 두 괘 사이는 모두 변하여 서로 통하는 관계로 되어 있다. 위대한 시인 육유陸游는 "산과 물이 겹겹이 쌓여 길이 없을까 걱정하였는데, 버드나무 개울가에 꽃이 활짝 핀 또 하나의 마을이 있네."라고 읊었다. 그가 쓴 시적 정서는 '궁'으로부터 '통'으로 변하는 이치를 말하는 것이었다.

4 기공 양생 가운데 '통通'의 응용

1) 일반적 생명체계의 모형

중국 고대의 인체과학에서는 통을 생명탄생의 계기로 여겼다. 『管子·內業』에서는 "기氣가 있으므로 도道가 이에 생生을 가져오고, 생이 있기에 생각이 있게 되고, 생각이 있기에 지혜가 있게 되고, 지혜에 이르러 그치게 된다."라고 하였다. 여기에서 '도'란 곧 '통'이다. 기가 통달하면 곧바로 생명을 탄생시킨다. 생명이 있게 되면 바로 이어서 생각과 지혜를 낳게 되며, 인간의 지혜는 사물의 발전과정에 있어 정점에 해당된다. 여기에서 통은 일체 생명활동의 근본전제가 되는 것이다.

『내경』에서는 우주의 거대한 변화의 흐름, 낳고 낳음을 끝없이 되풀이하는 우주적 총체관에 의거하여 각종 유한적인 사물을 연구하고 관찰하여 '통'을 본질적 특징으로 하는 생명체계의 모형을 제시하였는데, 이는 지금까지도 여전히 그 이론적 가치는 물론 실천적 가치까지 갖추고 있다. 그 내용은 다음과 같다.

"나가고 들어옴이 없으면 신묘한 변화도 없게 되며, 올라가고 내려옴이 없으면 기氣의 활동도 어렵고 위태롭게 된다. 그러므로 나가고 들어옴이 아니면 생겨나서 자라나고 장차 늙어서 그치게 됨도 없으며, 올라가고 내려옴이 아니면 생겨나서 자라나고 거두어 들여 잘 보관함도 없게 된다. 이러기에 어떠한 사물(器)도 이 올라감과 내려옴, 나감과 들어옴을 갖지 않을 수 없다. 그러므로 사물이란 생성변화가 일어나는 집(宇)이다. 사물이 흩어지면 나누어져서 생성변화도 그치게 된다. 그러기에 (어떠한 사물이건) 나감과 들어옴이 없을 수 없고, 올라가고 내려옴이 없을 수 없다. 화化에는 크고 작음이 있고, (변화의) 주기에는 가까움과 멂(近遠)이 있다. 이 네 가지에는 상常을 지킴이 귀중하다. 상에 반하면 재해가 이르게 된다. 그러기에 형形(몸)이 없으면 근심도 없다고 하는 말은 이것을 이르는 말이다."(「素問 · 六微旨」)

기공 양생학에서는 이와 같은 체계의 모형에 의거하여 인체를 이해하였다. 그리하여 기氣를 다스려 자신을 수련하는 수많은 각종 방법들이 하나의 예외도 없이 모두 인체의 상하내외를 꿰뚫어보는 이해의 수준을 제고하여 '나가고 들어옴(出入)', '올라가고 내려옴(升降)'의 정상적 운행을 촉진시키는 것을 힘써 노력하는 목표로 삼게 되었다. "통하면 장구한다(通則久)."는 이 말에는 보편적인 역학의 원리가 내포되어 있는 것으로, 이는 기공 양생학이 받드는 근본 법칙이다.

기공원리에 대해 비교적 일찍 언급했던 정국鄭國의 자산子産은 "기氣의 사용을 절제하여 기로 하여금 막히고 정체되어 몸을 쇠약하게 하지 않도록 해야 한다."(『左傳』昭公元年)고 하였다. '기의 사용을 절제함'이란 곧 체내의 기의 소통을 조절하여, 그 기로 하여금 정체되고 막힘이 없도록 하는 것이다. 자산은 이렇게 하면 신체가 건강하여 수척하지 않게 된다고 생각하였다.

최근 인물인 방명龐明은 '봉기관정법捧氣貫頂法'을 소개하면서 "자세의 개합開合과 의념意念의 유도를 적절하게 배합함을 통하여 내기內氣를 밖으로 방출하고, 외기外氣를 안으로 받아들임으로써 사람과 대자연 가운데의 혼용한 원기元氣가 잘 소통하게끔 이끈다."라고 하였고, 또한 "위로는 천기를 접하고 아래로는 지기를 이끌어 내며, 천공天空과 지중地中이 신체 가운데의 혼용한 원기를 배꼽에서 회합하게 하여 인체와 천체天體의 혼용한 기가 서로 상통하여 사람과 대자연이 혼용한 일체가 되게 한다."라고 설명하였다. 여기에서 우리는 기공의 연마가 신체로 하여금 항상 '통'의 상태를 유지토록 하여, 설사 '궁'의 상태가 출현하더라도 또한 '변'하여 '통'하게 하는 것임을 알 수 있다. 이렇게 함으로써 생명은 자연히 장구할 수 있게 되는 것이다.

2) 사물과 사물이 상통함(物物相通)의 원리에 대한 응용

먼저 옛사람들의 몇 가지 진술을 살펴보도록 하자.

"(몸의) 구멍과 신체는 모두 천天과 통한다."(『淮南子·天文訓』)
"예부터 하늘에 통한 것은 생生의 근본으로 음양에 뿌리를 두고 있는 것이다. 천지 사이 육합六合(上下四方)의 안에 있는 그 구주九州·구규九竅·오장五臟·십이절十二節의 기氣 모두는 천기天氣와 통하는 것이다."(「素問·生氣通天」)
"상고시대 성인은 인형人形을 원칙에 따라 논하였으며, 장부臟腑를 분류하여 차례지우고, 맥락脈絡을 다스려 육합六合에 회통하게 하였다."(「素問·陰陽應象」)

이러한 진술은 인체가 생활의 터전인 대환경과 더불어 통일적 총체를 구성할 수 있게 된 것은 바로 인체와 천지사방이 보편적으로 다양한 방식으로 서로 상통하는 관계를 갖고 있기 때문임을 표명한 것이다. 『淮南子·精神訓』에 "정신이 왕성하고 기가 흩어지지 않으면 이치에 따르게 되고, 이치를 따르면 고르게 되고, 고르면 통하게 되고, 통하면 신묘하게 된다. 신묘하게 되면 봄에 보이지 않는 것이 없고, 들음에 들리지 않는 것이 없으며, 이루지 못한 것이 없다."고 하였다. 정신이 왕성하며 밖으로 누설되지 않으면, 곧 장부기혈臟腑氣血로 하여금 문란하지 않고 조리 있게 순서에 따라 협조하게 함으로써 막힘이 없는 건강상태를 드러내게 되는 것이다. 이와 같이 생명체의 각각의 공능이 정상적 기능을 발휘하게 될 때 생명체와 외계와의 연계 또한 순조롭게 진행되는 것이다.

그러기에 중국의 인체과학에서는 인체와 생활환경 및 인체 각 조직기관 사이의 구체적인 통응通應법칙을 특별히 중시하여 고찰하고 이를 임상과 양생의 기초로 삼았다. 이러한 통응법칙의 발견과 연구야말로 바로 중국 인체과학의 중요한 특징이며 공헌이다. 예를 들면 「素問·陰陽應象」에서는 "천기天氣는 폐肺에 통하고, 지기地氣는 목구멍(嗌)에 통하고, 풍기風氣는 간肝에 통하고, 뇌기雷氣는 심心에 통하고, 곡기谷氣는 비脾에 통하고, 우기雨氣는 신腎에 통한다."라고 하여 자연계의 서로 다른 요소들이 "같은 기운끼리 서로 추구한다(同氣相求)."는 원칙에 의거하여 체내의 상응관계에 있는 장부臟腑에 대해 영향을 주고 있음을 지적하였다.

중의학에서는 오장五臟을 오시五時와 오방五方에 배속한다. 즉 간장肝臟은 봄과 동쪽에, 심장心臟은 여름과 남쪽에, 비장脾臟은 한여름(長夏)과 중앙에, 폐장肺臟은 가을과 서쪽에, 신장腎臟은 겨울과 북쪽에 배속한다. 이와 같은 배속관계는 오시 오방의 기가 각기 나뉘어 오장과 상응상통相應相通하며, 따라서 상호간에 특별한 생리生理 및 병리病理의 관계를 형성하고 있음을 표명한 것이다.

또한 「靈樞·陰陽繫日月」에서는 "허리(腰) 이상은 하늘이고, 허리 이하는 땅이다. 하늘은 양이고, 땅은 음이다. 발(足)의 십이경맥十二經脈은 십이월에 상응한다, 달(月)은 물로부터 생生한다. 그러므로 아래에 있는 것은 음이다. 손의 열손가락은 십일十日에 상응한다. 해(日)는 불에서 생한다. 그러기에 위에 있는 것은 양이다."라고 말한다. 인체의 허리 이상은 양으로서 양에 속한 하늘, 해, 불과 상통한다. 허리 이하는 음으로서 음에 속한 땅, 달, 물과 상통한다. 발은 허리 이하에 있다. 그러기에 발의 십이경맥十二經脈은 십이월十二月과 상통하고, 손의 열 손가락은 허리 이상에 있다. 그러기에 천간天干으로 명명命名된 십일과 상통하는 것이다.

고대 의학에서는 또한 인체의 살갗과 근육, 살결, 모발, 혈기가 월상月相, 조석潮汐, 오성五星, 대기환류大氣還流 등과 통응관계에 있음을 발견하였다. 각기 경혈의 열고 닫힘(開闔)은 주야의 시간과 상통한다. 그러기에 「素問至眞要」에서 "천지의 대법은 인신人神이 통응한다."고 하였다. 세계의 호평을 받는 중국의 음양시간의학陰陽時間醫學과 일찍부터 발생했던 중국의 고대 지리인류학은 상당 정도 이러한 통응관계를 찾아냄으로써 건립된 것이었다. 인체와 환경요인과의 상통 이외에도 중국의 인체과학은 인체 내부의 각종 통응관계에 대해 많은 연구를 수행하여, 장상경락藏象經絡, 기혈진액이론氣血津液理論

1장/변하여 통하게 함으로써 장구함을 추구한다 53

등의 중요한 내용을 구축하였다. 예를 들면 간肝과 담膽, 심心과 소장, 비脾와 위, 폐肺와 대장, 신腎과 방광은 상호 표리관계에 있다고 생각한 것이다.

간의 충만함은 힘줄에 있고, 그 왕성함은 손톱에 있으며, 눈을 통하여 나타난다. 심의 왕성함은 얼굴에 있고, 그 교감은 혈맥에 있으며, 혀를 통하여 나타난다. 비는 신체의 근육을 주관하고, 그 왕성함은 입술에 있으며, 입을 통하여 나타난다. 폐는 기를 주관하고, 그 왕성함은 피부와 모발에 있으며, 코를 통하여 나타난다. 신은 골수骨髓를 주관하며, 뇌와 통하고, 그 왕성함은 발동(發)에 있으며, 귀와 두 생식기(二陰)를 통하여 나타난다. 여기에서 이른바 '안과 밖(表裏)', '그 충만함(其充)', '그 왕성함(其華)', '통하여 나타남(開竅)'이란 모두가 모종의 연통連通관계에 있음을 가리키는 말이다.

중국의 인체과학에 의하면 심心은 신명神明을 주관하며, '군주의 기관'으로 인체의 생명활동을 주재하는 것이다. 「素問·靈蘭秘典」에 "무릇 이 십이관十二官은 서로 잃어서는 안 된다. 그러므로 주主가 밝으면 그 이하는 편안하고, 이로써 양생하게 되면 장수하고 평생토록 위태롭지 않게 되며, 천하는 곧 크게 번창하게 된다. 그러나 주가 밝지 못하면 십이관이 위태롭고, 정보(使道)가 막혀 통하지 못하게 됨으로써 몸이 크게 상하게 된다. 이로써 양생하면 재앙이 되는 바, 천하의 근본이 크게 위태롭게 된다."라고 하였다. 여기에서 '정보'의 개념 및 그것의 통색通塞 문제를 제기하였고, 아울러 '심'과 '군주'를 상호 동류로 비유함으로써, 옛사람들이 '심'은 전신의 중추로 각 조직기관에 대한 통제와 협조의 기능을 가지고 있음을 인식하고 있었다는 것을 표명하였다.

이러한 기능은 정보의 피드백을 기초로 하고 있으며, 정보의 피드백은 '정보'의 순조로운 소통에 의거하는 것이다. 여기에서 '정보'는 곧 '인지(信道)'다. 인지가 막힘이 없으면 '심'은 전신의 조직과 일상적인 정보전달을 유지할 수 있으며, 이는 정상적인 생명과 장수에 없어서는 안 될 필요조건인 것이다. 의가醫家와 양생가養生家들의 이러한 이론은 유가의 상하교통설上下交通說에서 비롯되었을 것이다. "상하가 교감을 이루니 그 뜻이 하나가 된다."(泰卦 「상전」) "상하가 교감을 이루지 못하니 천하에 나라가 없다."(否卦 「상전」) 옛사람들은 이와 같은 사회적 통제원리를 인체에 사용하여 '주명主明'과 '정보'의 활발한 소통이 건강에 중요한 의의를 갖고 있음을 강조하였다.

역학에서는 천지만물이 통하면 무성하게 번창하고, 막히면 말라 시들게 된다고 주장한다. 고대의 의학자들은 이 이치를 응용하여 혈기의 소통과 막힘을 가지고 생리와 병리를 나누는 분계로 삼았다. 장중경張仲景은 "만약 오장의 원진元眞이 통창通暢하면 사람은 곧 안화安和하게 된다."(『金櫃要略·臟腑經絡先后病脈證』)고 하였다.

의학가들은 많은 질병이 모두 음양혈기의 장애 및 막힘과 관계가 있으며, 치료는 바로 기혈氣血의 적체를 소통시킬 방법을 찾고, 기혈의 유통을 회복하는 데에 있다고 생각하였다. 『呂氏春秋·達鬱篇』에는 "대저 사람은 삼백육십절三百六十節, 구규九竅, 오장五臟, 육부六腑로 되어 있다. 근육과 피부는 따르고자 하며, 혈맥은 통하고자 하며, …정기精氣는 행하고자 한다. 만약 이와 같이 하면 곧 병은 거처할 바가 없고, 악惡은 생生함이 없다. 병의 머무름은 악惡의 생生이요, 정기의 적체이다."라고 기술되어 있다. 정기가 쌓여 엉키게 되면 혈맥이 불통하게 되니 이것이 병의 근원인 것이다.

이러한 관점은 전국시대에 이미 의학가들에 의해 광범위하게 채용되었다. 예컨대 편작扁鵲은 괵태자號太子의 질병을 치료하기 위해 그 병이 '시궐尸厥'로서 병리病理는 "양맥陽脈이 아래로 나아가고, 음맥陰脈은 위로 다투어서 모인 기가 막혀 통하지 못하기 때문"이며, 그러기에 "몸이 고요하여 마치 죽은 모습과 같다."는 것을 확인하였다.(『史記·扁鵲列傳』) 편작은 침針, 더운물로 닦음(熨), 탕제湯劑를 통해서 '엉킨 기(會氣)'를 소통시켜 괵태자를 다시 살아나게 하였다.

『神農本草經』의 기록에 의하면, 많은 약물들이 모두 "오장육부를 깨끗이 씻어내고, 쌓이고 막힌 것을 개통함", "구규를 이롭게 하고, 혈맥을 소통케 함"의 효능을 가지고 있다. 이것이 바로 그들이 질병을 치유하는 약리藥理의 소재인 것이다.

고대의 학자들은 이상의 분석에 의거하여 양생의 도 또한 주로 인체기혈의 순조로운 소통을 항상 유지해야 함을 제시하였다. 『역전』에서 제시한 '통하면 장구함'의 이론은 중국 양생학에서 받드는 기본법칙이 되었다. 역사적으로 구원한 행기行氣의 도인導引도 곧 기혈이 체내에서 순조롭게 순행할 수 있도록 이를 촉진하는 신체건강법이다.

자산子産은 "군자에는 사시四時가 있으니, 아침에는 정사를 듣고, 낮에는 방문하고, 저녁에는 영令을 정비하고, 밤에는 몸을 편안하게 한다."(『左傳·昭公元年』)라고 하여, 양생은 수고와 휴식이 결합되어야 할 뿐만 아니라 노력 또한 응당 때를 따라 적절하게 변환한 후에 이전의 마음을 따르거나 고쳐야 함을 표명하였다. 이렇게 할 때 곧 기氣를 널리 펴 소통케 하고 막히지 않게 할 수 있는 것이다. 『呂氏春秋·盡數篇』에서 "흐르는 물은 썩지 않고, 문지도리는 좀이 먹지 않는 것은 그것이 움직이기 때문이다. 몸(形)과 기氣도 마찬가지다. 몸이 움직이지 않으면 정精이 흐르지 않고, 정이 흐르지 않으면 기가 엉키게 된다."

　기공 양생술은 정공靜功이든 또는 동공動功이든, 어떤 방식을 취하든지 간에 결국은 기혈의 흐름(流動)을 촉진시켜 순조롭게 소통하게 하는 것이다. 예컨대 역대의 양생가들이 폭음이나 폭식을 반대하며 "음식은 배부르지 않게 먹는 것만큼 좋은 것이 없음"을 주장한 것은 배부르게 먹으면 위가 충만하게 되고, 위가 충만하게 되면 가슴과 배가 매우 갑갑하여 "기가 사지(四末)에 통하지 않게 되기" 때문이다.(『管子· 內業』)

　『呂氏春秋 · 先己篇』에서 "그 대보大寶를 아껴 사용하고, 그 새로운 것을 사용하며, 그 묵은 것을 버리면 살결이 이에 통하여 정기가 날로 새로워지고, 사기邪氣가 모두 사라져 천년에까지 이르게 된다."라고 하였다. 기혈의 유통은 체내의 신진대사와 더불어 상보상성하면서 상호 촉진을 도모한다. 이 두 가지의 정상적 운행이야말로 병을 제거하고 장수를 보장하는 길이다.

　3) 성性을 따라 통함을 응용

　인체의 발육생장과 기혈유통은 우주만물의 운행변화(運化)와 마찬가지로 일정한 방향과 일정한 순서를 따라 순환하는 것이다. 그러므로 양생과 치료는 반드시 '따름(順)'의 원칙을 준수해야 하는 것이다. 다만 따름을 행할 때 경맥기혈이 왕성하게 소통되고, 병사病邪의 기氣도 곧바로 제거되는 것이다. 『行氣玉佩銘』에서는 "따르면 생하고, 거스르면(逆) 죽는다."라고 하였고, 「靈樞 · 師傳」에서는 "무릇 백성을 다스리는 것과 스스로를 다스리는 것, 그것을 다스리는 것과 이것을 다스리는 것, 작은 것을 다스리는 것과 큰 것을 다스리는 것, 나라를 다스리는 것과 가정을 다스리는 것, 모두가 거스르면서 능히 이를 다스리는 것을 아직 보지 못하였다. 오로지 따름만이 있을 뿐이다."라고 하였다.

앞에서 언급한 바와 같이 우주만물이 성性을 따라 변화를 전개함은 곧 사물 자신이 성을 따라 통하는 변화의 과정인 것이다. 양생가들은 살아 있는 유기체로서 인체의 본성을 따라 정상적인 생장발육을 진행하게 되면 천년을 다 누릴 수 있다고 주장한다. 이러한 따름 또한 곧 시간을 타고 흐르는(歷時) 통인 것이다. 통과 따름은 통일적인 것으로 동일한 기화氣化 과정의 두 측면에 불과하다. 따름의 원칙은 여전히 통의 사상인 것이다.

중의학에서는 매우 일찍부터 신장이 인체의 생장발육을 통어하는 기관임을 제기하며, 신장은 부모가 물려준 정기를 품수 받아 후천적으로 수곡水谷을 충분히 기른 후에 인체발육을 통어하는 기능을 갖추게 되는 것으로 여겼다.

「素問·上古天眞」에서는 "여자는 7세가 되면 신기腎氣가 왕성하여 치아가 다시 나서 자라게 되고, 14세가 되면 월경에 이르게 되고 임맥任脈이 통하며, 태중맥太仲脈이 왕성하여 월경이 때마다 나타나게 되므로 자녀를 갖게 된다. 21세가 되면 신기腎氣가 고르기 때문에 진아眞牙(智齒)가 생기고 성장이 극도에 이르게 된다. …49세가 되면 임맥이 허虛하고, 태중맥도 쇠소衰少하게 되고, 월경도 다하고, 지도地道도 불통하게 되므로 몸은 상하고 자녀를 가질 수 없게 된다. 남자는 8세가 되면 신기腎氣가 충실하고, 머리가 자라나며, 치아를 갈게 된다. 16세가 되면 신기가 왕성해지고, 월경에 이르고, 정기가 넘쳐흐르고, 음양이 조화를 이루기 때문에 능히 자녀를 갖게 된다. 24세가 되면 신기가 고르고, 근육과 뼈가 강하게 되므로 진아가 생기고 성장이 극도에 이른다. …40세가 되면 신기가 쇠퇴하고 머리는 떨어지고 치아는 말라 생기가 없게 된다. …64세가 되면 치아와 머리가 빠지고, …그리하여 자녀가 없게 된다."고 말한다.

　이것은 바로 남녀가 어려서부터 자라나 장성하고 늙음에 이르기까지의 생명과정은 확실히 본성을 좇아 행하는 하나의 과정임을 사람들에게 알려주는 것이다. 이러한 과정 중에 신기의 통제를 통해서 전후가 일관된 상통관계를 가지게 된다. 치료와 양생에서는 물론 인체에 있어서도 본성을 좇아 따라 행하는 생장발육은 반드시 존중되고 보호되어야 한다.

2장-행기양생行氣養生의 법칙

환도는 천지인 일체사물 운동 변화의 기본형식이다

2장 — 행기양생行氣養生의 법칙

환도圜道는 천지인 일체사물 운동변화의 기본형식이다

『주역』에서는 우주만물이 준수하고 있는 가장 보편적인 법칙이 바로 환도라고 여긴다. 환도는 천지인天地人 일체사물의 운동변화의 기본형식이다. 환도는 곧 순환循環의 도道다. 시작과 끝이 서로를 물고 있는 변화과정은 모두 순환운동이며, 또한 모두 환도의 범주에 속한다. 환도관圜道觀에서는 우주만물은 한 바퀴 돌고 다시 시작하는 환주環周운동을 영원히 계속 행하는 것으로, 일체의 자연현상과 사회 및 인사人事의 발생·발전·소멸 모두 환주운동 가운데의 진행으로 여긴다. 이러한 환도관은 역학과 중국 전통문화의 가장 근본적인 관념 중의 하나이다.

1 『주역』의 환도관

환도관에 대한 논의는 『呂氏春秋·圜道篇』에 보인다. 그러나 환도의식은 먼 옛 시대에까지 거슬러 올라가게 된다. 하대夏代의 과학수준과 사회생활을 반영하고 있는 『夏小正』(收錄于『大戴禮記』)에서는 물후物候, 천상天象과 농사활동의 여러 가지 주기적 변화를 기술하고 있는데, 여기에 이미 환도사상이 포함되어 있다. 현존하는 전적 가운데 『역경』이 가장 먼저 명확한 문자형식과 또한 괘상을 결합하여 이러한 관념을 자각적으로 표현하였다.

1) 『주역』의 서명書名과 괘효사 중의 표현

『역경』의 환도관은 가장 먼저 서명書名에서 드러나고 있다. 『주역周易』이란 서명의 뜻은 그 해석이 같지 않다. 사서史書에 의하면 하대夏代에는 『連山』, 은대殷代에는 『歸藏』, 주대周代에는 『주역』이 있었다고 한다.

『연산』, 『귀장』, 『주역』은 모두 괘서卦書다. 『연산』은 간괘艮卦를

2장/환도는 천지인 일체사물 운동변화의 기본형식이다 63

첫 괘로 하고 있는데, 간艮은 산이다. 『귀장』은 곤괘坤卦를 첫 괘로 삼는데 곤坤은 땅(地)이다. 동한東漢의 정현鄭玄은 『易贊』에서 "『연산』이라는 것은 산이 구름을 뚫고 나와 면면히 이어져 있는 것을 모방한 것이고, 『귀장』이라는 것은 만물이 그 가운데(地)로 돌아가지 않는 것이 없음을 말한다." 『연산』 『귀장』의 서명은 모두 각기 첫 괘에 담긴 뜻에 대한 설명이다. 이러한 설명에 의거하여 공영달은 『주역』을 설명하기를 "『주역』에서 '周'라고 칭한 것은 기양岐陽의 지명을 취한 것이다."(『주역정의』)라고 하였다. 그러므로 '周'는 곧 주 왕조(周朝)를 일컫는 말이 결코 아님을 미루어 알 수 있다. 필자의 견해로는 『주역』이란 명칭은 당연히 그 첫 괘인 건괘에 대한 뜻풀이라고 생각한다.

선진先秦 양한시대兩漢時代 전적의 '周'자 사용에 근거하여 볼 때 '周'자가 당시에 '잡帀', '선旋', '환還', '요繞', '복復' 등의 뜻을 갖추고 있었음을 알 수 있다. 「계사하전」에서 말하기를 "변동함이 어느 한 곳에 머무르지 아니하고, 상하사방에 두루(周) 행하며, 오르고 내림에 항상함(常)이 없으며, 강유剛柔가 서로 밀치며 바뀐다."라고 하였다. 여기에서 '두루함(周)'은 곧 '돌아오다(環)', '두르다(繞)'의 뜻으로 해석된다. 이것은 음효와 양효가 6개의 효위 위에서 순환운행(還轉流行)하면서 끝나면 다시 시작하는 운동을 끊임없이 진행한다는 뜻이다.

『주역周易』의 '易'자에 대한 해석도 매우 많다. 「계사전」의 "역易은 상象이다.", "하늘에서는 상象을 이루고, 땅에서는 형形을 이룬다.", "상象을 걸어 밝게 드러내는 것으로 일월日月보다 더 큰 것이 없다."라는 내용에 의거해 보면, '역'을 '상'으로 여기고 있으며, 이것을 가장 크고 가장 밝게 드러내는 것은 일월의 운행이라고 생각하고 있음을 알 수 있다.

한대漢代 사람들 역시 대부분 일월로 '역易'을 해석하였다. 예를 들면 허신許愼은 『說文解子』에서 "일월이 역이니, 음양을 상징(象)하는 것"이라고 하였고, 『易緯·乾坤鑿度』에서는 "역명易名의 뜻으로 네 가지가 있는데, 일월이 서로 물고 있는 것을 근본으로 한다."고 하였고, 정현은 "역이란 일월이다."(『鄭氏佚書』)라고 하였으며, 『周易參同契』에서는 "일월이 역이니, 강유가 대등한 것이다."라고 하였다.

『주역』은 건괘를 첫 괘로 한다. 「설괘전」에서는 "건乾은 하늘이고, 환圜이다."라고 말한다. 동한東漢의 유희劉熙는 "하늘의 역易을 일러 건乾이라고 한다. 건은 강건(健)함이니, 강건하게 행하며 쉬지 아니한다."(『釋名·釋天』)라고 하였다.

이상의 분석에 의거하여 볼 때 『주역』의 서명은 곧 '건乾'의 대의大義에 대한 설명으로, 그 뜻은 일월이 번갈아 돌면서 하늘 주위를 싸고 도는 것을 말하는 것이다. 「계사하전」에서 "해가 가면 달이 오고, 달이 가면 해가 오며, 해와 달이 서로 밀쳐 밝음이 생한다. 추위가 가면 더위가 오고, 더위가 가면 추위가 온다. 추위와 더위가 서로 밀쳐 한 해가 이루어진다. 가는 것은 굽히는 것이요, 오는 것은 펴는 것이니 굽힘과 폄이 서로 교감하여 이로움이 생한다."라고 하였다. 이 말은 『주역』의 서명에 담겨진 뜻을 발휘한 것으로 간주되며, 이는 만물을 끊임없이 낳고 낳음이 곧 해와 달, 추위와 더위, 굽힘과 폄, 즉 음양의 왕복 순환 과정을 통해서 비로소 실현될 수 있는 것임을 표명한 것이다. 이로서 순환, 즉 환도는 역학가들의 마음속에 가장 중요한 규칙의 하나가 되었다.

자연계와 인류 생활 가운데에서 많은 사물들은 왕복 순환운동을 진행하고 있는데, 사시四時, 주야晝夜, 생사生死 등이 바로 이것이다.

『역경』의 작자는 이에 대하여 이미 심오하고도 다방면에 걸친 관찰과 이해가 있었다. 예컨대 명이괘明夷卦 상육효사上六爻辭에서 "밝지 않으니 어둡다. 처음 하늘에 오른 후에 땅으로 들어간다." 이것은 아침 일찍 태양이 솟아오르니 하늘이 밝고, 저녁이 되면 태양이 내려와 떨어지니 하늘이 어둡게 되는, 즉 태양의 솟아오름과 떨어짐, 낮의 밝음과 밤의 어두움이 끊임없이 순환하는 것임을 설명한 것이다.

가장 저명한 순환론 사상의 표현은 태괘泰卦 구삼효사九三爻辭인 "평탄하기만 하고 가파르지 않는 것은 없으며, 가기만 하고 돌아오지 않는 것은 없다."에 나타나 있다. 이 구절은 분명히 지형과 여행을 가리키는 것이 아니라, 만사만물이 모두 평탄하고 가파르고 가고 돌아오는 순환과정 가운데에 있음을 긍정하는 말이다. 이와 비슷한 설명이 또한 복괘復卦 괘사인 "그 도를 반복하여 7일 만에 다시 돌아오다." 에 있다. 주희는 이를 해석하여 설명하기를 "'그 도를 반복함'이란 가서 다시 돌아오며, 와서 다시 돌아감을 의미하는 것이다."(『주역본의』)라고 하였다. 여기에서 말하고 있는 '반복'은 여행에 한정된 설명이 아니라, 일체 사물이 모두 왕복순환의 '도'를 준수하며 따르고 있음을 일반적으로 논한 것이다.

2) 괘효상卦爻象 중의 표현

후대 역학가들의 해석에 따르면 64괘를 만들게 된 것은 우주만물의 변화를 모방한 것이었다고 한다. 그리고 환도관은 『역경』의 64괘 안에서 구현된다. 그 주요한 표현은 다음과 같다.

(1) 사물의 대립적 속성인 음양 양효의 표현은 음양 상호간의 순환전변循環轉變인 것이다.

이러한 사상은 가장 먼저 64괘의 양효를 구九로써 표시하고, 음효를 육六으로써 표시함에 나타나 있다. 점치는 법(筮法)에 따르면 '대연지수大衍之數'를 가지고 점의 절차를 행한 뒤에 6, 7, 8, 9의 수를 얻게 된다고 한다. 여기에서 7과 9는 양이고, 8과 6은 음이다. 7은 소양少陽이고, 9는 노양老陽이며, 8은 소음少陰이고, 6은 노음老陰이다. 여기에서 7과 8은 (少陽, 少陰이기에) 불변이나 6과 9는 (老陰 老陽이기에) 변한다. 6과 9는 노음, 노양이기 때문에 노老하여 극極하게 되고, 극하면 반전하게 된다. 『역경』에서 9로써 양을 표시하고, 6으로써 음을 표시한 것도 바로 64괘의 음양효들이 모두 자신의 대립적 방면으로 전화될 수 있음을 표명하고자 한 것이다.

(2) 『역경』의 괘서에서 보여주고 있는 대우對偶관계는 64괘의 각 괘가 모두 독자적인 순환운동을 전개하고 있음을 설명한 것이다.

『역경』 64괘의 배열 순서에는 일정한 규칙이 있다. 공영달은 "이제 두 괘를 한 짝으로 하고 있는 64괘를 살펴보면 모두 복覆이 아니면 변變이다. 복覆이란 밖과 안에서 이것을 봄으로써 마침내 양괘를 이루게 되는 것을 말한다. …반복하더라도 같은 괘를 이루게 될 때에는 곧 변變으로써 이를 대하게 된다."(『周易正義·序卦傳』)고 설명한다. 여기에서 말한 "밖과 안에서 이것을 봄으로써 마침내 양괘를 이룬다."는 것은 곧 한 괘의 괘상을 정면으로 본 후, 다시 방향을 돌려 원래와 상반된 위치에서 봄으로써 곧 다른 한 괘를 이루게 됨을 말한다.

『역경』에서는 이와 같은 양 괘를 나란히 배열, 서로 이웃하게 하여 64괘의 차례를 안배하였다. 예를 들면 준괘屯卦(䷂)와 몽괘蒙卦(䷃), 수괘需卦(䷄)와 송괘訟卦(䷅) 등이 바로 이와 같은 예에 속한다. 공영달의 이러한 설명은 설사 그의 해석이 두루 통할 수 있는 설명이라 하더라도 『역경』의 본래 뜻에 부합된 것은 아니다. '복覆'의 관계를 설명하는 것은 옳다. 그러나 괘를 본 사람이 그의 시각을 상반된 방향으로 뒤엎는 것이 아니라 자신을 정중正中으로 하는 원심圓心으로 괘상을 180도 돌린 후에 다른 한 괘를 얻게 되는 것이다. 『역경』의 작자는 이와 같이 해서 나누어지게 되는 두 괘의 분리 전후를 함께 배열하였는데, 이것은 모두 합하여 56괘가 된다. 그 의도는 모든 괘 자신이 바로 순환운동을 전개하고 있음을 강조하고자 한 것이었다. 서로 인접한 두 괘의 대우對偶관계는 곧 괘의 순환운동을 표현한 것이다.

괘 자신이 순환운동을 전개하고 있음을 증명하고 있는 것으로서 태비泰否 두 괘의 괘사를 들 수 있다. 태괘泰卦(䷊)와 비괘否卦(䷋)는 상호 복覆의 관계로서 하나의 짝을 이루며, 64괘 가운데 11번째와 12번째 괘의 순서에 배열되어 있다. 태괘의 괘사는 "작은 것이 가고, 큰 것이 온다."이다. 비괘의 괘사는 "큰 것이 가고, 작은 것이 온다."이다.

『역경』 가운데 곤坤과 음은 작은 것(小)이 되고, 건乾과 양은 큰 것(大)이 된다. 상위上位는 멀고(遠), 밖(外)이고, 바깥(表)이다. 하위下位는 가까움(近)이고, 안(內)이고, 속(裡)이다. 태괘 괘사인 "작은 것이 오고, 큰 것이 간다."는 3개의 음효로 구성된 곤坤이 하위로부터 선전旋轉하여 상위에 도달하고, 3개의 양효로 구성된 건이 상위로부터 선전하여 하위에 이르게 되는 것을 말한다. 비괘는 이와 상반된다. 『역경』의 괘사에 의거하여 볼 때 태·비 두괘는 그들 자신이 상호 전도관계를 이루어 함께 배열되어 있는 것이지 "밖과 안에서 이 것을 봄으로써 마침내 양괘를 이룸"이 결코 아님을 알 수 있다.

위에서 설명한 이러한 관계들 외에도 8개의 괘, 즉 건乾(☰)과 곤坤(☷), 감坎(☵)과 리離(☲), 이頤(䷚)와 대과大過(䷛), 중부中孚(䷼)와 소과괘小過卦(䷽)는 자신을 중정中正으로 하는 축심軸心으로 180도 선전旋轉한 후에도 여전히 같은 괘가 되기 때문에 새로운 괘를 얻을 수 없다. 이러하기 때문에 그들 두 괘들을 서로 대對를 이루게 하여 함께 배열하게 되었고, 이것은 대를 이루고 있는 괘의 육효 또한 하나하나 서로 대응하고 있어 음양 속성이 때마침 서로 상반되고 있기 때문이었다. 따라서 그들 역시 동위효성同位爻性의 순환전환의 관계를 갖추고 있다. 이것이 공영달이 말한 "변變으로써 이를 대對한다."의 뜻이다.

(3) 64괘는 유기체적인 대순환 가운데에 놓여 있다.

64괘 가운데 각 괘의 어떤 하나의 효도 모두 음이 변하여 양이 되고, 양이 변하여 음이 될 수 있으며, 56개의 괘 또한 각자 순환운동을 전개하면서 자신의 대우對偶괘로 전환할 수 있는 것이다. 따라서 64괘 사이는 상호소통하고 있기 때문에 각각의 한 괘는 기타의 어떤 다른 한 괘로 전환될 수 있는 것이다.

이것이 바로 이번 장章에서 말하는 '변하면 통한다(變則通)'의 관계인 것이다. 이러한 괘효의 끊임없는 변역운동의 가운데에서 64괘의 유기체적 순환은 필연적으로 형성되었다. 비록 문자를 통해 분명하게 밝히고 있지는 않지만, 64괘의 배열을 통해서 볼 때, 이에 대해 『역경』에서는 이러한 사상을 포함하고 있다고 단정할 수 있는 것이다.

64괘는 건곤乾坤 두 괘로 시작하여 기제미제旣濟未濟의 두 괘로 종결된다. 그 나머지는 만사만물이 60괘 가운데에 있음을 나타내는 것이다. 이것은 건곤이 끊임없이 펼쳐지는 왕복순환의 교류 가운데에 놓여 있으며, 이로써 만사만물이 생성됨을 의미한다. 천지만물의 운동변화는 이루어졌다 허물어지고, 허물어졌다 다시 이루어지면서, 시작도 없이 끝도 없이 지속된다.

이는 천지는 하나의 대순환이요, 각각의 구체적 사물은 하나의 소순환이며, 사물과 사물 사이에도 순환전화의 관계로 맺어져 있으면서 각기 따로 서로 다른 종류의 순환권을 구성하고 있음을 표명한 것이다. 그래서 사물은 또한 건곤전화乾坤轉化의 대순환 속에 자연스럽게 들어서게 되는 것이다. 이렇게 소순환을 껴안고 있는 대순환의 우주과정을 『역경』에서는 주로 괘상과 괘서라는 특수 언어로써 표현하고 있는 것이다.

역학가들이 보기에 천지·일월·사시·주야·음청陰晴 등 그 어떤 것도 정해진 법칙과 순서에 따라 각자의 순환운동을 전개하지 않는 것이 없으며, 일체의 생물과 인사人事도 오직 이러한 순환운동 가운데에서 생성변화 발전을 이루면서 자기의 역정을 완주할 수 있게 된다는 것이다. 세상의 모든 변천 역시 순환식의 운동이다. "평탄하기만 하고 가파르지 않는 것은 없으며, 가기만 하고 돌아오지 않는 것은 없다."고 말한 이것이야말로 『역경』의 작자가 이 세계의 운동에 대한 최고의 개괄적 표현이요, 또한 중국의 첫 번째 철학적 성격의 저작인 『역경』이 인류에게 제시한 제일법칙인 것이다. 『역전』에서도 이를 적극적으로 긍정하여 「상전」에서 말하기를 "'가기만 하고 돌아오지 않는 것은 없다'고 한 것은 천지가 교제하는 것이다."라고 하였는데, 이는 왕복순환이 천지만물이 받들며 따르고 있는 객관적 법칙임을 확인한 것이다.

3)환도는 음양변역의 형식이다

『주역』에서는 일체의 모순대립은 순환의 유통과정을 거치면서 모두 해결된다고 생각한다. 만약 사물의 순환운동이 아무런 장애 없이 순조롭게 진행되어 완성을 보게 되면, 이는 곧 사람과 사물에게 이로운 결과를 가져오게 되는 것이다. 이런 사상이 비교적 집중적으로 표현되고 있는 것이 복괘復卦(䷗)이다. 복괘는 박괘剝卦(䷖)와 서로 대를 이루는 괘상을 가지고 박괘와 한 쌍으로 짝 지워진 괘이다.

이 두 괘는 박괘를 앞에 그리고 복괘를 뒤에 배열하여 서로 이웃하고 있는 괘이다. 그리고 한 괘를 '박剝'이라 하고, 다른 한 괘를 '복復'이라 이름 붙인 것은 양기가 음기에 의하여 한 층 한 층 벗겨져, 음이 극한 데 이르러서는 양으로 반전하여 양기가 다시 초효에서 회생하는 것을 나타낸 것이다. 복괘 괘사에서 "복復이니 형통하다. 나가고 들어옴에 병폐가 없으니 벗이 옴에 허물이 없다. …나아감에 이롭다."라고 하였다. 이것은 능히 순조롭게 왕복순환을 완성하면 곧 일체가 길하고 이롭다는 것을 사람들에게 분명하게 알려주고 있는 것이다. 출입出入, 교왕交往, 일의 처리(辦事) 모두를 성공시킬 수 있다.

순환의 길은 곧 법칙의 궤도이기 때문에 법칙을 받들고 따르면 곧 성공의 조건을 갖추는 것이 된다. 그러기에 "나아감에 이롭다."고 한 것이다. 「단전」에서 말하기를 "'복復', 거기에서 천지의 마음을 보게 되는 것이로다!"라고 하여, 우주법칙의 핵심이 순환임을 단정하고 있다. 이러한 문제에 있어서 「단전」의 작자와 『역경』의 관점은 일치하는 것이다.

위에서 설명한 사상은 이괘履卦(☰) 가운데에도 분명하게 표현되어 있다. 이괘 구오효사九五爻辭에서 "빨리 결단하여 행하니 바르더라도 위태롭다."라고 하였고, 바로 이어서 상구효사上九爻辭에서는 "살펴 행하고 두루두루 상세히 고려하며 그것을 돌림(旋)이니 크게 길하다."라고 하였다. 이 글의 뜻은 자세히 관찰하고, 두루두루 상세히 살펴 일을 행하면서 순환선전旋轉을 실현할 때에 비로소 위태로움을 평온함으로 전환시켜 대길大吉을 얻게 된다는 것이다.

공영달은 이에 소를 달아 "돌림(旋)이란 반대로 되돌리는 것이다. 상구上九는 이履의 극極에 처하여 아래로는 태兌의 기쁨(說)에 응應함으로써 높은 위치에 있어도 위태롭지 않다. 이는 그가 행함에만 빠지지 않고 능히 반대로 되돌려 행하여 이도履道를 크게 이루었기에 원길元吉인 것이다."(『周易正義』)라고 설명하였다. 주희는 "두루 되돌려 부족함이 없기에 원길元吉을 얻게 된 것이다."(『周易本義』)라고 주注를 달았다.

이괘가 선전한 후에 소축괘小畜卦(☰)를 얻게 된다. 이때 전자의 상효는 후자의 초효가 된다. 소축괘의 초효에서 "도로 말미암아 회복함이니 어찌 허물이 있겠는가? 길하다."라고 말한다. 이 구절은 바로 이괘 상구효사上九爻辭와 호응하는 것으로 자기가 순환의 도를 따라서 반전하여 온 것이며, 그러기에 무슨 나쁜 일이 있겠는가, 당연히 길하게 될 뿐임을 재차 밝힌 것이다.

또한 해괘解卦(☰)는 건괘蹇卦(☰)와 짝을 이루고 있다. '해解'는 '건蹇'의 뜻인 어려움과는 상반되는 것으로, 곤란의 극복을 의미한다. 해괘의 괘상은 감하진상坎下震上인데, 감坎은 비이고, 진震은 우레이다. 그러므로 이 괘상은 천지의 기가 순환교회循環交淮하여 우레와 비를 형성하고, 일체의 모순대립이 해결되어 곤란함이 제거됨은 바로 천지음양의 기가 순환 유전하는 때에 있는 것임을 상징하는 것이다. 그러므로 「단전」에서 "천지의 문제가 해결되고 우레와 비가 일어나니 백과초목百果草木이 모두 싹을 틔운다."라고 한 것이다.

『역경』에서는 사물의 순환왕복이 일정한 주기적 성질과 단계적 성질을 가지고 있는 것으로 여긴다. 복괘復卦 괘사에서 "그 도를 반복하니 7일 만에 다시 회복한다."라고 하였다. 주희는 이에 "7일이란 점에서 진행해온 바의 회복의 주기이다."(『周易本義』)라고 주석을 달아 설명하였다. 복괘에서의 '7일'이란 한 바퀴 돌아 다시 처음으로 돌아오는 순환기한을 일컫는 말이다. 이렇게 말한 것은 아마도 괘에는 육효가 있고, 매 효는 사물발전의 한 단계를 표시하며, 여섯 개의 발전단계를 경과해야만 그의 진행여정을 완성할 수 있으며, 그런 뒤에 다시 초효로 돌아와 또 하나의 새로운 운동의 주기를 시작하기 때문이었을 것이다.

여기에서 『역경』에서는 6을 일주기로 여기고 있으며, 소위 '7일 만에 다시 와서 회복함'도 곧 일주기의 처음 시작단계를 가리키는 것임을 알 수 있다. '7일'은 하루 이틀의 7일로 해석되어서는 안 된다. 이것은 일곱 단계의 변화과정을 가리키는 말이다. 이처럼 '6을 한 마디로 삼는 것(以六爲節)'은 일체사물의 총체적 역정歷程을 여섯 개의 발전단계로 나누고 있는 사상으로, 이는 후대의 철학과 과학에 상당한 영향을 주게 되었다.

2 환도관의 재평가

환도관이 『주역』에서 상당히 체계적으로 표현된 뒤 곧바로 세상에 널리 퍼지게 되었다. 철학적 사유에서 예술적 창작으로, 과학적 연구에서 종교적 신앙으로, 시공時空의식에서 역사적 학설과 인생의 가치로, 우주의 이론에서 농업과 수공업의 기술로, …중국의 전통문화가 있는 곳이면 어디에서나 순환관념의 종적과 영향을 찾아볼 수 있다.

오랫동안 학술사가들은 중국 고대의 순환론 사상을 접하게 되면 종종 '형이상학'이나 '기계론'의 모자를 씌우고, 다시 비판을 가하는 잘못을 저질러 왔다. 그래서 마치 순환론은 하나도 옳은 것이 없고, 모두 착오이며, 완전히 인간의 소극적 산물일 뿐만 아니라 중국 문화의 일개 고립된 현상이요, 일종의 우연한 관점으로서 중국문화 전반에 별다른 영향을 주지 않았던 국부적 현상에 불과한 것으로 오도하였던 것이다.

그러나 사실 이러한 시각은 전면적인 이해도 아니고, 타당성도 매우 결여되어 있는 잘못된 견해이다. 순환을 객관적 법칙으로 이해했을 뿐만 아니라 '천지의 마음'으로 여겼기 때문에, 고대의 학자들은 자연스럽게 환도관을 가장 중요한 위치에 놓았던 것이다. 사실상, 환도는 일찍부터 중국 고대인들의 변하지 않는 사유습관, 즉 내재적 인소로서 중국 정신문명의 각 방면에 침투하여 모든 중국문화와 하나로 융합되어 있는 것이다. 중국문화의 여러 다양성은 아마 순환관념의 파생물이거나, 혹은 그것과 밀접한 관련을 갖고 있을지도 모른다.

이러한 측면에서 보면, 만약 환도관이 없었다면 오늘날 우리가 보고 있는 이러한 모양의 중국의 전통문화도 없었을 것이라고 말할 수 있는 것이다. 중국의 사유특색을 충분히 드러내고 있는 음양오행, 팔괘, 육효 등과 같은 심원한 영향을 끼친 학설은 환도관념을 깊이 체현한 것이다. 그러기에 중국 전통사유의 우수성과 결점, 성공과 부족은 거의 모두 환도관과 일정 정도 연관이 있을 것이다.

환도관에는 의심할 나위 없이 소극적이고 착오적인 측면이 있다. 그러나 이 관념에는 정확한 인소와 반드시 적용할 수 있는 영역도 포함되어 있다. 우주는 본래 환도와 직선의 통일체이다. 그러기에 환도관이 중국 인식사와 문화사에 끼친 작용은 다방면에 걸쳐 복잡하게 얽혀져 있어 반드시 세심하고도 구체적인 분석이 필요하다. 환도관에 대한 재평가 역시 당연히 이루어져야 한다.

순환운동은 자연계는 물론 인류사회 기술영역 및 인류의 사유 가운데에도 모두 대대적으로 존재한다는 사실을 반드시 알아야 한다. 우리 한번 물어보자. 만약 지구상의 사물이 능히 순환하지 않는다면, 어떻게 자연의 생성변화가 있을 수 있을까? 혈액순환이 없다면 어떻게 동물과 사람이 있을까? 만약 반복 순환이 없다면 어떻게 변화체계를 파악하여 조절할 수 있을까? 그러므로 순환관점에 대한 전면적 부정은 완전히 잘못된 생각이다.

여기에 좀 더 자세한 설명이 필요하다. 사물이 환도를 따라 운행한다는 것은 동일한 하나의 순환권을 영원히 고수하는 것을 의미함이 결코 아니다. 각종 인소의 영향으로 말미암아 사물은 하나의 순환에서 다른 하나의 순환으로 넘어갈 수 있게 된다. 동일한 순환 안에서도 또한 새로운 내용을 받아들이게 된다. 그러나 이것 역시 여전히 하나의 순환일 뿐이다. 일반적으로 말해 머리(시작)와 꼬리(마침)가 서로 연결되어 물려 있는 것은 순환이다. 그 내용이 불변적이거나 혹은 그 기본이 불변적인 순환에 있어서도 그 안에 분명하게 변화하는 순환을 가지고 있는 것이다.

순환이 대대적으로 존재하는 이상 환도관은 나선식의 상승과 서로 저촉되지 않는다. 도처에서 대순환 안에 많은 작은 나선식의 상승이 거쳐 가고 있음을 볼 수 있다. 또한 커다란 상승과정 중에 많은 작은 순환식의 운동을 포용하고 있음도 볼 수 있다. 순환과 나선식의 상승은 본래 서로를 포용하며 상호 보충의 관계를 이루고 있다.

이와 같을 뿐만 아니라 현대 우주진화론, 현대 물리학에 의거하여 대우주의 각도에서 관찰해 보면, 순환운동이 상승운동에 비해서 보다 근본적이고, 보다 기본적이며, 보다 보편적이라고 한다. 상승운동은, 즉 발전으로 소소한 국부에 지나지 않는다. 왜냐하면 상승 외에는 하강, 즉 퇴화만이 있을 뿐이며, 또한 극대량의 소위 승강이라 할 수 없는 운동만이 있을 뿐이다. 그러나 이러한 모든 것은 순환을 떠날 수 없다. 따라서 순환은 만물의 운동 변화 및 발전의 기본형식의 하나이며, 허다한 상승운동은 끊임없이 진행되는 순환을 통해서 실현된다는 것을 당연히 인정해야 할 것이다.

3 환도관과 기공 양생

환도관은 중국 고대의 인체과학과 기공 양생학에 심대한 영향을 끼쳤다.

1) 인체의 순환구조

중의학과 기공학에서의 인체에 대한 연구는 환도관의 지도 아래 진행되었다. 중의학과 기공학의 인체이론 모형은 두 가지 뛰어난 내용을 갖고 있다. 하나는 오장五臟을 핵심으로 하는 오행의 순환이고, 다른 하나는 경락經絡을 따라 움직이는 기혈氣血의 순환이다.

● **인체의 오행순환에 관하여**

중국의 인체과학에서는 간肝·심心·비脾·폐肺·신腎의 오장은 목木·화火·토土·금金·수水의 오행에 분속되어 있는 것으로 생각한다(표1 참고). 담膽·소장小腸·위胃·대장大腸·방광膀胱의 오부五腑, 목目·설舌·구口·비鼻·이耳의 오규五竅, 근筋·맥脈·기육肌肉·

피모皮毛·골骨의 오체五體, 노怒·희喜·사思·비悲·공恐의 오정五情, 호呼·소笑·가歌·곡哭·신呻의 오성五聲 등 또한 오장에 분속되어 인체의 오행구조를 구성하였다.

그리고 그들 사이는 목생화木生火, 화생토火生土, 토생금土生金, 금생수金生水, 수생목水生木과 목극토木克土, 토극수土克水, 수극화水克火, 화극금火克金, 금극목金克木의 오행五行관계(그림1 참조)에 의해 상생상승相生相勝의 작용과 정보의 연계를 발생시킴으로써 복잡하게 교착하는 순환성의 네트워크를 형성하게 되었다.

《표 1》 五行歸類表

五音	五方	五味	五色	五氣	生化	時令	五行	五臟	五腑	五竅	五體	五情	五聲
角	東	酸	靑	風	生	春	木	肝	膽	目	筋	怒	呼
徵	南	苦	赤	暑	長	夏	火	心	小腸	舌	脈	喜	笑
宮	中	甘	黃	濕	化	長夏	土	脾	胃	口	肌肉	思	歌
商	西	辛	白	燥	收	秋	金	肺	大腸	鼻	皮毛	悲	哭
羽	北	鹹	黑	寒	藏	冬	水	腎	膀胱	耳	骨	恐	呻

《그림 1》 五行生克圖

● **기혈의 순환에 관하여**

중국의 인체과학에서는 기혈은 인체 안에서 경맥經脈의 운행을 따라 주기적인 왕복순환을 계속하면서 끊임없이 움직이는 것으로 생각한다. 「靈樞·營衛生會」에서 "사람은 곡谷에서 기를 받고, 곡은 위로 들어가 폐에게 전함으로써 오장육부가 모두 기를 받게 된다. 그 가운데 맑은 것은 영기營氣가 되고, 탁한 것은 위기衛氣가 되는데, 영기는 맥 가운데 있고, 위기는 맥 밖에 있으며, 영기는 쉬지 않고 두루 통하다가 오십이 되면 다시 크게 모이게 된다. 음양이 서로 관통되어 있음은 마치 둥근 원에 시작이 따로 없는 것과 같다."고 하였다.

「靈樞·營氣」의 논술에 의하면 십이경맥을 순행하는 기혈은 또한 그림 2에서와 같이 임맥·독맥 두 맥의 순서와도 연계되어 통하고 있다.

《그림 2》氣血經脈流注次序圖

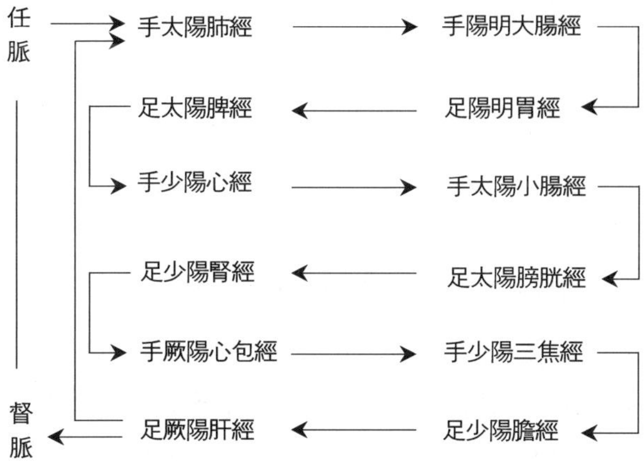

```
任      ┌→ 手太陽肺經 ────────→ 手陽明大腸經 ┐
脈 ─────┤                                    │
        │  足太陽脾經 ←──────── 足陽明胃經  ←┘
        │
        │→ 手少陽心經 ────────→ 手太陽小腸經 ┐
        │                                    │
        │  足少陽腎經 ←──────── 足太陽膀胱經 ←┘
        │
        │→ 手厥陽心包經 ──────→ 手少陽三焦經 ┐
督      │                                    │
脈 ←────┴─ 足厥陽肝經 ←──────── 足少陽膽經 ←┘
```

인체 오행의 순환과 기혈의 순환이론은 기공 양생학의 기초이다.

그 이론의 발견과 정립에는 상당히 긴 시간이 경과하였으며, 대체적으로 서한시대에 체계적으로 정립되었다. 당시 환도관은 이미 널리 유행되고 있었다. 옛사람들이 보기에 사람의 몸은 하나의 소우주이며, 따라서 그 전신의 기혈과 신체 부분의 각기 기능은 반드시 천지와 상응하면서 자신의 순환을 구성하는 것으로 생각하였다. 그러므로 위에서 말한 인체이론의 모형을 정립하는 과정에서 환도관의 계시를 받았을 것이다. 다른 한편으로는 인체의 오행순환과 기혈 순환의 발견은 또한 환도관의 타당성에 새로운 논거를 덧붙이는 계기가 되었다.

2) 기공이론 중의 환도

모든 기공이법은 체내에서 운행법칙을 따라 순환운행을 하고 있는 진기眞氣와 떨어져 논할 수 없다. 이제 소주천小周天과 대주천大周天을 예로 들어 설명하고자 한다.

소주천과 대주천은 도가의 기공과 의가醫家의 기공 모두 따르고 있는 중요한 공법으로, 내단술內丹術 공법 가운데 서로 다른 두 가지 단계에 속한다. 내단술은 중국 기공 양생학의 중요한 구성 부분으로 동한東漢시대 위백양의 『주역참동계』와 북송시대 장백단張伯端의 『悟眞篇』을 이론적 근거로 삼고 있는데, 여기에는 '연정화기煉精化氣, 연기화신煉氣化神, 연신환허煉神還虛'의 세 단계를 포괄하고 있다.

연정화기 단계에서는 소주천을 행한다. 소주천은 활동할 때(活子時)에 행하게 되는데, 이때 정精·기氣·신神이 발동한다. 의념意念의 촉진 아래 (또한 意念을 더하되, 다만 丹田을 지킴에 의지하여 內氣가 자발적으로 운행함에 이르게 한다고 주장하는 사람도 있다.) 내기가 하단전下丹田에서 일어나 독맥督脈을 따라 위로 역행한 뒤, 다시 임맥任脈의 흐름을 따라 하단전에 이르러 그치면서 일주一周하게 되고, 연약煉藥 1차를 이루게 된다.

총체적 순환과정 중에 반드시 미려尾閭 · 협척夾脊 · 옥침玉枕의 '삼관三關', 니환泥丸 · 황정黃庭 · 하단전의 '삼전三田', 상하작교上下鵲橋 등 팔처관구八處關口를 통과해야만 한다. 소위 상하작교란 독맥과 임맥의 두 맥이 인체의 상부와 하부를 연결하는 곳에 있는 것을 말한다. 소주천은 또한 자오주천子午周天, 취감전리取坎塡離, 하거승강河車昇降, 감리교구坎離交媾 등으로 부르기도 하는데, 모두 동일한 뜻이다. 목적은 외약外藥을 정련하여 후천정기를 선천정기로 되돌려 선천정기를 더욱 충실하고 더욱 강하게 하는 것이다.

대주천은 연기화신의 단계에 속한다. 대주천은 정자시正子時에 일어난다. 이때는 외약 · 내약이 모두 이미 연취煉就되고 아울러 회합응결會合凝結하여 대약大藥을 이루게 된다. 의가 기공에 의하면 대주천 또한 내기가 체내에서 환주운동을 하는 것으로, 소주천에 비해 그 범위가 큰 것에 불과하다고 한다. 그 순행의 노선은 사람에 따라 달라서 혹은 십이정경十二正經을 달리기도 하고, 혹은 기경팔맥奇經八脈을 행하기도 하고, 혹은 임맥 · 독맥 두 맥 외에 다시 12조의 경맥과 연통連通하기도 한다.

대주천을 단련하는 목적은 진일보하여 기신氣神을 상응하게 하고, 심신心神을 고요하고 안정되게 하며, 유위에서 무위로 들어가게 하여 일체가 자연에 순응하는 경지에 도달하려는 것이다.

사실상 소 · 대주천은 기타의 일체 공법 공리功理와 더불어 모두 직접 혹은 간접적으로 체내에서 일정한 선로를 따라 순환운동을 하는 정기신精氣神을 기초로 삼는다. 이것은 인체 자체가 원래 하나의 순환구조이기 때문이고, 또한 법칙적 순환을 하는 정기신이 정상적 생리와 심리의 필요조건이 되기 때문이다. 뿐만 아니라 환環과 통通은 상호간에 깊은 내재적 관련을 갖는다. 앞에서 말한 바와 같이 도의 본성은 통이며, 통과 환은 상호 긴밀한 불가분의 관계를 이룬다. 통은 반드시 환하는 것이니 환은 곧 통이다. 환이 없으면 곧 오래토록 유지하게 하는 통도 없게 된다. 「계사상전」에서 말하기를 "한 번 음하고, 한 번 양하는 것을 일러 도라고 한다."고 하였다. 일음일양은 곧 일합일벽一闔一闢이요, 일왕일복往復의 순환이다. 또한 "한 번 닫히고 한 번 열리는 것을 변變이라 하고, 왕래가 다함이 없음을 일러 통이라 한다."고 말하였다. 통은 단지 일합일벽, 일왕일래의 순환과정에서 비로소 실현되는 것이다. 통이 없으면 곧 환도 없으며, 기화유행氣化流行도 없으며, 생명도 없게 된다.

기공 단련은 정기신의 순환운동을 촉진시키는 것으로, 그 목적은 신체로 하여금 충분히 통하게 하고, 아울러 이러한 기초 위에서 인간의 잠재능력을 발굴함으로써 생명의 자기초월을 끊임없이 실현하려는 것이다.

3) 자기통제도 환도를 기초로 한다

기공은 일종의 양생 방법으로 주로 자각적 단련의식을 통하여 심신心身의 자기통제 기능을 제고함으로써 병을 물리치고, 몸을 건강하게 하며, 지혜를 증강시키고, 덕성을 완전하고 아름답게 하는 경지에 도달하려는 것이다.

사람은 하나의 자동제어 시스템이다. 심신은 이 시스템의 자동제어 중추로서, 인체의 각 부분에 대해 피드백 조절의 기능을 갖추고 있다. 기공은 바로 이에 기초하여 성명性命 수양의 핵심으로서의 심신心神을 우아하게 하려는 것이다.

『내경』에서 말하기를 "주主(心神)가 밝으면 그 이하는 편안하게 된다. 이로써 양생하면 장수한다.", "주가 밝지 못하면 십이관十二官이 위태롭다. …형形(몸)이 이에 크게 상한다. 이로써 양생하면 해를 끼치게 된다."(「素問·靈蘭秘典」)라고 하여, '주'의 밝음이 양생의 관건이 됨을 강조하였다. 여기에서 '주명主明(心神의 밝음)'이란 심신의 제어기능이 정상적으로 작동함은 물론 더욱 강화되는 것을 말한다.

중국 고대 학자들이 세계에서 제일 먼저 피드백 조절원리를 인식하게 된 이유는 환도관과 밀접한 관련이 있다. 『呂氏春秋·圜道篇』에서는 일찍이 사회관리의 과정, 즉 군주가 정령을 반포하고, 그 반응을 수집하고, 다시 정령을 수정하여 정확한 관리과정을 실현함을 환도법칙의 구현으로 간주하였다. 또한 이어서 말하기를 "사람에게 형체사지形體四肢가 있는데, 그것(心神)이 능히 (형체사지를) 부리면 그것과 교감하여 반드시 알게 된다. 교감하되 알지 못한다면 형체사지를 부리지 못하게 된다. 사람의 몸도 또한 이와 같다. 호령해도 교감을 이루지 못하면 부릴 수 없는 것이다. 있되 부릴 수 없으면 없는 것보다도 더 못하다."라고 하였다.

이것은 군주가 피드백 원리에 의거하여 사회를 관리하듯이 심신心神이 형체사지를 관리하는 것 또한 마찬가지로 피드백 원리에 의거한다는 말이다. 다시 말하면 형체사지가 자극을 받으면 이를 심心에 전달하고, 심이 명령을 내리면 또한 능히 이를 형체사지에 전달할 때 비로소 심이 능히 외물外物을 이해하고, 형체사지도 비로소 능히 심신의 지휘를 따르게 된다는 말이다.

이렇게 쌍방향의 전도를 포괄하는 '교감하여 반드시 앎(感而必知)'의 과정 역시 '환도'인 것이다. 패탑랑비貝塔朗菲는 "피드백 체계 중의 인과의 사슬은 … 단지 하나의 피드백 환로를 더하는 것이다. 그리하여 순환의 인과관계로 변하게 되는 것이다."* 라고 하였다. 여기에서 피드백 자동제어는 순환의 인과사슬을 기초로 삼는, 결국 작용에 대한 일종의 특수한 반작용으로 하나의 폐합회로閉合回路로 표현된다. 이 회로 가운데에 상호 인과가 되는 순환구조를 포함하고 있는 것이다.

달리 말하면 만약 순환왕복이 없다면 곧 피드백과 조절도 출현할 수 없다는 것이다. 따라서 환도관의 견지는 계통 내부의 피드백 조절의 인식을 촉진시켰던 것이다. 인체의 피드백 자동제어의 발견이 있었기에 비로소 심에 대한 실질적인 이해와 함께 이를 고도로 중시하게 되었고, 또한 기공 양생이론이 있게 된 것이다.

4) 인체 생성변화(生化)의 가역성원리에 관하여

이 원리는 중국 기공 양생학의 중요한 이론이다. 기공가들은 연공煉功을 통해서 인간의 생리와 심리가 능히 역향성逆向性 변화를 일으켜 후천後天으로부터 선천先天으로 되돌려 다시 동진童眞으로 돌아갈 수 있음을 인정한다. 『역경』 대과괘大過卦에 "마른 버드나무에 싹

---

* 貝塔朗菲, 『一般系統論』, 北京, 사회과학출판사, 1987년, 135쪽.

이 트다(枯楊生稊)."와 "마른 버드나무에 꽃이 피다(枯楊生華)."의 두 구절이 있는데, 이는 옛사람들이 생물의 마른 것을 싱싱한 것으로 되돌리는 현상에 대해 일찍부터 관찰이 있었음을 표명하는 것이다. 기공은 바로 자연계의 이러한 자발自發 현상을 인체의 자각행위로 전환시킨 것이다.

노자가 "기氣를 오로지하여 부드러움에 이르러서 능히 어린아이가 될 수 있는가?"(『老子』10장)라고 말하고, 위백양이 "금金이 와서 성性의 처음으로 돌아감에 이에 환단還丹이라 칭함을 얻는다."(『주역참동계』)라고 말한 것은 모두 이러한 뜻이다.

고금의 많은 기공 양생의 실천은 이 이론의 정확성과 가행성可行性을 실증하였다. 현대의 기공과학은 각종 실험과 정밀기기의 측정을 거쳐 마련된 일련의 인체 생화지표生化指標를 통해, 기공의 도움을 받아 젊어지는 방향으로 능히 역전할 수 있음을 확인시켜 주고 있다.

명나라 사람인 정선鄭瑄은 "눈으로는 보고 귀로는 들으며, 코로 숨 쉬고 입으로 내쉬며, 대소변은 모두 앞으로부터 내리는 것이 따름이다. 보는 것을 돌려 안으로 듣고, 숨을 들이며 혀를 묶고, 정精을 되돌려 변便을 단련하고, 모두 뒤로부터 오름은 역逆이다. 사람마다 모두 따르면서 능히 거스를(逆) 수 있는 사람이 얼마나 되겠는가? 『역易』에 말하기를 '그 등에 그친다(艮其背).'라고 하였으니, 그 뜻이 심오하다."(『昨非庵日纂』卷七 「頤眞」)라고 하였다. 이는 기공의 각종 항목별 운행동작(運作)이 일상적인 생리기능의 발휘와는 역방향逆方向으로 진행되는 것이기 때문에 능히 반본환원返本還元의 효과를 얻게 된다는 뜻이다. 정선은 이것이 바로 간괘艮卦 괘사인 '간기배艮其背'에 담겨 있는 깊은 뜻이라고 생각한 것이다.

중국 기공 양생학의 고대 이론가들이 무엇 때문에 인체 생성변화의 가역성원리를 제기하게 되었을까? 이 원리는 '본성을 따라 통함(順性而通)'과는 서로 모순되는 것은 아닐까? 청대의 부금전傅金銓은 "가서 다시 돌아오는 회전을 끊임없이 지속하는 것을 반返이라 한다. 선천先天을 잃어 떨어뜨렸으나 오늘 다시 밖으로부터 안으로 되돌리는 것을 환環이라 한다."(呂岩『沁園春詞』注)고 하였다. 이 말에서 기공의 실천을 통해 현저하고도 탁월한 효과를 보게 된 것 외에도, 환도관은 이 원리의 제시에 촉진작용을 했음을 알 수 있다. 또한 환도관의 입장에서 볼 때 '반본환원'은 '본성을 따라 통함(순성이통)과는 서로 충돌하지 않을 뿐만 아니라 결국에는 완전히 일치하는 것이다.

이미 앞에서 환도는 곧 머리와 꼬리가 서로 관통하고, 마치면 다시 시작하는 운동으로서 직선식의 운동과는 본질적으로 구별되는 것임을 설명하였다. 직선식의 운동방향은 영원히 바꾸지 못한다. 그리고 운동과정 가운데 앞은 원인이 되고, 뒤는 결과가 되어 양자의 인과관계는 바꿔질 수가 없다. 그러기 때문에 운동의 결과와 운동의 처음 원인과의 거리는 가면 갈수록 멀어지게 된다. 그러나 환도운동은 이와 같지 않다. 환도운동의 방향은 때에 따라 개변되는 것이며, 운동의 과정 중에도 원인과 결과가 상호 전화轉化하는 것이다. 환도상의 어떠한 두 점도 모두 상호 인과가 될 수 있기에 시점이 곧 종점이요, 종점이 곧 시점이 되는 것이다.

이러한 관점에서 우주의 운동과정을 이해하는 것이 소위 거대한 변화의 흐름에 순종한다는 것이며, 그렇게 함으로써 끊임없이 운동의 발단을 회복하게 되는 것이다. 여기에서 인체의 생성변화의 반환역전返還逆轉은 본성을 따라 통함과 근본적으로 상호 융합되어 있는 것임을 알 수 있다. 특히 '일합일벽—闔—闢', '일왕일래—往—來'와 같은 형태의 환도운동은 적어도 형식상으로는 '본성을 따라 앞으로 향함(順性向前)'과 '본성을 거슬러 뒤로 향함(逆性向后)'과는 본시 합일되어 있는 것이다.

그러나 지금에 이르기까지 어떤 사람이 완전히 어린아이의 상태를 회복한 것을 우리는 보지도 못했고, 증명하지도 못했다. 진정한 순환은 아마 단지 물질적인 대순환 중에 존재하는 것인지도 모른다. 그러나 역학에 의하면 우주의 변화과정을 대표하는 64괘의 매 한 괘 가운데에서 대순환은 상호 교착되어 있는 형태의 많은 소순환의 구조를 포용하고 있다는 것이다. 이러한 설명을 통해 우리는 인체의 이러한 거대한 하나의 체계 가운데에는 수많은 작은 형태의 순환 가능성이 반드시 자리하고 있다고 생각해 볼 수 있는 것이다.

만약 그 가운데 일련의 순환을 찾아냄과 아울러 그것의 실현방법을 알 수 있다면, 곧 인체와 우주의 대변화의 흐름을 따름과 동시에 인체 안의 모종의 중요한 생화지수生化指數를 통해 동진童眞의 방향으로 되돌릴 수 있을 것이다. 이와 같은 특정한 순환은 평시에는 잠재되어 있거나, 닫혀져 있기 때문에 반드시 발견하여 작동시켜야 한다. 이것이 바로 기공과학의 연구영역인 것이다.

『陰符經』에서 "하늘이 낳고 하늘이 죽이는 것도 도의 리理이다. 천지는 만물의 도盜(은밀히 통함)요, 만물은 인간의 도이며, 인간은 만물의 도다. 삼도三盜가 알맞게 되면 삼재三才가 편안하다. 그러므로 말하기를 그때에 맞게 먹으면 백해百骸가 아름다우며, 그 작용(機)에 알맞게 움직이면 만 가지 변화(萬化)가 다 편안하다. 사람들은 그 신묘함의 신묘함만을 알 뿐, 그 신묘하지 못함의 신묘함이 되는 까닭은 알지 못한다. 일월日月에는 법칙(數)이 있고, 대소大小에는 정해짐(定)이 있기에 성공^{聖功}이 생겨나고, 신명^{神明}이 나오게 되는 것이다. 그 기機(작용)를 도盜하는 것은 천도 능히 볼 수 없고 능히 알지도 못한다."라고 하였다.

도盜란 암암리에 취하는 것으로, 취할 바가 아닌 것을 취하는 것이다. 따라서 여기에서 도盜란 일반적으로 자연스럽게 이루어져 이미 분명하게 드러난 거대한 우주변화의 흐름 외에 자연계 속에 그윽하게 숨겨져 있는 유익한 사물을 교묘하게 획득하거나 이용하는 것을 지칭하는 말이다.

『음부경』에서는 보통 사람들은 평시의 운전진행을 통해 밖으로 분명하게 드러난 기능과 과정만을 알 뿐, 즉 "사람들은 그 신묘함의 신묘함만을 알 뿐", 평시에는 닫힌 상태로 그윽하게 숨겨져 있는 메커니즘과 잠재적 능력을 이해하지 못하며, 그것을 어떻게 개발할 것인가는 더욱 알지 못한다. 즉 "신묘하지 못함의 신묘함이 되는 까닭은 알지 못한다."라고 여겼던 것이다.

유용한 "신묘하지 못함의 신묘함이 되는 까닭을" 제시하고, 그것을 어떻게 개발할 것인가가 바로 성인의 공로가 자리하는 곳이다. 일단 신묘하지 못함의 신묘함을 얻게 되면, 즉 '신명神明이 나오게 되면' 곧 백해가 아름답고, 만화가 평안하여 생명이 동진을 향해 되돌아가게 되는데, 그때 하늘의 죽임(天殺)은 하늘의 낳음(天生)으로 전환되는 것이다. 이것이 바로 소위 천지의 작용(機)을 암암리에 취하는 것이며, 이 천지의 작용(機)의 실질은 곧 인체 내에 잠재되어 있는 것으로서, 능히 반본환원返本還元할 수 있는 대소순환인 것이다.

여기에서 자연스럽게 현실세계에서 순환식의 운동과 직선식의 운동이 어떻게 대립하고, 또한 어떻게 통일하는지의 문제는 앞으로 깊이 연구해야 할 복잡한 난제라는 사실을 지적하고자 한다.

5) 기공 양생의 특출한 내적 요인

이와 관련된 주요한 표현을 알아보자.

(1) 중의학에서는 사람의 병의 원인이 일반적으로 말해서 주로 인체 내부에 있다고 한다. 『내경』에서는 "사기邪氣가 모인 곳의 그 기는 반드시 허虛하다."(「素問·評熱病」), "풍우한열風雨寒熱은 허함을 얻지 못하고, 사기가 능히 홀로 사람을 상하게 하지 못한다."(「靈樞·百病始生」)라고 말한다. 청나라 사람 고사종高士宗은 "사람의 몸은 본래 병이 없다. 무릇 병이 있는 것은 모두 스스로 취한 것이다."(『醫學眞傳』)라고 말한다.

이러한 병의 원인을 규명하는 이론은 건강한 몸을 양생할 필요를 충분히 설명하였으며, 기를 다스려 몸을 강하게 하는 것을 예방작업의 가장 첫머리에 위치하도록 하였다.

(2) 기공은 향내적 노력이다. 「素問·上古天眞」에서 "정신을 안으로 잘 지키면 병이 어디로부터 오겠는가?"라고 하였다. 소위 "정신을 안으로 지킴"은 향내적인 의식을 자기의 성명性命과 서로 합치되도록 하는, 즉 법도가 청정淸淨하여 신神이 밖으로 내달리지 않도록 하는 것을 포괄하는 동시에, 또한 의념을 향내적으로 집중시켜 자신의 생명과 유관한 목표에 관주貫注하도록 함을 포괄한다. 향내적 노력이란 기공의 근본적인 특징의 하나이다.

도가의 내단공에서는 수명을 연장하고 몸을 건강하게 하는 내단의 그 '약藥'이나 '화火'는 모두 자신의 체내에 있는 것이니 밖에서 구할 것이 아님을 강조한다. 그러나 이서월李西月이 『道竅談·采煉妙用』에서 말한 "신神을 응집함으로 기다리면 이내 능히 이를 채취할 수 있으며, 호흡을 조절함으로 지키면 이내 능히 이를 단련할 수 있다. 정精이 기氣로 화化함을 다하면 복내腹內가 충실하여 내단內丹이 맺어지도록 해야" 한다. 이러한 공법 역시 내인內因을 중시하는 사상을 충분히 구현한 것이다.

(3) 양생장수養生長壽는 주로 자신의 노력에 의한 것이지, 다른 사람이 자기에게 기를 발하여 보신補身함에 의지할 수 없는 것임을 강조한다. 도가의 기공에서는 또한 도홍경陶弘景이 『養生延命錄』에서 "나의 명命은 나에게 있는 것이지, 하늘에 있는 것이 아니다."라고 말한 바와 같은 중요한 사상을 제시하여 사람들의 양생장수에 대한 신심을 극도로 증대시켰다.

기공 양생학이 중국의 거의 모든 고대 학술과 마찬가지로 내적 원인을 중시하는 경향을 가지게 된 이론적 근본원인의 하나는 바로 환도관에 있는 것이다. 순환운동을 하는 사물이 최후에 다시 원래의 출발점으로 되돌아가는 것을 자세히 살펴보도록 하자. 그리하여 사물의 운동을 결정짓는 원인을 하나하나 추구하여 나가다 보면, 종국에는 자기 자신과 다시 합치하게 됨을 보게 된다. 따라서 운동과정은 총체적으로 스스로가 근본이 되고, 스스로 만족하는 특징을 나타내고 있는 것이다.

장자가 "스스로가 근본이 되는, 이것이 도의 본성이다."(『莊子·大宗師』)라고 생각하였던 원인도 바로 '도', '두루 행하며 조금도 위태롭지 않음(周行而不殆)'에 있으며, 이것 역시 하나의 원권圓圈인 것이다. 이것은 환도관의 견지가 논리상 필연적으로 내인을 중시하는 사상을 이끌어낼 수밖에 없는 것임을 말하는 것이다. 그리고 기공 양생학에서는 시종일관 이 사상을 자신의 지도원칙으로 받들었던 것이다.

3장-건강 유지의 목표

중화를 보존하고 유지하면
사물은 곧 장구한다

3장-건강 유지의 목표

중화 中和를 보존하고
유지하면 사물은 곧 장구한다

    천지만물의 운동변화의 동력과 근원은 음양의 대립작용에서 비롯된 것이며, 그 운동변화가 환도형식을 취하게 되는 근본원인도 역시 음양에 있다. 음양의 관계는 환도운동의 내용과 본질이다. 중국 고대철학과 각종 학술의 일련의 범주로서의 음양작용은 제자백가 모두가 함께 인식하고 있는 바다. 따라서 음양이 구현하고 있는 정신은 중국 전통문화에 내재하고 있는 영혼이 되었다.

1 음양개념 및 그 형성

역학에서는 우주에 존재하는 일체사물이 드러내고 있는 기능(功能) 성질 및 양태(性態) 모두가 한결같이 짝(對)을 이루고 있다고 본다. 예를 들면 밝음과 어둠(明暗), 뜨거움과 차가움(熱寒), 채움과 비움(實虛), 움직임과 고요함(動靜), 드러남과 숨음(顯隱), 앞과 뒤(前後), 위와 아래(上下), 흩어짐과 모임(散聚), 엶과 닫음(開閉), 뜸과 가라앉음(浮沈), 밖과 안(外內) 등 그 어떤 종류의 성질과 양태도 고립적으로 존재하는 것이 없다.

옛사람들은 세상의 각종 각양의 대립적인 속성을 두루 살펴본 다음, '음양'의 개념을 사용하여 이를 종합적으로 개괄하였다. 상대적으로 말하자면 밝음·뜨거움·채움·움직임·드러남·앞·위·흩어짐·엶·뜸·밖(明·熱·實·動·顯·前·上·散·開·浮·外) 등등은 양陽에 귀속시키고, 어둠·차가움·비움·고요함·숨음·뒤·아래·모임·닫음·가라앉음·안(闇·寒·虛·靜·隱·後·下·聚·閉·沈·內) 등등은 음陰에 귀속시켰다. 역학에서는 우주의 만물만

상이 갖추고 있는 기능과 성질 및 양태(功能性態)는 그것이 얼마나 복잡하게 얽혀져 있든지 간에 결국 일방은 양에 속하고, 일방은 음에 속하게 되어 있어 영원히 음양의 범주에서 벗어날 수 없다고 여긴다.

『역경』의 64괘 가운데에는 위에서 말한 음양개념이 포함되어 있다. 「설괘전」에서는 "음양의 변變을 보아 괘를 세우고, 강유剛柔(의 뜻을) 발휘하여 효爻를 생生하였다."라고 말한다. 강유는 곧 음양이요, 음양의 체현體現이다. 「설괘전」의 작자는『역경』의 괘효의 설립이 바로 음양관계를 기초로 한 것임을 지적하고 있다.

『莊子·天下篇』에서도 역시 "『易』은 음양으로써 말한다."라고 하여, 『역경』의 주된 요지가 우주의 음양변화를 게시하는 데에 있음을 긍정하였다. 그러나 우리는『역경』이 괘상의 방식을 통해 음양에 대한 견해를 표현하고 있는 것임을 알고 있다.『역경』은 음효(- -)와 양효(—)의 중첩을 통해 64괘를 구축하고, 또한 64괘로써 우주만물과 그 변화를 나타낸다. 이것은『역경』을 지은이의 착안점이 사물의 음양 속성에 있으며, 아울러 음양 관계를 통해 우주의 변화를 힘써 묘사하고 해설하고자 노력하고 있음을 나타내는 것이다.

1) 음양의 내함內涵과 외연外延

역학에 의하면, 음양이 갖는 보편성은 천지간 일체 사물의 대립적 기능과 속성을 나타내는 데에 있다. 그러나 범주로서의 음양은 또한 그 나름의 특징을 지니고 있다. 그것은 대립통일의 속성을 지니고 있을 뿐만 아니라 그 밖에 일련의 특수한 질적 규정성을 갖는,

즉 앞에서 말한 바의 음양은 각자 일련의 특정한 추향趨向과 성태性態를 나타내는 것이기 때문에 일반적인 대립통일의 개념과는 같지 않다.

그렇다면 역학과 중국 고대철학의 중요 범주로서의 음양의 중요한 규정성이란 무엇인가? 『역전』의 작자가 보기에 음의 중요한 특성은 부드러움(柔)이요, 양의 중요한 특성은 굳셈(剛)이다. 따라서 그들은 종종 강유로써 음양을 나타냈다. 이 문제에 대한 대표적인 설명은 『내경』의 "수화水火는 음양의 징조徵兆이다."(「素問·陰陽應象」)라는 말이다. 이 말은 물과 불이 나타내는 기능, 동태, 속성을 통해서 음양의 특성을 파악할 수 있다는 뜻이다.

예컨대 물의 성질은 차고, 정靜을 향한다. 그러기에 "아래로 흘러 적신다(潤下)."라고 말한다. 불의 성질은 뜨겁고, 동動을 향한다. 그러기에 "위로 타 오른다(炎上)."고 말하는 것 등이다. 물은 지극히 부드럽고, 불은 지극히 강한 것이기 때문에 『내경』의 이러한 설명은 『역전』과 실질적으로 동일한 것이다. '징조'란 결국 외재적 표현인 것이며, 『내경』에서 물과 불로써 음양을 비유한 것은 음양의 가장 중요한 특징을 형상적으로 설명함으로써 이해하기 편리하도록 하기 위한 것에 불과하다. 각종 실제사물의 음양 관계를 참으로 잘 파악하려 한다면, 사물자체에 대한 보다 깊고도 철저한 구체적 분석이 필요한 것이다.

2) 음양 개념의 특징

음양은 종종 기와 연결되어 사용된다. 예를 들면 음기, 양기, 태음의 기, 소양의 기 등과 같이 쓰인다. 함괘咸卦「단전」에서 말하는 "이기二氣가 감응하여 서로 함께 한다(二氣感應以相與)."는 것은 곧 음양 이기를 가리키는 말이다. 그러나 음양과 기는 동류개념이 아니다. 기 개념에는 물질적 개념이 내포되어 있으나 음양 개념은 그 자체로서 말하면 순전히 두 종류의 기본적인 기능의 속성을 표시하는 것일 뿐이다. 물과 불을 징조로 하여 음양을 설명하는 것은 바로 물과 불이 갖추고 있는, 아래로 적시고 위로 타오르는 동태적인 기능을 지칭하는 것이다.

또한 『내경』에서는 "무릇 음양이란 이름은 있으나 형체는 없다(有名而無形)."라고 하였는데, 여기에서 '이름(名)'은 기능의 성질과 양태를 가리키는 것으로서 형질形質과는 상대적인 말이다. 달리 말하면 음양은 사물의 형질 방면, 실체 방면을 연구하는 것이 아니라, 사물의 성태性態 관계에 관심을 가지며, 두 부류의 기본적인 기능의 속성을 나타내는 것이다. 이는 바로 『내경』에서 말한 "음은 정靜이요, 양은 조躁이며, 양은 생生하고, 음은 장長하며, 양은 살殺하고, 음은 장藏하며, 양은 화기化氣하고, 음은 성형成形한다."(「素問 · 陰陽應象」), "가는 것(去者)은 음이요, 이르는 것(至者)은 양이며, 고요한 것(靜者)은 음이요, 움직이는 것(動者)은 양이며, 더딘 것(遲者)은 음이요, 자주하는 것(數者)은 양이다."(「素問 · 陰陽別論」)와 같은 것이다.

음양은 또한 상대성과 영활성을 갖추고 있다. 사물이 갖는 음양 속성의 구분은 절대불변의 것이 아니다. 그 구분은 자기와 대립적인 면과의 상호비교를 통하여 확정되는 것이기 때문에 시간과 지점의 변동에 따라 음양의 구분도 변하게 되는 것이다. 그러기에 어떤 장(場)에서는 음에 속한 사물이 다른 장에서는 양에 속하게 되고,

양에 속한 사물이 다른 장에서는 음에 속하게 된다.

예컨대 감괘坎卦와 리괘離卦의 경우 그것들이 상징하고 있는 자연 물상으로써 말한다면 감坎은 물이고, 리離는 불이기 때문에 감坎은 음이고, 리離는 양이 된다. 그러나 그 자체의 괘성卦性으로 말하면 감괘坎卦는 일양효와 이음효로 구성되어 있고, 그 효획의 수는 다섯이 된다. 다섯은 홀수이기 때문에 감괘坎卦는 양괘가 된다. 리괘離卦는 일음효와 이양효로 구성되어 있고, 그 효획의 수는 넷이 된다. 넷은 짝수가 되기 때문에 리괘離卦는 음괘가 된다.

또한 육부六腑는 흉복강胸腹腔 안에 위치하고 있고, 사지四肢는 몸 밖에 드러나 있어, 이 양자가 상대적이기 때문에 육부는 음에 속하고, 사지는 양에 속한다. 그러나 부腑를 장臟과 함께 논할 때에는 부腑는 통通을 용用으로 여기고, 장臟은 장藏을 주主로 삼기 때문에 장은 음에 속하고, 부는 양에 속하게 된다. 이처럼 음양의 구분에는 변동의 가능성이 주어져 있다. 그러나 변동 가운데에 또한 불변적 요소를 포함하고 있으며, 영활한 운용 가운데에서도 필연적인 원칙은 위배할 수 없다. 어느 하나의 특정한 장場에서 음양의 구별은 확정적인 것이지 임의적인 것이 아니다.

물질세계는 종횡으로 교착된 복잡한 관계로 이루어져 있으며, 또한 무수히 많은 양태로 사물의 모습을 드러낸다. 그러므로 사물 혹은 현상을 음양의 양 방면으로 나눈 다음, 이 양 방면에 대해 다시 분석을 진행하여 계속해서 그들 안에 내포되어 있는 음양의 대립적 속성을 찾아내는 것이다. 소위 음양 가운데에 또 다시 음양이 있다는 말은 바로 이를 두고 하는 말이다.

예컨대 감괘坎卦는 물을 상징하고, 물은 음이다. 그런데 감괘坎卦 중간의 한 효는 오히려 양효이다. 이것은 음 가운데 양이 있는 것을 표명하는 것이다. 또한 리괘離卦는 불을 상징하고, 불은 양이다. 그런데 리괘離卦의 중간에는 하나의 음효가 있다. 이것은 양 가운데 음이 있는 것을 표명하는 것이다. 기공학에서 리괘離卦는 심心에 배속되고, 심은 화火에 속한다. 그러므로 심화心火라고 부른다. 감괘坎卦는 신腎에 배속되고, 신은 수水에 속한다. 그러므로 신수腎水라고 부른다.

리괘離卦 중간의 음효는 '현녀玄女'에 비유하여 부르는데, 이는 심화心火 가운데 오히려 진수眞水가 존재하고 있음을 나타내는 것이다. 감괘坎卦 중간의 양효는 '황남黃男'에 비유하여 부르는데, 이는 신수 가운데에 또한 진화眞火가 존재함을 표시하는 것이다. 이처럼 음 가운데 양을 내포하고, 양 가운데 음을 내포하는 상황 역시 곧 심화가 능히 하강하고, 신수가 능히 상승할 수 있는 근거가 되는 것이다.

또한 「素問·金匱眞言」에서 "음 가운데 음이 있고, 양 가운데 양이 있다. 새벽녘(平旦)에서부터 한낮(日中)까지를 하늘의 양으로서 양陽 중의 양이요, 한낮에서부터 황혼까지를 하늘의 양으로서 양陽 중의 음陰이며, 한밤중(合夜)에서부터 닭이 울 때(鷄鳴)까지를 하늘의 음陰으로서 음陰 중의 음이요, 닭이 울 때부터 새벽녘까지를 하늘의 음으로서 음 중의 양이라고 한다."라고 말한 바와 같이, 밝은 낮은 양이요, 어두운 밤은 음인데, 밝은 낮은 또한 한낮의 앞과 한낮의 뒤 두 부분으로 나누어진다. 전반은 햇살이 가면 갈수록 더욱 충족되기에 양 중의 양이 되는 것이요, 후반은 햇살이 가면 갈수록 약해지기 때문에 양 중의 음이 되는 것이다. 마찬가지로 어두운 밤 역시 앞과 뒤의 두 부분으로 나누어진다. 닭이 울기 전의 밤의 어둠과 한기寒氣는 가면 갈수록 더욱 짙어지기에 음 중의 음이 되는 것이요, 닭이 운 뒤부터는 밤의 어둠이 점점 물러가고 아침 햇살이 다가오기 때문에 음 중의 양이 되는 것이다.

또한 오장 역시 육부와 상대해서는 음에 속하는 것이지만, 오장 가운데에서는 다시 음양으로 나뉘어 지는 것이다. 그리하여 심과 폐는 횡경막 위에 있기에 양에 속하고, 간과 비, 그리고 신은 횡경막 아래에 있기에 음에 속하게 되는 것이다.

3) 음양개념의 두 내원來源

음양개념은 어떻게 형성되었는가? 이것은 매우 중요하고도 또한 매우 복잡한 문제이다. 여기에서는 다만 간단하게 논술한다. 「계사하전」에서는 "옛날 복희씨가 왕으로서 천하를 다스릴 때에 우러러 하늘의 상象을 관찰하고, 구부려 땅의 법을 관찰하며, 새와 짐승의 문文(무늬)과 땅의 마땅함을 관찰하며, 가까이는 자신에게서 취하고, 멀리는 사물에서 취하여, 이에 비로소 팔괘를 만들고, 이로써 신명神明의 덕에 통하고, 만물의 정情을 분류하였다."라고 하였다. 음양은 팔괘의 기초이다. 그러므로 「계사전」의 이 말은 음양개념의 형성과정에 대한 설명으로 이해할 수 있다.

「계사전」에 의하면, 음양 개념은 자연현상과 인간 자신에 대한 관찰에서 비롯된 것이며, 그런 후에 이 종류의 관찰을 함께 종합하여 만든 것이다. 실제적 과정 또한 바로 이와 같았을 것이다.

먼저 가장 오래된 전적을 바탕으로 이야기 해보자. 『尚書』가운데 양陽 자字는 6번 나오고 음陰 자는 3번 나오는데, 모두 나뉘어 사용되고 있다. 그 뜻은 대부분 산의 남쪽으로 해석된다. 예컨대 '악

양岳陽', '봉양峰陽', '형양衡陽', '화양華陽', '민산岷山의 양陽'(禹貢) 등이다. 음자는 혹은 산의 북쪽으로, 또는 '어둠(暗)'으로 해석된다. 예컨대 "남쪽으로 화華의 북쪽에 이르다(南至于華陰).", "오직 천天만이 음덕을 백성에게 내린다(唯天陰騭下民)." 등이다.

『詩經』에서는 양 자가 16번 나오고, 음 자는 10번 나오는데, 각기 음양이 연용連用되고 있다. 예를 들면「大雅·公劉」에서는 "개간한 땅이 이미 넓고 길며, 밝은 햇살이 산봉우리를 비추네. 산의 남쪽과 산의 북쪽을 살펴보며(相其陰陽), 물이 넘치는 샘을 살피네."라고 말한다. 이는 공류가 농사를 짓기 위해 지리적 상황을 살피고 있음을 노래한 것이다. 여기에서 '음양이란 산등성마루의 북쪽과 산등성마루의 남쪽의 양면을 지칭한다.

『역경』에선 음 자가 단지 한 번 나온다. 중부괘中孚卦 구이효사九二 爻辭에 "우는 학이 그늘에 있으니, 그 새끼가 이에 화답한다(鳴鶴在陰, 其子和之)."는 부분이다. 여기에서 음陰은 음蔭의 가차假借로, 학이 나무그늘 아래에서 우는 것을 뜻한다. 이로써 오래 전의 문헌 가운데 양 자는 햇빛을 받아 분명하게 드러난 성태性態를 표시하는 것이고, 음 자는 햇빛을 받지 않고서 드러내고 있는 성태를 표시하는 것임을 알 수 있다.

고대 한자어(漢語) 가운데에서 해(日)는 태양의 실체를 나타내는 것이고, 태양은 해라고 하는 이 천체가 갖추고 있는 성태를 표시하는 것이었다. 따라서 이 천체를 지칭할 때에는 '일日'을 사용했고, 그것의 지구 표면에 대한 작용을 묘사할 때는 '양陽'이라 칭하였다. 『說文』에 의하면 "음은 암暗으로, 물의 남쪽이요, 산의 북쪽이다.", "양은 높고 밝음이다." 단옥재段玉裁는 이를 설명하여 "산의 남쪽이라 말하지 않고 양陽이라 말한 것은 음陰의 해석이 오해를 일으킬 수 있기 때문이다. 산의 남쪽을 일러 양이라 한다. 그러기에 부阜를 좇는다. 『毛傳』에서는 '산의 동쪽을 조양朝陽이라 하고, 산의 서쪽을 석양夕陽이라 하였다.'"라고 주석을 붙였다. 결론적으로 해(日)를 향하는 것은 양이고, 해를 등지는 것은 음이다.

그 뒤에 옛사람들은 "같은 소리끼리 서로 응하고, 같은 기운끼리 서로 추구한다(同聲相應, 同氣相求)."(乾卦「문언전」), "방소方所로써 무리를 모으고, 사물로써 무리를 나눈다(方以類聚, 物以群分)."라는 이치에 근거하여 햇빛을 받아 분명하게 드러난 성태와 더불어 '상응相應'·'상취相聚'·'상소相召'의 관계를 가지는 모든 현상을 통합하여 '양'으로서 개괄하였다. 그리고 햇빛을 등지고 드러내는 바의 성태와 더불어 '상응'·'상취'·'상소'의 관계를 가지게 되는 모든 현상을 통합하여 '음'으로 개괄하였다.

그 중에 가장 중요한 것은 하늘(天)을 양에 귀속시키고, 땅(地)을 음에 귀속시킨 것이다. 이렇게 된 이유는 분명하다. 양광陽光은 해(日)에서 비롯되며, 해는 하늘에 높이 매달려 있기 때문이다. 그리고 밤에 이르러서는 막이 내려와 사방이 '어둠(陰)'을 드러내게 되는데, 이때의 상태가 바로 대지의 본색을 드러내는 것이기 때문이다. 이 밖에 해를 향한 양지에서는 운기雲氣가 증발하여 하늘로 오르고, 해를 등진 음지에서는 기가 화하여 물이 되어 땅으로 돌아가기 때문 등이다. 그러기에 하늘은 양이 되고, 땅은 음이 되는 것이다. 이로써 음양 개념의 외연은 더욱 확대발전하게 되었다. 그러나 결코 무한정 확장된 것은 아니며, 그 내함內涵은 추상적으로 변하여 오히려 더욱 풍부하게 되었다.

『中國語·周語』에 의하면, 주선왕周宣王이 즉위하자(기원전 827년) 대신 괵문공虢文公이 선왕에게 적전籍田의 의식儀式을 폐지해서는 안 된다고 간하였다. 그는 매년 춘경春耕의 시절이 당도하면 농관農官은 "널리 백성들에게 이를 알리고 농사일을 관리하면서 서로 협조하여 경작하도록 지도하면서 '밤과 낮의 길이가 같고(陰陽分布), 우레의 소리가 진동하고, 동면하던 벌레가 땅 속에서 나올 때 농토가 전부 개간되지 않는다면, 그 죄는 사구司寇에게 있다.'라고 말한다."

주유왕周幽王 2년(기원전 780년)에 지진이 있게 되자 백양보伯陽父가 말하기를 "무릇 천지의 기운은 그 질서를 잃지 않는다. 만약 그 질서가 잘못되면 백성이 이것을 어지럽히게 된다. 양陽이 아래에 잠복하여 능히 나오지를 못하고, 음陰의 핍박을 받아 능히 증발하지 못하면 이에 지진이 있게 된다. 지금 세 하천에 지진이 있음이 확실하니, 이는 양이 그 출처를 잃고, 음에 의해 진압된 것이다. 양이 위치를 잃어 음의 아래에 자리하니 하천의 원천이 필히 막히게 된 것이다."라고 하였다.

춘추시기에는 음양에 관한 논술이 점차 더 많아지게 되었다. 예를 들면 주나라 내사內史 숙흥叔興이 음양작용을 가지고 운석隕石이 송나라에 떨어진 일과 여섯 마리의 익조鷁鳥가 날아가 버린 일들을 해석하고(『左傳』僖公 16년), 의화醫和가 음양을 기로 여기고, 아울러 음양으로 병을 설명한 일(『좌전』昭公 元年) 등이다. 관중管仲, 범려范蠡 등도 음양을 사용하여 대자연의 주기적 변화를 개괄하였으니, 예컨대 범려가 "양이 극에 달하면 음으로 전화하고, 음이 극에 달하면 양으로 전화하며, 해가 (서쪽으로) 떨어지면 다시 (동쪽에서) 솟아오르고, 달은 둥글게 되면 이지러지게 된다."(『中國語·越語』)고 말한 것과 같은 것이다.

이러한 모든 자료들이 서주말西周末에서 춘추 시기에 이르기까지 음양 개념이 크게 제고되어 대대적으로 자연현상을 개괄하게 됨으로써, 음양 관계는 사물의 본질성에 대한 법칙적인 게시로 간주되었고, 따라서 상당한 이론적 가치를 갖게 되었다.

위에서 설명한 과정과 함께 인간 자신에 대한 관찰과 발전도 병행되었다. 중국 민족은 원시사회의 생식숭배의 핵심관념이라 할 수 있는 '생生의 중시(重生)'를 한결같이 유지·지속하여왔을 뿐만 아니라, 또한 이를 계속해서 발전시켰다. 새로운 개체의 탄생, 즉 후대의 연속은 남녀 혼인에 의해 가능하다. 따라서 중국의 옛사람들은 남녀 양성의 구분 및 남녀간의 혼인관계를 극히 중시하였다.

일찍부터 중국 민족에게 형성된, 안(內)을 중시하고 자기 자신(己)을 중시하는(重內重己) 사유의 동향과, 자신을 미루어 만물에까지 이르게 하는(推己及物) 사유의 추세는 고대의 학자들로 하여금 자신의 번영을 중요시하도록 하였을 뿐만 아니라, 또한 인간에 대한 인식과 자신의 체험을 바탕으로 천지자연 등의 일체 객관적 사물을 추론하도록 하였던 것이다. 여기에서 그들은 인간의 남녀 양성兩性의 관계를 다방면의 영역에 걸쳐 널리 확대 보급하였다. 동물에도 암수의 구분이 있음은 두말할 나위가 없다. 옛사람들은 천지만물은 모두 생명을 가지고 있는 것으로 여기고, 따라서 모두를 남녀 자웅雌雄의 시각으로 취급하게 되었다. 이러한 사상은 『주역』 가운데 이미 분명하게 나타나고 있다.

『역경』의 건괘乾卦는 용龍을 설명하고, 천天을 나타내며, 남성이다. 곤괘坤卦는 '암컷 말의 곧음에 이로움(利牝馬之貞).'을 강론하고, 지地를 나타내며, 여성이다. 그 나머지 62괘는 만물을 나타내는 것으로 이는 천지교합에 의해 생겨나는 것이다. 「설괘전」에 의하면 팔괘 중에 건乾은 부이고, 곤坤은 모이며, 진震은 장남이고, 손巽은 장녀이고, 감坎은 중남中男이고, 리離는 중녀中女이며, 간艮은 소남少男

이고, 태兌는 소녀少女이다.

「계사하전」에서 "천지가 얽혀 교감하니 만물이 화하여 무성하고, 남녀가 정을 맺음에(男女構精) 만물이 화하여 생한다."라고 하였다. 여기에서 말한 '남녀'는 분명하게 단지 사람을 지칭하는 말이 아니라 널리 만물을 지칭하는 말이다. 「계사상전」에서 또한 "무릇 건乾은 고요할 때는 전일하고, 움직일 때는 곧다. 그러므로 큼(大)이 생生한다. 무릇 곤坤은 고요할 때에는 닫히고, 움직일 때는 열린다. 그러므로 넓음(廣)이 생한다."라고 하고 있다. 이와 같은 종류의 천지 건곤에 대한 묘사는 완전히 인간의 양성생식과 함께 연계되어 있는 것이다.

햇빛의 향배에 의하여 형성되고 아울러 확대 발전된 음양개념이 후에 널리 보급된 남녀(牡牝, 雌雄) 개념과 더불어 종합된 것이 바로, 성숙된 뒤의 '음양'이라는 철학범주이다. 노자는 "만물은 음陰을 지고 양陽을 안고 있다."(『노자』 42장)고 말했다. 이와 관련된 앞의 논술을 통해 이 명제 가운데 음양은 대체적으로 이미 위에서 말한 두 종류의 함의를 하나로 결합시킨 것임을 추정할 수 있는 것이다.

그러나 여기에서 반드시 두 개의 문제를 제기하고자 한다. 하나는 햇빛의 향배, 밤낮의 추이현상은 사해四海 오주五洲의 보편적인 것인데, 왜 중국인만 유독 이와 같이 '음양' 개념을 중시하며 이를 형성하게 되었는가 하는 문제이고, 다른 하나는 햇빛의 향배로 말미암아 생성된 음양 개념이 왜 생生을 중시함(重生)으로 말미암아 형성되고 널리 보급된 남녀개념과 더불어 종합되었는가 하는 문제이다.

중국의 전통사유가 종합에 편중되고 총체라는 통일적 대전제에 편중되어 있는 것 외에도, 원래 이 두 문제의 답은 중국 민족의 '중생', '중기' 관념과 긴밀한 관련을 갖고 있는 것이다. 중국 민족은 비교적 일찍부터 내향성의 주체의식을 형성하여 왔다. 이러한 내향성의 주체의식은 중국 옛사람들로 하여금 '자아自我'를 매우 중시하게 하였고, 인생체험을 중시하게 하였으며, 인간의 내재적 가치 및 이로부터 비롯된 일체의 생명을 소중하게 여기는 일련의 관념을 강조하게 하였다. 그리고 이러한 관념은 한 걸음 더 나아가 중국 민족이 이미 가지고 있었던 시간의 연속에 대한 감수성과 중시의 정도를 강화시켰던 것이다.

우리는 인생의 존재와 생명에 있어 중요한 표현은 시간의 연속이라는 사실을 잘 알고 있다. 북두칠성(斗星)을 따라 별들이 이동하고, 해 그림자가 돌고 도는 것은 물과 같이 흐르는 세월의 분명한 표현이다. 동시에 옛사람들은 밝은 햇빛이 일체 생명의 원천이며, 햇빛의 적절한 분배는 생명의 번영과 지속에 있어 필수 불가결의 전제가 됨을 깊이 깨달았다. 따라서 햇빛의 향배를 표상하는 음양은 실제적으로는 인생 및 생명과 더불어 연계되어 있는 것이다. 이것은 음양이 그 본질상 물리적이고 시간적인 개념일 뿐만 아니라, 또한 그것의 형성이 시작되면서 곧바로 강렬한 생명의 의의를 부여받고 있음을 말하는 것이다.

「계사전」에서는 "천지의 대덕大德을 일러 생生이라 한다(天地大德曰生).", "낳고 낳는 것을 일러 역易이라 한다(生生之謂易)."라고 말한다. 천지의 대덕을 파악하고, 우주의 끊임없는 낳고 낳음(生生不已)을 설명하기 위해서는 이에 상응하는 개념과 이론이 있어야 한다. 널리 보급된 '음양과 '남녀(牡牝, 雌雄)'는 모두 이러한 요구에 부응해서 생겨나게 되었다.

진일보된 관찰을 통해 옛사람들은 '같은 소리끼리 서로 응답하고, 같은 기운끼리 서로 추구함', '방소方所로써 무리를 모으고, 사물로써 무리를 나눔'의 이치에 의거하여, 무릇 양에 속하는 사물과 남(牡, 雄)에 속하는 사물을 한 무리로 귀속시킬 수 있으며, 무릇 음에 속하는 사물과 여(牝, 雌)에 속하는 사물이 본래 같은 부류에 속하는 것임을 발견하였다.

그러나 상당히 긴 시간이 흐르면서 일반 사회에서는 음양, 남녀, 모빈牡牝, 자웅雌雄 등의 개념이 대체적으로 서로 같은 의미를 지닌 것으로 통용되었다. 그러나 사람들은 최종적으로 최고의 보편적 개념으로 '음양'을 선택하게 되었고, 남녀, 자웅, 모빈 등은 특정 범위 내에 제한된 개념이 되었다. 위에서 설명한 두 사상의 내원을 하나로 종합함에 있어 역학과 고대의 인체과학은 커다란 역할을 수행하게 되었다.

2 "한 번 양하고, 한 번 음하는 것을 일러 도라 한다"

『역전』의 중대 공헌 중의 하나는 음양의 범주로써 64괘 및 천지만물의 운행변화를 설명하면서, 아울러 "한 번 양하고 한 번 음하는 것을 일러 도라 한다."의 명제를 제시하여, 이를 역학의 기본원리로 삼았다는 점이다.

1) 음양은 우주의 근본법칙이다

『역전』이전에 음양은 이미 보편적인 개념이 되어 있었다. 그러나 가장 먼저 음양을 '도'의 높이로 제고시킨 것은 『역전』이었다. 제자백가들이 모두 공유하고 있는 '도'의 범주는 우주의 본원과 근본법칙의 함의를 가지고 있다. 따라서 "한 번 음하고 한 번 양하는 것을 일러 도라 한다."는 명제의 제시는 음양의 상호작용이 우주만물의 근본법칙임을 인정하는 것을 의미한다.

이것은 가장 먼저 하늘과 땅의 관계에서 나타난다. 『역전』의 작자가 보기에 하늘과 땅은 인류생존의 공간이요, 또한 현실적인 우주이다. 만물과 인류는 모두 천지의 산물이요, 하늘과 땅의 작용관계는 만물과 인류의 생존, 번영과 명운을 결정한다. 따라서 하늘과 땅의 관계는 우주 가운데 일체를 결정하는 가장 중요한 관계이다. 그리고 마침 음과 양의 관계를 구현하고 있는 하늘과 땅은 우주 가운데 가장 큰 음양이다. 하늘은 아버지(父)요, 땅은 어머니(母)이며, 만물은 천지의 소생이다. 그러므로 만물은 또한 모두 천지의 음양 속성을 계승하여 음양의 법칙에 따라 운동 변화하게 된다.

『역전』의 이러한 사상은 팔괘와 64괘의 해석을 통해 표현된다. 「계사하전」에서 말하기를 "양괘陽卦는 다음多陰이요, 음괘陰卦는 다양多陽인데, 그 까닭은 무엇인가? 양괘는 기수奇數이고, 음괘는 우수偶數이기 때문이다."라고 하였다. 이는 팔괘의 괘성卦性에 대한 분석이다. 건괘乾卦는 3양효로 구성된 순양純陽의 괘이다. 곤괘坤卦는 3음효로 구성된 순음純陰의 체體이다. 그 나머지 6괘는 음양이 서로 섞여, 혹 이음일양二陰一陽이거나 혹은 이양일음二陽一陰으로 구성되며, 적은 수의 효로써 그 괘성을 결정하게 된다. 그러므로 진震(☳) 감坎(☵) 간艮(☶)은 양괘이고, 손巽(☴) 리離(☲) 태兌(☱)는 음괘이다. 이것이 바로 "양괘는 다음이요, 음괘는 다양이다."인 것이다. 또한 양괘는 5획으로 기수가 되고, 음괘는 4획으로 우수가 된다. 그러므로 "양괘는 기수이고, 음괘는 우수이다."라고 말했던 것이다.

팔괘는 8종의 자연물을 나타내는 것으로 우주만물의 토대이며, 동시에 무한시공에 대한 개괄이다. 『역전』에서는 음양으로 팔괘를 해석하고 있는데, 사실 이는 우주에 대한 설명이다. 또한 「계사하전」에서 "건곤乾坤은 『역』의 문인가? 건乾은 양물陽物이요, 곤坤은 음물陰物이다. 음양이 덕德을 합하여 강유가 (각기) 체體를 가짐으로써 천지의 법칙을 본받고(以體天地之撰), 신명한 덕에 통하게 된다(以通

神明之德)."라고 하였다.

건곤을 『역』의 문으로 삼는다는 것은 순양·순음의 건곤 두 괘는 64괘의 기초이며, 건곤 두 괘 가운데 포함된 음양효가 일정한 체계에 따라 상호 환위換位가 이루어짐으로써, 그 나머지 62괘가 생겨나게 됨을 뜻하는 것이다. '법칙(撰)'은 곧 '원리(數)'로서 이는 법규로 해석된다. '신명한 덕'은 도道의 품성을 지칭한다. 「계사전」의 작자는 음양을 64괘를 구성하는 근본법칙이고, 그러기 때문에 64괘는 우주적 도의 덕성을 매우 잘 구현하고 있는 것으로 여겼던 것이다.

남송의 주희는 "하늘과 땅 사이의 어디를 가든 음양이 아닌 것이 없다."(『朱子語類』卷六十五)라고 말하였다. 명·청 교체기의 왕부지는 "음양 외에는 물物도 없고, 음양 외에는 도道도 없다."(『周易外傳』卷七)고 말하였다. 음양의 법칙은 우주의 근본적이고 보편적인 법칙이기 때문에 음양은 만물을 통괄하고, 또한 방법도 통괄하였다. 각종 사물의 특수법칙은 모두 음양법칙과 상호 부합하는 것이며, 실제적으로는 음양법칙의 구체화인 것이다.

"한 번 음하고 한 번 양하는 것을 일러 도라고 한다."라는 명제와 관련된 『역전』의 사상은 후에 역학을 위한 토대를 다지게 되었으며, 동시에 의학과 기공 양생학의 지도적 방침이 되었다. 『내경』에서 "음양이란 천지의 도요, 만물의 기강紀綱이며, 변화의 부모요, 생살生殺의 본원이며, 신명神明의 보고寶庫이다. 치병治病은 반드시 근본에서 구해야 한다."(「素問·陰陽應象」)라고 하였다. 저명한 이 문단의 논술은 "한 번 음하고 한 번 양하는 것을 일러 도라고 한다."라는 명제에 대한 진일보된 해석을 가한 것으로, 음양은 천지만물이 공동으로 받들고 있는 보편적 규칙이며, 일체 변역의 원천이며, 생명운동의 시인始因이며, 정신과 각종 기능을 생산하는 기초임을 지적한 것이다. 이처럼 음양의 지위를 확립하였을 뿐 아니라 또한 음양을 도라고 칭하는 이유까지도 천명한 것이다.

『내경』에서 소위 '병의 다스림(治病)'이란 먼저 '발병 전의 다스림(治未病)'을 행하고, 그 다음에 '발병 이후의 다스림(治已病)'을 행하는 것을 가리키는 것이다. '발병 전의 다스림'이란 곧 예방과 양생을 말하는 것이다. 거기에서는 인체 건강의 유지와 회복은 반드시 근본에 착안해야 하며, 그 근본이 곧 음양이라는 것을 강조한다. 이는 바로 기공 양생을 위한 노력의 총체적 방향을 명확히 한 것이다.

2) 음양은 생성변화의 근원이다

음양법칙에 대한 『역전』의 응용과 논술에 의하면, 소위 '한 번 음하고 한 번 양함(一陰一陽)'에는 세 가지 뜻이 포함되어 있다.

(1) 음양은 상호 의존하며 공존한다(陰陽互依共存).

음이 있으면 곧 이와 상대되는 양이 있고, 양이 있으면 곧 이와 상대되는 음이 있다. 음양의 상호 의존은 서로 상대방을 자기 존재의 조건으로 삼고 있다. 앞에서 말한 바와 같이, 음양은 상대성의 개념이기 때문에 음양은 모두 서로 상대적으로 존재하는 것이다. 예컨대 뜨거움(陽)은 차가움(陰)에 대한 상대적인 말이고, 밖(陽)은 안(陰)에 대한 상대적인 말이다. 그 반대 역시 마찬가지다. 이와 같은 종류의 상대성이 바로 음양의 공존을 결정한다.

팔괘와 64사괘 가운데에서 음양공존의 상호 의존적 관계가 선명하게 실현되고 있다. 예컨대 팔괘의 건乾(☰)과 곤坤(☷), 진震(☳)과 손巽(☴), 감坎(☵)과 리離(☲), 간艮(☶)과 태兌(☱)는 네 쌍의 대립짝을 이루며, 각기 일음일양이 된다. 팔괘는 모두 24효인데, 그 중 음효와 양효가 각기 12효인 것 역시 대립을 이루면서 존재하는 것이다. 「설괘전」에서 "음으로 나누고 양으로 나누며, 유柔와 강剛을 번갈아 사용한다. 그러므로 『역』은 6위로써 법칙(章)을 이룬 것이다."라고 하였다. 이는 육효로 이루어진 괘 가운데 초효와 삼효, 오효는 양의 효위爻位이고, 이효와 사효, 상효는 음의 효위爻位이다. 음양의 효위는 아래로부터 위로 올라가면서 겹쳐 쌓아 올라가게 된다.

팔괘와 마찬가지로 64괘도 32쌍의 대립된 짝으로 나뉘어져 있으며, 대립된 짝은 모두 각기 일음일양이다. 64괘는 모두 384효인데 그 중 음양효 역시 각각 절반씩을 차지한다. 우리의 현실생활 가운데 하늘과 땅, 해와 달, 추위와 더위, 낮과 밤, 숨음과 드러남, 나감과 물러남, 엶과 닫음, 폄과 굽음, 움직임과 쉼, 남자와 여자 등등, 모두는 음양개념을 사용하여 분석할 수 있다. 하지만 음양의 상대적 속성으로 말하자면, 대립적인 쌍방은 상호 의존적인 공존의 관계를 갖고 있는 것이다.

음양이 상호 의존적인 관계를 갖는, 그리하여 서로가 상대를 자기존재의 전제로 삼는 이상, 양자 사이에는 필연적으로 상호간에 뿌리가 되고, 상호간에 성취를 촉발하는 일면이 있음을 반드시 알아야 한다. 그러기에 역학에서는 "양만으로는 낳지 못하고, 음만으로는 기르지 못함(孤陽不生, 獨陰不長)."을 지적하였던 것이다. 음양 쌍방이 갖추어 졌을 때 비로소 능히 사물을 이루고, 능히 사물을 낳아 기를 수 있는 것이다. 이러한 진술이야말로 음양의 상호 의존적 공존에 기초한 것이다.

(2) 음양은 상호 대립하며 배척한다(陰陽睽對相薄).

역학에서는 음양 상호간에는 상호 의존적 공존의 일면이 있는 동시에 또한 상호 제거하면서(推蕩), 상호 배척하는 일면이 있는 것으로 여긴다. 「설괘전」에서 "건乾과 싸운다. 건乾은 서북괘西北卦이다. 이는 음양이 서로 부딪치는 것을 말한다(言陰陽相薄也)."라고 하였다. 여기에서 '서로 부딪침'이란 배척 혹은 압박이다. 규괘睽卦「단전」에서는 "천지는 다르나(睽) 그 하는 일은 같고, 남녀는 다르나 그 하는 일은 같으며, 만물은 다르나 그 하고자 하는 일은 같다. 다르게 될 시時와 용用이 크도다(睽之時用大矣哉)."라고 말한다. 규睽는 괴이乖異 분리分離의 뜻으로, 대립이라는 의미로 확대 해석된다.

「단전」의 작자는 천지, 남녀 및 일체 사물의 음양 양면은 모두 차이가 존재하며, 따라서 대립관계가 발생한다고 여긴다. 북송의 장재張載는 "음양에는 상반됨이 있다. 이에 상호 배척이 있게 된다."(『正蒙·太和』)라고 하였다. 이는 음양의 대립관계를 보다 명백하게 설명한 것이다. 그러나 대립이 있고, 갈등이 있기 때문에 바로 통일과 화합이 있게 된다. 차이와 대립이 없다면 또한 화합도 없으며, 다만 간단한 동일이 있을 뿐이다. 간단한 동일에는 전망前望이 없다. 「단전」의 작자는 대립 가운데에서의 화합, 즉 갈등 속의 통일을 보고, 차이와 대립 가운데에서 통일을 이룰 때 비로소 새로운 질적 변화를 가져오고, 사물도 능히 앞을 향하여 전진할 수 있게 된다고 생각하였다.

그래서 규괘「상전」에서 "위에 불이 있고, 아래에 못이 있는 것이 규괘이다. 군자는 이로써 같으면서도 다르게 한다."라고 하였다. 규괘는 아래는 태괘兌卦이고, 위는 리괘離卦이다. 리離는 불이고, 태兌는 연못이다. 불(火)은 위로 타오르고, 연못(兌)은 아래로 적시며 윤택하게 한다. 상하 양 괘가 서로 배리되어 있기 때문에 규괘라고 말한다. 이는 괘상을 가지고 규괘의 괘의를 해석한 것이다. 「단전」의 작자는 사람들에게 일체 사물의 음양의 통일 가운데에 있는 차이와 갈등을 볼 수 있기를 요청한다. 결론적으로 음양에 대한 통일적 측면을 파악하려면 그 대립적 측면을 잊어서는 안 되며, 또한 음양대립이 사물에 미치는 적극적 의의에 대해서도 반드시 충분하게 평가해야 할 것이다.

(3) 음양의 소멸과 자라남은 상호 전화轉化한다(陰陽消長轉化).
음양은 대립과 통일의 변화 가운데 상호 작용하면서 음양 쌍방의 역량비율力量比率의 변화를 지속적으로 발생시킴으로써, 이것이 자라나면 저것이 소멸하고, 이것이 소멸하면 저것이 자라나는 상황을 출현하게 한다. 또한 소멸과 자라남이 일정 정도에 이르면, 즉 하나의 전환점에 도달하게 될 때면 음은 곧 전화하여 양이 되고, 양은 곧 전화하여 음이 된다.

하지夏至 이후에는 음기가 점점 자라나고 양기는 점점 소멸하게 되어, 낮의 길이가 날로 짧아지고 밤의 길이는 날로 길어지는 양상으로 드러나게 되며, 기온은 서늘함이 점차 차가움으로 변하게 된다. 동지冬至 이후에는 양기가 점차 자라나고 음기는 점차 소멸하여, 낮의 길이는 날로 길어지고 밤의 길이는 날로 짧아지는 양상으로 나타나며, 기온 또한 따뜻하고 더움으로 변화하게 된다.

하지와 동지는 바로 계절변화의 전환점이며, 음기와 양기의 지위는 이 두 전환점 위에서 변화를 일으키게 된다. 일반적으로 말하면 일 년 가운데 봄과 여름은 양기가 주도하고, 음기는 이에 종속된다. 가을과 겨울은 음기가 주도하고, 양기는 이에 종속되는 것이다. 일 년 사계절의 순환은 음양 소장消長의 전화 가운데 가장 전형적인 표현이며, 가장 명확한 것이다.

서한西漢의 역학가인 맹희孟喜와 경방京房은 괘기설卦氣說을 창도하였다. 그 중 맹희는 십이괘설十二卦說을 주창하여 이로써 일 년 절기의 변화를 설명하였다. 그것은 복復(䷗)·임臨(䷒)·태泰(䷊)·대장大壯(䷡)·쾌夬(䷪)·건乾(䷀)·구姤(䷫)·둔遯(䷠)·비否(䷋)·관觀(䷓)·박剝(䷖)·곤坤(䷁)의 십이괘인데, 이를 십이벽괘十二辟卦, 혹은 십이월괘十二月卦, 혹은 십이소식괘十二消息卦라고 부르기도 한다. 이는 이 12괘의 괘상으로 일 년 가운데 음양소장의 전화과정을 표시하고 드러낸다는 뜻이다. 동지에 일양一陽이 생함을 복괘로써 나타내고, 하지에 일음一陰이 생하는 것을 구괘姤卦로써 표명한다. 그 나머지 10괘는 순서에 따라 음양소장의 다른 정도를 표현한다.

사계절의 절기 변화는 단지 음양소장 전화의 하나의 예에 불과하다. 원칙상 음양소장의 전화관계는 일체의 음양대립 가운데에 존재한다. 예컨대 주야의 교체, 인체 내의 기혈의 순환, 형신상성形神相成 등 이와 같지 않은 것이 없다. 소위 '일음일양, 곧 사물의 변화는 결국 음이 전화하여 양이 되고, 양이 전화하여 음이 되는, 끊임없는 순환임을 나타내는 것이다.

역학에서는 이미 대립과 통일이 있기 때문에 따라서 소장消長의 전화가 있게 된다고 여긴다. 음양의 이러한 관계는 천지만물의 변화의 동력이며 토대이다. 「계사전」에서 "강유剛柔가 서로 밀쳐 변화를 생生한다."라고 말하고, 또 이어서 "그러므로 강유가 서로 마찰하고, 팔괘가 서로 부딪치며, 우레와 번개로 고무시키고, 바람과 비로 적시며 윤택하게 한다. 해와 달이 운행하고, 한 번은 춥고, 한 번은 덥다."고 말한다. 여기에서 서로 밀치고, 서로 마찰하고, 서로 부딪치는 등의 모두는 음양 사이의 상호작용이다. 이와 같은 종류의 특유한 상호작용이 사물의 발전을 이끄는 것이며, 동시에 사물의 운행변화(運變)의 형식을 결정하는 것이다.

혁괘革卦「단전」에서 "혁革은 물과 불이 서로 멸식滅息하여, …개혁함에 마땅하다. 그 후회가 이내 없어진다. 천지가 변혁함에 사시四時가 이루어지고, 탕무湯武가 혁명함에 하늘에 순응하고 백성에 응대하였으니, 변혁의 때가 크도다!"라고 하였다. 혁괘革卦는 아래는 리괘離卦, 위는 태괘兌卦로 이루어진(下離上兌) 괘로서, '연못 가운데 불이 있는(澤中有火)' 괘이다. 물과 불은 상호 배척한다. 그러나 혁괘에서 양자는 한 괘의 통일체 가운데에 동거함으로써 대립과 갈등을 일으키고 있다.

음양 쌍방은 대립하는 가운데에서 이것이 소멸하면 저것이 자라나게 되는데, 일정 시점에 이르게 되면, 음양 쌍방의 투쟁은 상대적으로 극렬한 형식을 취하게 된다. 이것이 바로 '혁革'이다. 음양의 전화는 곧 '혁'의 결과인 것이다. 만약 변혁이 적시에 알맞게 이루어지면 곧 사물의 생성변화에 극히 유리하게 된다. 「설괘전」에서 말하기를 "그러므로 물과 불이 서로 따르며, 우레와 바람이 서로 어그러뜨리지 않으며, 산과 연못이 서로 기운을 통한 뒤에야 능히 변화하여 만물을 다 이루게 된다."라고 하였다. 이는 물과 불, 우레와 바람, 산과 연못 등 만물이 하늘과 땅과 마찬가지로 서로 배척하면서 또한 서로 따르는, 그리하여 각종 구체적인 음양의 대립과 갈등 속에서 끊임없이 낳고 낳음을 지속한다는 것을 뜻한다.

3) 음양의 상호교감이 만물을 흥성하게 한다

역학에서는 음양 관계를 논할 때, 사물의 정상적 생성변화와 새로운 사물의 탄생에 있어 음양교합은 매우 중요한 의의를 갖는다는 것을 특별히 강조하고 있는데, 이것이 음양학설의 일대 특징이다. 대립통일 규칙에 있어 대립면의 상호 침투에 대한 설명은 음양상교陰陽相交와 많은 공통점을 갖는다. 그러나 양자 사이에는 본질적인 차이가 있다. 대립통일 법칙에 있어서의 대립면의 상호 침투는 단지 통일성의 국부적인 표현일 뿐이며, 또한 일체의 대립면이 반드시 갖추고 있는 것도 아니다. 그러나 음양법칙 가운데 음양 쌍방에 대한 음양상교는 전체적 관계로서, 최종적으로 반드시 발생하게 될 뿐만 아니라 또한 생성변화가 정상적으로 진행될지 여부의 관건이 되는 것이다.

『역전』에서는 여러 차례 음양상교의 문제를 논하고 있다.

"천지가 교감하니 만물이 형통한다. 상하가 교감하니 그 뜻이 하나가 된다."(「泰·彖傳」)

"천지가 교감함이 태泰이다."(「泰·象傳」)

"천지가 교감하지 않으니 만물이 형통하지 못하다. 상하가 교감하지 않으니 천하에 나라가 없다."(「否·彖傳」)

"천지가 교감하지 않음이 비否이다."(「否·象傳」)

"천지가 감응하니 만물이 화생化生하고, 성인이 백성의 마음에 감응하니 천하가 화평하다. 그 감응하는 바를 살펴보면 천지만물의 정情을 볼 수 있다."(「咸·彖傳」)

"천지가 교감하지 않으니 만물이 흥성하지 못한다."(「歸妹·彖傳」)

천지는 우주 가운데의 음양의 집결지이다. 천지라고 말하는 것은 일체의 음양 관계를 추인推認하는 것이다. 소위 '감응(感)'이란 '교감(交)'과 동의어이다. 교감이란 곧 소통, 융합, 짝 맺음의 뜻으로 음양 쌍방이 물질, 능량能量, 정보교환 등의 여러 방면에서 상호 교류하고 융통하며 영향을 끼쳐 사물들로 하여금 상응하는 변화를 일으키도록 하고, 아울러 본성을 따라 통하게 하며, 사물과 사물이 서로 통하도록 하는 효과를 얻게 되는 데까지 이르게 함을 가리키는 것이다. 음양교감은 천지의 정상적인 화생化生과 만물의 성대한 번영의 필수조건인 것이다.

현존하는 자료로 보건대, '음양이 교감하니 만물이 화생한다(陰陽交而萬物化生)'는 사상과 사백史伯이 말한 '화합함(和)이 충만하니(實) 만물을 생生하게 된다(和實生物)'는 사상은 상통하는 것이다. 서주西周 말기 태사太史였던 사백은 "무릇 화합함이 충만하니 만물을 생하게 된다. 서로 같음(相同)을 취하면 지속하지 못한다. 다른 사물로써 그 밖의 다른 사물을 이루게 하는(돕는) 것을 화합(和)이라고 부르는데(以他平他謂之和), 그렇게 함으로써 능히 풍성하게 길러냄과 아울러 만물을 이에 귀속시킨다. 만약 같은 사물로써 똑같은 사물을 돕게 한다면, 돕자마자 이내 곧바로 버려지게 된다."(『中國語·鄭語』)라고 하였다.

여기에서 '귀속(歸)'은 '생生'으로 해석되고, '충만함(實)'은 '충充'으로 해석된다. '화실和實'은 서로 다른 사물을 함께 조화를 이루도록 하여 상호간에 서로 돕고 서로 충실하게 함을 말한다. '돕다(平)'는 '이루게 하다(成)', '바르게 하다(正)', '고르게 하다(濟)'의 뜻으로 해석된다. 따라서 '다른 사물로써 다른 사물을 이루게 하는 것(以他平他)'은 서로 다르거나 대립적인 사물 가운데 서로 다른 여러 가지 요소들이 공평한 방식으로 서로 조정되어, 상호 성취를 이루고 고

도의 화해和諧에 이르게 함으로써 품질이 더욱 우수한 새로운 사물을 생산케 함을 말한다.

여기 '화실생물和實生物'의 명제 가운데에 이미 상교相交의 뜻이 함축되어 있음을 알 수 있다. 그러나 사백의 언급은 음양 양면만을 지적한 것이 아니라, 차이를 갖는 일체의 요소를 널리 지적하여 일컫는 말이다. 바로 이와 같은 이유 때문에 음양상교는 '화실생물'과 일맥상통하는 것이다. 그러나 이를 상호 대체할 수는 없다.

음양은 상호 의존하며 공존하고, 상호 대립하며 갈등하고, 상호 소멸성장이 전화하는 그런 관계를 맺고 있다. 그러나 음양상교는 음양 관계 전체의 핵심이며, 기타 모든 관계의 기초이다. 사실 음양상교는 음양의 대립 갈등이 일정 단계에 이르게 되면 곧바로 발생하게 되는 것으로서, 이는 음양의 협조가 지극하게 이루어진 것의 표현이다. 다시 말하면 음양상교가 음양대립의 시작에서 끝까지 시종일관 철저하게 실행되는 것은 결코 아니다. 그렇지만 음양상교가 없으면 곧 음양소장도 없고, 음양의 화합과 전화는 더더욱 일어날 수 없다. 이렇게 되면 음양의 상호 의존적 공존, 대립과 통일 역시 곧바로 실제적 의의를 상실하게 된다.

역학에 의하면 사물은 영원한 순환운동을 지속하는 가운데 부단히 생화生化한다. 음양상교는 앞선 일련의 순환이 장차 곧 종료되면 곧바로 새로운 일련의 순환이 시작하게 됨을 의미한다. 그리고 새로운 일련의 순환 가운데에서 새로운 요소, 혹은 모두가 새로운 사물이 생성되는 것인데, 이는 바로 음양상교의 결과인 것이다. 『역전』에서는 음양상교가 있어야 만물이 통달해서 흥성하게 된다는 것을 반복하여 강조한다. 이는 음양의 대립과 갈등과정 가운데에서 음양상교가 얼마나 중요한 것인가를 설명해주는 것이다.

음양교합 사상의 직접적인 내원은 인간과 동식물의 생식에서 비롯된다. 「계사전」 하에서 "천지의 기운이 쌓이고 얽혀 만물이 두텁게 엉키고, 남녀가 정精을 맺음에 만물이 화생하게 된다(天地絪縕, 萬物化醇. 男女構精, 萬物化生)."라고 하였다. 여기에서 '쌓이고 얽힘(絪縕)', '정을 맺음(構精)'은 음양의 상호간의 '교감(交)'의 또 다른 표현이다. 여기에서 소위 음양상교라는 것이 남녀의 양성교합에서 확대 발전된 것임을 분명하게 밝혀주고 있다.

이러한 방법은 매우 소박하고 직관적인 것이지만, 추상적인 음양교감의 개념을 거치면서 이미 보편적인 의의를 갖추게 되었다. 그것은 음양 쌍방간의 특수 관계를 게시한 데 대한 일반사물의 변화과정을 설명한 것으로서, 매우 큰 실제적 가치가 있는 것이다. 남녀가 교합하여 후대를 생육하는 과정은 음양의 대립관계 가운데 고차원의 운동형식으로서, 보편적으로 존재하는 음양 관계 가운데 대표성과 선명성, 전형적인 성질을 갖춤으로 해서 기타 음양 관계의 지침과 귀감이 되었다. 옛사람들은 그것을 일반적인 음양상교로 널리 확장시킴으로써 상당한 합리성을 갖추게 되었다. 대립면 사이에서 일어나는 물질과 능량能量 및 정보의 교류는 대립면의 화해和諧와 전화轉化, 그리고 새로운 사물의 탄생을 촉진함에 있어 의심할 나위 없이 지극히 중요한 것이다.

3 음양의 구조이론

역학에서 연구 토론되는 음양학설은 음양의 양 방면에만 한정된 것은 결코 아니다. 역학에서는 음양을 기본원리로 삼아 사물들의 복잡한 내부구조를 분석하여 팔괘, 육효, 64괘 등의 구조모형을 제시하였다. 다시 말하면 사물은 결국 음양 양면으로 말미암아 구성되는 것으로서, 음양대립의 지배를 받는다. 그러나 복잡한 사물은 항상 단지 음양대립만을 함유하고 있는 것이 아니라, 오히려 대부분 음양대립과 엇갈려 뒤섞여 있는 존재로서 일정한 구조체계를 형성한다.

서로 다른 사물들은 설사 모두가 음양을 근본으로 삼고 있다 하더라도, 구조가 다르기 때문에 서로 다른 품성을 드러내게 되는 것이다. 사물의 특수성은 상당 정도 그 구조와 서로 관련되어 있으며, 그 구조의 특수성으로 말미암아 결정되는 것이다. 그러므로 역학가들은 음양 관계를 연구할 뿐만 아니라 음양으로 말미암아 형성되는 각종의 복잡한 구조에 대해 큰 관심을 가지며, 또한 음양을 기초로 하여 역학의 특유한 구조이론을 건립하였던 것이다.

우리는 『역경』의 작자가 바로 일정한 수량의 음양효의 착종錯綜

관계를 통해서 각종의 서로 다른 사물들을 표시하였음을 본다. 예컨대 세 개의 양효를 사용하여 건乾(☰)을 표시하고, 세 개의 음효를 사용하여 곤坤(☷)을 표시하며, 위쪽 두 개의 음효와 아래쪽 한 개의 양효를 사용하여 진震(☳)을 나타내고, 아래쪽 두 개의 음효와 위쪽 한 개의 양효를 사용하여 간艮(☶)을 나타내며, 중간에 있는 한 개의 양효와 위아래 각각 한 개의 음효를 사용하여 감坎(☵)을 나타낸다. 진震(☳)·감坎(☵)·간艮(☶)이 비록 모두가 두 개의 음효와 한 개의 양효로 구성되었지만 배열의 순서가 다르고, 음양효가 처하고 있는 바의 관계가 각기 다르기 때문에 서로 다른 구조와 괘상을 형성하게 되었고, 서로 다른 사물의 상징을 이루게 되었다. 태兌(☱)·리離(☲)·손巽(☴) 역시 똑같은 이치에 근거하여 그들 간의 차이를 드러내게 된다.

64괘의 함의를 이해하려면 한걸음 더 나아가 상괘와 하괘 및 초효로부터 상효에 이르는 그 사이의 관계를 분석해야 한다. 예컨대 함괘咸卦는 하간상태下艮上兌의 괘이다. 「괘사」에서는 "형통하다. 바름에 이롭다. 여자를 취하니 길하다."라고 하였고, 「단전」에서는 "함咸은 감感이다. 유柔가 위에 있고, 강剛이 아래에 있어, 이기二氣가 감응하여 서로 더불어 함께한다. 머물며 기뻐하며(止而說), 남자가 여자의 아래에 있다(男下女). 이리하여 '형통하다. 바름에 이롭다. 여자를 취하니 길하다'가 된 것이다."라고 하였다.

간艮은 양괘이고 강이며, 태兌는 음괘이고 유이다. 그 통상적 위치관계를 가지고 말하면 양강陽剛은 위에 있어야 하고, 음유陰柔는 아래에 있어야 한다. 그러나 함괘에서 양자의 위치는 전도되어 양은 아래에 처하고 음은 위에 거하고 있어, 양기는 침강沈降하고 음기는 상등上騰하여, 음양이기가 교감하여 자연계의 생성변화가 정상적으로 진행하고 있음을 나타내고 있다.

그러므로 "형통하다. 바름에 이롭다."라고 말한 것이다. 간艮은 소남少男을 나타내는 것으로 멈춤이 된다. 태兌는 소녀少女를 나타내는 것으로 기쁨(說)이 된다. 따라서 간하태상艮下兌上의 괘상은 또한 남자 편에서 여자 편의 집으로 장가가서 신부를 맞아들임에(男下女), 한 쌍의 새로운 짝의 감정이 잘 투합됨(止而說)을 나타내고 있는 것이다. 그러므로 「괘사」에서 "여자를 취함에(娶) 길하다."라고 말한 것이다.

위의 설명을 통해 사물에 대한 인식에 있어, 만약 단지 사물 속에 내재된 음양 양면의 일반적인 관계만을 분석한다면 그 사물이 갖고 있는 본질적 특수성의 파악은 불가능하게 되며, 반드시 그 사물의 대립적인 여러 방면 및 그들 간의 상호연결과 그것들이 형성하고 있는 바의 총체적 구조관계를 전면적으로 이해할 때, 비로소 비교적 실제에 가까운 정확한 인식을 갖게 될 것이다.

역학 가운데 육효의 구조는 그 대표성을 지닌다. 육효의 구조는 여섯 개의 효가 중첩 배열됨으로써 이루어진다. 위의 삼효와 아래의 삼효가 나누어져 위아래의 두 경괘經卦를 이룸으로써 육효 체계에 속한 두 개의 체계를 이룬다. 육효 사이와 상하괘 사이에는 안정된 구조관계가 형성된다. 『역전』에서는 육효 가운데의 위치와 차례가 중요한 의의를 갖는 것으로 여긴다.

「계사전」 하에서 "그 처음(初爻)은 알기 어려우나, 그 위(上爻)는 알기 쉬우니, 이는 근본과 끝이다. 처음 말은 비유하고 마침내 종결을 짓는다. 만약 복잡하게 섞인 사물의 덕을 가리는 일과 시비를 분별함에 있어서는 그 가운데에 있는 효爻가 아니고서는 이를 갖추지 못할 것이다. …이효와 사효는 공功은 같으나 위치가 달라 그 선

善함이 같지 않으니, 이효二爻는 명예가 많고, 사효는 두려움이 많은 것은 (五爻에) 가깝기 때문이다. 부드러움(柔)의 도가 먼 곳에 있는 자에게는 이롭지 않으나 그것이 허물이 되지 않는 이유(要)는 부드러움과 중행中行(柔中)을 쓰기 때문이다. 삼효와 오효는 공功은 같으나 위치가 다르다. 삼효는 흉이 많고, 오효는 공이 많은 것은 귀천貴賤의 등차差等가 있기 때문이다."라고 하였다.

초효의 때에는 사물이 어떻게 발전할 것인가를 알아보기 어렵다. 그러나 상효에 이르게 되면 이미 결과가 드러나기 때문에 전반적인 판세를 판단할 수 있다. 그러나 그 발전과정을 전면적으로 세밀하게 이해하고, 강유가 복잡하게 뒤섞인 성질과 시비진가是非眞假를 판별하고자 한다면, 중효中爻, 즉 이효 · 삼효 · 사효 · 오효에 의지하지 않으면 안 된다. 사물의 진전과정을 인식하는 데 있어 중효는 특수한 의미를 갖는다. 이효와 사효는 효의 순서로 말하면 짝수의 위(偶數位)로서 음위가 되며, 그 기능은 같다. 그러나 괘 전체의 체계 가운데에 처한 위치가 서로 다르기 때문에 서로 다른 작용을 나타내는 것이다.

『역전』에 따르면 '중행中行(中)'이란 곧 지나침도 없고 모자람도 없는 것으로, 항상 허물이 없을 뿐만 아니라 또한 "부드러움의 도가 먼 곳에 있는 자에게는 이롭지 않음"이 되는 것이다. 별괘別卦 가운데 하괘下卦는 가까운 것이고, 상괘上卦는 먼 것이다. 그러므로 하괘의 중위에 거처하는 이효는 많은 영예를 갖는다. 사효는 상괘에 거하기 때문에 먼 곳이나, 괘 전체에서 볼 때 존엄한 위치가 되는 오효와 매우 가깝기 때문에 많은 두려움을 갖는다. 삼효와 오효는 기수위奇數位로서 양위이다. 그리고 모두 강건하고 자주적인 태도로 일을 처리한다. 그러나 삼효는 하괘의 한쪽(偏位)에 처하고 있고,

비천한 위치에 속하기 때문에 많은 흉구(凶咎)를 만나게 된다. 오효는 상괘의 중위에 거하는 것으로, 육효 가운데 가장 존귀한 자리가 되기 때문에 많은 공적을 세우게 된다.

위의 분석은 단지 효위만을 가지고 말한 것이다. 만약 실제적으로 각각의 효위를 차지하고 있는 음양효의 성질을 고려하게 될 때에는 또한 어떻게 될까? 위에서 인용한 「계사전」 하에서 이어 말하기를 "그 부드러운 것은 위태롭고, 그 강한 것은 이겨낼 것인가?"라고 하였다. 이는 삼효위와 오효위에 대하여 한 말이다. 만약 음효가 이를 차지하고 있으면 위험하다. 왜냐하면 삼효와 오효위는 일을 주관하는 양위이다. 그런데 음효가 양위에 거하게 되면 그 사람이 그 직책을 감당하지 못하며, 그 일도 그 위치에 합당하지 못함을 상징하는 것이다. 만약 양효가 차지하고 있으면 이는 양효가 양위에 거하게 되기 때문에 이는 그 사람이 그 직책을 감당할 수 있으며, 그 일도 그 위치에 합당하여 성공할 수 있음을 상징하는 것이다. 그러므로 "삼효는 흉이 많고, 오효는 공(功)이 많다"고 한 것도 절대적인 것은 아니며, 또한 이 효위를 차지하고 있는 것이 양효냐 아니면 음효냐, 그리고 이 밖에 일련의 유관조건을 살펴본 뒤에야 비로소 최후의 길흉을 결정할 수 있게 되는 것이다.

이효와 사효위에 대한 것 역시 이와 마찬가지이다. 「계사전」 상에서 "천하의 이치를 얻으면 그 가운데에서 지위를 이룰 것이다."라고 하였다. 『역전』의 작자는 천하의 이치를 얻는 것과 음양 육위의 관계를 장악하는 것을 함께 논하고 있는데, 여기에서 『역전』의 작자가 효위에 대해 얼마나 중시하고 있는가를 충분히 알 수 있다.

역학에서는 육효 구조를 보편적 의의를 지닌 구조모형으로 보고, 만사만물의 운행변화 과정 모두가 육효 구조에 부합된다고 여겨,

육효 구조 속에 이를 모두 받아들였다. 달리 말하면 만사만물에 내재되어 있는 음양대립은 모두 육효 구조의 형식을 취하게 된 것이다. 그러한 육효 구조는 다음과 같은 특징을 가지고 있다.

첫째, 음양 개념이 단지 사물의 기능 성태性態만을 반영할 뿐 사물의 형질形質 실체는 반영하지 않는 것과 같이, 육효 구조 역시 사물의 기능성태의 구조 모형만을 설명할 뿐 사물의 형질실체 방면에 대해서는 언급하지 않는다. 앞서 이미 설명한 바와 같이 공허한 효위가 되었든, 아니면 실제적인 효획爻劃이 되었든 모두가 다만 음양의 속성만을 지녔을 뿐 기타의 것을 표시하지는 않는다. 따라서 육효 구조로써 사물을 관찰한다면, 사물을 하나의 실체적 구조로써 분석할 수 없게 될 것이다.

둘째, 육효 구조는 다층구조에 속한다. 육효 구조 가운데 초효·삼효·오효는 양위이고, 이효·사효·상효는 음위이다. 따라서 서로 이웃하고 있는 두 효위마다 모두 한 쌍의 음양대립 구조를 형성하고 있다. 이 밖에 상괘上卦와 하괘下卦는 각자 서로 상대적으로 독립된 분지分枝 구조를 이루고 있다. 그리고 이효·삼효·사효와 삼효·사효·오효는 또한 호체괘互體卦를 구성한다. 이 밖에도 여섯 개의 허虛한 효위와 여섯 개의 실實한 효상 또한 두 개의 중첩된 층차를 형성하는 것 등이 있다.

셋째, 시간과 공간이 상호 융합되어 있으나, 시간 요인을 위주로 삼는다. 육효 구조와 팔괘 구조는 이미 공간 요인을 포함하고 있으며, 또한 시간 요인도 포함하고 있다.『역전』의 설명에 의하면, 육효의 전개에 있어서는 초효가 '근본(本)'이고, 상효는 '끝(末)'이 된다. 그 중간의 네 효는 몸(體)으로서 일정한 공간형태를 나타낸다. 또 다른 측면에서 육효가 드러내고 있는 것은 은밀한 것으로부터 분명하게 드러나는 데에 이르기까지, 약함으로부터 강함에 이르기까지의 순환발전이며, 또한 하나의 시간과정인 것이다. 예를 들면, 건괘 육효는 '용龍'의 잠김, 드러남, 두려움, 도약, 비행, 지나치게 올라감 등 몇 개의 발전단계를 묘사한 것으로, 분명히 하나의 시간적 순서(序次)를 표현한 것이다. 「단전」에서 "크게 시종始終을 밝힘에 육위六位가 시時에 따라 이루어지니, 때에 맞추어 육룡六龍을 타고 하늘을 부린다."라고 하였다. 「문언전」에서 역시 "육효로 발휘하니 정情에 두루 통한다. 때에 따라 육룡六龍을 타고 하늘을 부린다."라고 하였다. 이는 육효의 위치가 태양의 주행에 따라 시간의 추이를 반영하고 있음을 뜻하는 것이다.

육효가 드러내고 있는 변화과정은 만사만물의 운동규칙을 개괄한 것이다. 따라서 만약 용龍의 여섯 개의 시간적 변화의 차서단계를 파악한다면 모든 천도를 부릴 수 있게 될 것이다. 종합적으로 말하면 초효에서 상효에 이르는 육효는 낮은 데로부터 높은 데에 이르는 하나의 점진적 과정이며, 따라서 육효 구조는 결국 사물을 하나의 과정으로 보는 것이다.

4 태화太和, 상중尙中 이론

『주역』에서는 중中을 숭상하고, 화和를 추구한다. 이러한 주장은 후세 역학에 계승 발전되었다. 역학의 각도에서 보면 '화'와 '중'은 음양 관계 가운데의 요소요, 상태로서 음양법칙의 구성 부분에 속한다. 그러나 '화'와 '중'의 문제는 단지 음양 쌍방의 관계에만 존재하는 것이 아니라 여러 개의 음양대립이 형성하는 복잡한 구조 가운데에 존재하는 것으로서, 일체의 구체적인 사물은 모두 반드시 노력하여 파악해야 할 두 가지 원칙이다.

1) 화和, 자화自和, 태화太和

역학에서 말하는 '화和'와 사백이 말한 '화실생물和實生物'의 '화和'는 일치한다. 화의 원래 뜻은 부동不同이지만, 상반된 사물을 함께 결합시켜 협조 통일을 보존하고 유지하며 아울러 적극적 성과를 이루는 것을 말한다. 음양의 '화和'는 분명 음양의 대립을 전제로 한다. 그러나 이런 종류의 대립은 무제한적인 것은 아니다. 음양의 정상적 관계는 음양 쌍방이 이미 대립 갈등을 발생시켰지만, 그 차이 대립 배척의 정도는 또한 스스로 능히 통제하고 조절할 수 있는 영역 내에 한정되어 있으며, 따라서 음양의 상호작용을 통하여 음양 쌍방으로 하여금 화해和諧·협동協同·상성相成·합작合作의 관계를 이루고 이를 유지하는 것이다.

음양상화陰陽相和는 음양상교를 위해 조건을 구축하는 것이며, 음양상교는 음양상화의 최고의 성과이다. 역학에서는 이런 종류의 관계는 사물의 정상적 생장변화에 유리한 것이라고 생각한다. 주희는 "화和하면 교감하여 만물을 잘 기르게 된다."(『朱子語類』卷六十二)라고 하였다.

『역전』의 이론에 의하면 음양 상호작용의 결과는 저절로 '화'를 향해 나간다는 것이다. '화'는 음양구조 자체가 추구하는 목표이다. 「계사전」 하에서는 "역은 궁하면 변하고, 변하면 통한다."라고 말한다. 음양대립의 변화는 장차 반드시 '통'에 이르게 되는데, 통하면 반드시 화하고, 화하면 바로 통하게 된다. 「계사전」 상에서는 또한 "천지의 대덕을 일러 생生이라 한다."라고 말한다. '생'의 전제는 '화'이다. 음양의 화만 있으면 바로 능히 생할 수 있는바, 생은 또한 천지의 본성이다. 여기에서 천지음양은 반드시 스스로의 조절을 통해 화에 도달하게 되며, 만약 그러하지 않으면 생을 핵심으로 하는 대덕을 실현할 수 없게 됨을 알 수 있다.

겸괘謙卦「상전」에서 "군자는 많은 데에서 덜어내어 적은 데에 더해주며, 사물을 저울질하여 베품을 공평하게 한다(君子以裒多益寡, 稱物平施)."라고 하였다. 부裒는 취取로 풀이되고, 칭稱은 권형權衡(저울질하여 동등하게 함)으로 풀이된다. 이는 사물이 저울질하여 공평함에로 나가는 데 있어, 많은 데에서 취하여 적은 데를 도와주는 작용을 통하여 대립갈등을 돌려 평화에 도달케 한다는 뜻이다. 여기에서 소위 "베풂을 공평하게 한다(平施)."는 것은 평균도 아니고, 또한 반드시 균형인 것도 아니며, 오히려 평화·화해和諧·협동·합리의 뜻으로 해석된다.

왕부지는 췌괘萃卦를 해석할 때 "음양의 작용으로써 화和를 이루고, 상호간에 공功을 이룬다(陰陽之用以和, 而相互爲功)."(『周易外傳』卷三)라고 말하였다. 이는 자연계의 대립갈등에 있어서는 만약 한쪽에서 지나치게 과하거나 부족하게 나타나면, 다른 한쪽에서 곧바로 대립통일의 상호제약의 관계를 이용, 상대방에 대하여 조정을 가함으로써 공평함을 회복하도록 한다는 뜻이다. 음양 쌍방간의 이러한 상호조절의 기능은 음양의 대립을 결국 일정한 궤도를 따라 협동의 방식으로 상호 의존하여 공존하고 소장전화消長轉化하게 함으로써 전체적으로는 조화절제를 드러낸다는 것이다.

『역전』에서는 또한 태화太和의 개념을 제기한다. 태화는 또한 대화大和라고도 부르는 것으로, 지고하고 영원한 조화 적중適中을 가리킨다. 건괘乾卦「단전」에서 "건도乾道가 변화함에 각자 성명性命을 바르게 하니 대화를 보합保合하여 바르게 함에 이롭다. 만물 가운데 가장 먼저 나오니, 만국이 모두 편안하다."라고 하였다. 여기에서 건도는 곧 천도이다. 천도가 정상적으로 운행되고, 그 작용이 제대로 발휘되면 만물은 각자 그 성性을 제대로 품수하고, 천부적인 명命을 얻어서 오로지 바르며, 이에서 벗어나지 않으며, 아울러 시종 협조와 평화의 관계를 유지하게 된다.

이러한 조화의 관계는 이미 음양소장, 사물 점변漸變의 과정 가운데 표현되어 있다. 또한 음양전화, 사물 극변極變의 과정 중에도 나타난다. 다시 말하면 사물의 평온화해平穩和諧한 소장消長이 발전하여 극점에 이르게 되면 또한 다른 하나의 운동단계, 혹은 일종의 다른 사물에로 평온하게 넘어가 영원히 지나침도 없고 모자람도 없는 상태에 처하게 된다는 것이다. 이것을 대화大和, 혹은 태화太和라고 부른다. 예를 들면 춘하추동의 사시절기가 정상적으로 운행되고 교체되는 것이 바로 태화의 표현이다.

'보합'은 음양 쌍방이 하나의 통일체 가운데에 결합되어서 분리되지 않음을 가리킨다. 음양이 분리되지 않을 때 비로소 음양조화를 실현할 수 있게 된다. 음양이 시종 조화를 이룰 때 비로소 능히 음양이 서로 분리되지 않음을 보장한다. 그러므로 보합과 태화는 상호간에 상대방의 전제가 된다. 이러한 상태는 만물의 생존에 유리하며, 또한 만물로 하여금 정고正固함을 얻게 한다. 그러므로 말하기를 "태화를 보합하니 이에 정貞함이 이롭다."라고 하였다. '태화를 보합함'이 있으면, 이로써 만물은 축복을 받으며, 천하는 태평하게 된다.

2) 법도에 정합精合함이 중中이다

중中의 숭상(尙中)은 중국 고대의 전통적 행위준칙으로, 『주역』과 후세의 역학 가운데에 적극적으로 수용되어 발전하였다. 중은 곧 정正이며, 정은 곧 중中이다. 중의 숭상은 곧 우주의 법칙과 규범을 적합하게 장악하여 한쪽으로 치우치지도 않고, 한쪽에 기대지도 않으며, 지나침도 없고, 부족함도 없게 함을 이루어 내고자 하는 것이다.

『역경』에서는 괘효사를 통해서 상중尙中 관념을 표현하였다. 예를 들면 쾌괘夬卦 구오효사九五爻辭에 "중中을 행함에 허물이 없다."라고 하였는데, 이는 중도를 행하면 곧 허물(咎)이 없다는 것이다. 공자는 중용을 창도하여 말하기를 "그 양단을 잡아 그 중中을 백성에게 쓰는 그러한 사람이 순舜이다."(『中庸』六章)라고 하였다.

『역전』의 상중사상은 가장 먼저 서법筮法의 해석에서 나타난다. 육효 가운데 이효는 하괘 중위에 거하고, 오효는 상괘 중위에 거한다. 『역전』에서는 일반적으로 중위를 길한 것으로 여긴다. 「계사전」하에서 "이효는 영예가 많고, 오효는 공功이 많다."고 말한 것은 곧 이것을 두고 하는 말이다. 괘의 중위는 사물이 정도에 처하고 있음을 상징한다.

「상전」에서는 송괘訟卦 구오효사九五爻辭에 대한 주석에서 "송사訟事에 크게 길함은 중정中正으로 하였기 때문이다."라고 하였는데, 왕필은 이에 대한 설명에서 "그 중정함으로써 곧음을 해치는 것을 끊는다. 중中을 행하면 허물이 없고, 정正을 행하면 사악함이 없다."(『周易注·訟』)라고 하였다. 그러므로 비록 쟁송을 하더라도 길함을 얻게 된다는 것이다. 「상전」에서는 비괘比卦 구오효사九五爻辭에 대한 주석에서 "'현비顯比'의 길함은 그 위가 정중正中이기 때문이다." 임괘臨卦 육오효사六五爻辭의 '길吉'에 대한 주석에서 "'대군의 마땅함(大君之宜)'은 중中을 행함의 일컬음이다." 또한 해괘解卦 구이효사九二爻辭에 대한 주석에서 "구이九二의 정길貞吉은 중도를 얻었기 때문이다."라고 말한 것 등등이 이러한 예이다.

『역전』에서는 "한 번 음하고 한 번 양하는 것을 일러 도라고 한다."는 명제를 제기하였는데, 이는 사물이 모두 대립적인 양면을 지니고 있음을 지적한 것이다. 따라서 소위 중행中行이란 곧 사물의 대립적인 양면을 전면적으로 파악하고, 이 양면의 관계를 정확하게 처리할 것을 요구하는 것이다. 『역전』에서는 사물의 대립을 두 부류로 나누고, 한 부류의 사물은 사람에게 불리하게 전화하고, 다른 한 부류의 사물은 사람에게 유리하게 전화하는 것으로 나눈다. 그러므로 상중(尙中) 역시 이 두 종류의 요구에 상응하는 것이다. 앞의 한 부류의 사물에 대해서는 응당 대립면으로 하여금 균세·평형·협조를 힘써 보존하고 유지하게 하여 불편불사(不偏不邪)를 이루게 함으로써 사물이 반면을 향해 전화하는 것을 방지한다.

예를 들면 대과괘(大過卦) 「단전」에서 "대과(大過)는 큰 것(陽)이 과(過)함이다. '들보기둥이 휘는 것(棟橈)'은 밑과 끝이 약하기 때문이다(大過, 大者過也. 棟橈, 本末弱也)."라고 하였다. 대과괘(大過卦)는 초효와 상효가 음효이고, 나머지 이효에서 오효까지 양효이다. 양효가 넷이고, 음효가 둘이어서, 양효가 음효의 두 배이다. 양은 대(大)이고, 음은 소(小)이다. 그러므로 '대과'라고 칭함이니, 즉 대(大)(陽)가 과한 것이다. '들보기둥이 휨'이란 집의 대들보가 구부러진 것을 가리키는 것으로, 그 원인은 "본말이 약하기 때문이다." '본말이 약하다'는 말은 초효와 상효 위에 음효가 각기 하나씩 있어 중간의 네 양효보다 수가 적은 것을 가리킨다. 이는 음양이 균형을 이루지 못하여 집이 무너질 수 있음을 나타낸 것이다. 『역전』에서는 대과괘를 중을 행하지 못하므로 응당 바로잡아 평형을 유지해야 함을 나타내고 있는 괘로 생각한다.

뒤의 한 부류의 사물에 대해 상중(尙中)을 견지하면 대립면의 정상적 소장(消長)과 평온한 전화(轉化)를 촉진하는 데 응하게 된다. 예컨대, 혁괘(革卦) 「단전」에서 "문명하여 기뻐하고, 크게 형통하여 바르니, 개혁함에 마땅함이라. 그 후회함이 이내 없어진다. 천지가 변혁함에 사시가 이루어지고, 탕무(湯武)가 혁명함에 있어 하늘에 순응하고,

사람들에게 응하였다."라고 하였다. 여기에서 혁革은 사물의 변혁을 지칭한다. 또한 여기에서 능히 '크게 형통함(大亨)'은 반드시 중정中正을 전제로 하는 것으로, 천도에 부합되는 것일 뿐만 아니라 매우 합당하여 지나침도 없고 모자람도 없게 행하는 것이다.

「계사전」 하에서 "시종 두려워하면서 행한다. 그 요지는 허물이 없게 함이니, 이를 일러 『역』의 도라고 한다."라고 하였다. 사물의 마침과 시작은 대립면이 전화하는 전환점이다. 이때에는 필시 특별히 경계하며 조심해야 한다. 힘써 허물이 없게 함은, 즉 중中에 합당하게 하는 목적은 전화의 진행이 정상적이고 평온한 상태로 이루어지게 하는 데 있다. 상중尙中에는 사물을 정확하게 파악하고자 하는 '헤아림(度)'의 사상을 포함하고 있다. 여기에서 도度는 양量과 질質의 통일이다. 일정한 질은 일정한 양을 요구한다. 일정한 양은 일정한 질을 보증한다. 상중은 지나침도 없고 모자람도 없음을 요구하는 것으로, 곧 정확하게 중요 요점을 장악하는 것이며, 이는 사물로 하여금 이상적인 최적의 상태에 도달하게 하는 것이다.

중中과 화和는 매우 밀접한 관계를 맺고 있다. 역학에 의하면 중은 그 이치에 꼭 들어맞아 매우 적합함이요, 화는 음양협동으로 변화를 제어하여 조화를 이룸이다. 중과 화는 모두 천지만물의 본성으로 중은 안이 되고, 화는 밖이 된다. 또한 중은 인因이요, 화는 과果이며, 중은 질質이요, 화는 문文이다.

사물이 중점中正에 합合하면 바로 조화제화調和制化가 가능하다. 사물로 하여금 때와 장소를 가릴 것 없이 아름다운 화해和諧를 이루고자 한다면, 곧 때와 장소를 가릴 것 없이 중도를 굳게 지켜야 한다. 역학에서 보기에 태화太和와 중정中正은 사물의 이상적 상태이다. 만약 음양 쌍방이 능히 중화中和를 보존하고 유지하게 되면 사물은 곧 장구할 수 있게 된다.

　항괘恒卦 「단전」에서 "항恒은 장구함이다. 강剛이 위에 있고, 유柔가 아래에 있으며, 우레와 바람이 서로 함께하며 겸손하게 움직이니, 강유가 모두 이에 응한다. 그러기에 항이다."라고 하였다. 항괘는 아래는 손괘巽卦, 위는 진괘震卦로 구성되어 있다. 손괘는 장녀이며 유이다. 진괘는 장남이며 강이다. "강이 위에 있고, 유가 아래에 있다."라고 한 것은 이 괘 가운데에 음과 양이 각기 합당한 지위를 얻었을 뿐 아니라, 또한 대등하게 균형을 이루고 있음을 (하나는 장남, 하나는 장녀)표명한다.

　진震은 우레요, 손巽은 바람이다. 우레가 위에 있고, 바람은 아래에 있다. 정이程頤는 『周易·鄭氏傳』에서 "우레가 진동하면 바람이 일어난다. 양자는 서로 모름지기 그 세勢를 주고받으며 돕는다. 그러므로 서로 함께 한다고 말하였으니 이내 그 법칙이 된다."라고 설명하였다. 손巽은 들어옴(入)을 주관하고, 진震은 움직임(動)을 주관한다. 하손상진下巽上震의 항괘恒卦는 각각 세 개의 음효, 양효로 구성되어 있는데, 움직인즉 정리情理에 합당하고, 또한 강유가 서로 화합하여 평화로움을 의미한다. 여기에서 이 괘가 중정조화의 상을 이루고 있기 때문에 '항恒'이 되었음을 알 수 있다.

5 기공 양생에서 음양의 응용

당대의 위대한 의가인 손사막孫思邈은 "『역』을 모르면 대의大醫라고 말할 수 없다."(『醫易義』), "『주역』 육임六壬을 함께 필히 정숙해야 한다. 이렇게 하면 이내 대의大醫가 된다."(『千金要方·大醫習業』)라고 말했다. 명대에 이르러 장개빈張介賓은 정식으로 '의역동원설醫易同源說'을 제기하고, 체계적인 설명을 덧붙였다. 그는 말하기를 "천지의 도는 음양이기로써 만물의 조화를 부리고, 인생의 이치는 음양이기로써 백해百骸를 기르는 것이다. 역은 변역이니, 음양동정의 묘妙를 갖추고, 의醫는 의意이니, 음양 소장消長의 틀(機)에 합치된다. 비록 음양이 이미 『내경』에 갖추어져 있으나 변화는 『주역』보다 큰 것이 없다. 그러므로 천인은 일리一理라고 말하였는데, 이때의 일一은 음양인 것이다. 의역동원醫易同原이란 이 변화를 함께 하는 것이다."라고 하였고, "천지의 역은 외역外易이요, 신심身心의 역은 내역內易이다."라고 말하였으며, 또한 "의醫의 도는 신심의 역이다."(『類經附翼·醫易義』)라고 하였다.

장씨의 의역동원설은 오로지 의醫와 역易이 원리상 서로 상통하여 둘이 아님을 지적하는 것이며, 그 핵심은 의역醫易 양자가 모두 음양을 그 요체로 삼고 있다는 것을 지적하고 있음을 알 수 있다. 손사막과 장개빈의 이상의 견해는 분명 기공 양생에 완전히 적합한 것이다. 기공 양생과 의학은 모두 인체과학으로 공통적인 연구 대상과 이론의 기초를 가지고 있다.

1) 왜 기공과 역학이 같은 근원이라고 말하는가?

일찍이 서한시대에 『내경』에서는 곧바로 양생과 진료가 하나로서 모두 음양을 근본으로 하고 있음을 명확하게 지적하였다. 『내경』에서 "상고시대에는 진인眞人이 있어 천지를 거느리고, 음양을 파악하며, 정기精氣를 호흡하고, 독자적으로 신神을 지켜 근육이 마치 하나인 것 같다. 그러므로 능히 장수하고, 천지를 보살피며, 마치는 때가 없으니, 이는 그 도가 生함이다."라고 하였다. 또한 "중고中古시대에는 지인至人이 있어 도덕을 준수하고 온전히 하며, 음양에 화합하고, 사시와 조화를 이루며, 세속에서 벗어나 정신을 쌓고 온전케 하며, 천지 사이를 유행遊行하고, 팔달八達의 밖을 시청하니, 이것이 어찌 그 수명을 더하고 강하게 하는 것이 아니겠는가? 이 또한 역시 진인으로 돌아가는 것일 뿐이다."(「素問·上古天眞」)라고 하였다.

『내경』 가운데에서 "음양을 본받고 술수術數와 조화를 이루는"(「素問·上古天眞」) 진인은 도와 합하여 하나가 되기 때문에 능히 장생구시長生久視한다. 따라서 『내경』에서는 "그러므로 음양사시는 만물의 종시요, 사생의 근본이다. 이를 거스르면 재해가 생기고, 이를 따르면 중병이 일어나지 않으니, 이걸 일러서 득도라 이른다. …음양을 따르면 생하고, 이를 거스르면 죽는다. 이를 따르면 다스려지고, 이를 거스르면 어지러워진다."(「素問·四氣調神」)라는 사실을 반복 강조한다. 음양의 법칙을 존중하느냐 않느냐의 여부가 생사의 분계로 보인다. 이것이 바로 음양을 기공 양생 가운데 가장 중요한 위치에 갖다 놓은 것이다.

후세의 기공가들 역시 모두 『내경』의 이러한 관점을 계승하였다. 도道·유儒·의醫·무술武術 등 각파의 기공은 모두 음양을 기본 원리로 삼는다. 따라서 기공의 이법은 음양에서 벗어난 것이 거의 없다고 말할 수 있다. '만고단경왕萬古丹經王'이라는 영예를 받고 있는 동한의 위백양은 그의 『주역참동계』의 첫머리에서 "건곤은 역의 문호요, 중괘衆卦의 부모이다. 감리坎離는 광곽匡郭으로 움직이는 수레의 정축正軸이다. 빈모牝牡(陰陽) 사괘는 대장간의 풀무(橐籥)로 음양의 도를 갖추고 있다."라고 하였다.

천지는 음양의 체요, 수화는 음양의 용이다. 그러므로 위백양은 건乾·곤坤·감坎·리離 사괘는 우주생화의 풀무라고 생각했던 것이다. 풀무는 옛날 대장간에서 쇠붙이를 달굴 때 바람을 일으키는 도구이다. 후세의 내단가內丹家들은 이를 해석할 때 건곤을 내단을 연마하는 '화로(爐)'(下丹田)와 '솥(鼎)'(泥丸)으로 비유하고, 감리坎離를 내단을 연마하는 '약물'(元神元精)로 비유하였다. 그리하여 이 사괘는 내단학 가운데 있어서 가장 중요한 관건이 되었다. 이것은 곧 내단공법은 음양을 요체로 하는, 그리하여 역학과 동원同原이라는 것을 분명하게 표명한 것이다.

송대 내단가인 장백단 역시 강조하여 지적하기를 "초목 음양 또한 양제兩齊로, 만약 한쪽이 결하면 향기롭지 못하게 된다. 처음 푸른 잎을 내밀 때는 양이 앞서 이끌고, 다음 꽃이 필 때엔 음이 뒤를 따른다. 영원한 도(常道)는 곧 날마다 쓰이는 것이거늘, 참된 근원(眞源)이 오히려 가까이 있음을 그 누가 알리요? 말을 전하고, 도를 배우는 여러 군자들이여! 음양을 제대로 알지 못하면서 어지럽게 함부로 행하지 말지니라."(『悟眞篇』七言四韻第十二)라고 하였다.

도가 내단술은 일련의 매우 엄격함을 요하는 공법功法으로, 매 조목마다 음양을 원칙으로 삼고 있어, 만약 음양을 제대로 알지 못하면 곧 이를 이해할 방법도 없고, 이를 파악하기도 어렵게 되고, 단련을 해도 한쪽으로 치우치게 된다. 장씨는 사람들에게 내단을 잘 연마하려면 반드시 음양의 이치를 알아야 한다고 경고하였다.

2) 인체는 복잡한 음양구조체이다

기공 양생학에서는 의심할 나위 없이 모름지기 인체에 대한 인식을 기초로 생각한다. 「素問·寶命全形」에서 "사람이 태어남에 몸을 가지므로 음양을 벗어나지 못한다."라고 하였다. 장개빈 역시 말하기를 "천지의 도는 음양이기로 만물의 조화를 부리며, 인생의 이법은 음양이기로 백해百骸를 키우고 기른다."(『類經附翼·醫易義』)라고 하였다. 음양은 인체의 기본적인 틀로서 인체를 인식하는 주요방법이다. 따라서 반드시 음양을 좌표로 삼아 인체 각 방면에 대한 분석을 진행해야 한다.

「素問·金櫃眞言」에서 "사람을 음양으로 말한다면 밖은 양이고, 안은 음이다. 사람의 몸을 음양으로 말한다면 등(背)은 양이고, 배(腹)는 음이다. 사람 몸의 장부臟腑를 음양으로 말한다면 장臟은 음이고, 부腑는 양이다. 간肝·심心·폐肺·비脾·신腎의 오장五臟은 모두 음이고, 담膽·위胃·대장大腸·소장小腸·방광膀胱·삼초三焦의 육부六腑는 모두 양이다."라고 했다.

왜 장은 음에 속하고, 부는 양에 속하는가? 달리 말하면 장부는 무슨 원칙에 근거하여 그렇게 나누어지는 것인가?「素問·五臟別論」에서는 다음과 같이 말한다. 오장은 "정기精氣를 저장하지 이를 없애지는 않는다. 따라서 가득 채우기는 하되 능히 충실하지는 못하다." 그러므로 음에 속한다. 육부는 "사물을 전하여 변화시키되, 이를 저장하지는 않는다. 따라서 충실하되 능히 가득 채우지는 못한다." 그러므로 양에 속한다.

그 밖에 "음 가운데 음이 있고, 양 가운데 양이 있다."(「素問·金櫃眞言」)와 "음 가운데 양이 있고, 양 가운데 음이 있다."(「素問·天元紀」)는 원리에 의거하여, 『내경』에서는 또한 "등(背)은 양으로, 양陽 중의 양은 심心이요, 등은 양으로 양 중의 음은 폐肺다. 배는 음으로, 음陰 중의 음은 신腎이요, 배는 음으로 음 중의 양은 간肝이며, 배는 음으로 음 중의 지음至陰은 비脾이다."라는 이론을 제시하였는데, 이는 인체의 음양의 구분 역시 상대적인 것이요, 융통성이 있는 것으로, 층차를 나눈 것임을 표명한 것이다. 음양의 층차성層次性이란 사물이 갖추고 있는 음양 속성의 정도를 현시하는 것이다.

『내경』에서는『주역』의 육효 모형이 세 개의 음효위와 세 개의 양효위로 나누는 방법에 의거하여 삼음삼양의 구조이론을 제시하였다. 그리고 음양 사이의 관계를 더욱 자세히 설명하기 위해『내경』에서는 음을 태음太陰·소음少陰·궐음厥陰으로 나누고, 양을 태양太陽·소양少陽·양명陽明의 6개 층차로 나누었다.「素問·天元氣」에서 "음양의 기는 각기 다소의 차이가 있어 삼양삼음이라고 부른다."라고 하였는데, 이것은 삼음삼양의 구분은 음양이 어느 한 면에서 수량상 각기 다름에 근거한 것이며, 따라서 성질과 정도상 균형을 취하여 구분한 것이 결코 아님을 표명한 것이다.

음의 성분을 가장 많이 포함하고 있는 것이 태음으로, 이를 삼음이라 부르기도 한다. 중中에 위치한 것이 소음으로, 이음二陰이라고 불리기도 한다. 수량이 가장 적은 것이 궐음으로, 또한 삼음三陰으로 불리기도 한다. 양의 성분을 가장 많이 함유하고 있는 것은 태양으로, 이를 삼양이라 부르기도 한다. 수량이 중中에 있는 것을 소양으로, 또한 이양二陽으로 부르기도 한다. 가장 적은 것이 양명으로, 또한 일양一陽으로 부르기도 한다.

그렇다면 음양의 대립적인 쌍방이 함유하고 있는 음 혹은 양의 성분이 왜 이렇게 다소의 차이를 드러내게 되는 것일까?『내경』에서는 음양의 매 일방은 모두 죽어서 경직되어 움직이지 않는 것이 아니며, 대립면을 향하여 전화하기 전에 모두 하나의 변화과정을 나타내는데, 이로써 음양의 기에 다소의 차이가 있는 상황을 드러내게 된다고 여겼다.

「素問·陰陽離合」에서 "삼양三陽의 이합離合에 있어서는 태양은 열고, 양명은 닫으며, 소양은 지도리(樞)가 된다. …삼음三陰의 이합에 있어서는 태음이 열고, 궐음이 닫으며, 소음은 지도리가 된다."라고 하였다. 음양 개합開闔은 곧 음양 시종始終의 뜻으로, 개開는 시始이요, 합闔은 종終이다. 음의 종은 양의 시요, 양의 종은 음의 시다. 음양 각자의 '중中'은 '지도리(樞)'이다.

삼음삼양의 구체적인 해석에 대해 역대 제가들의 견해는 같지 않으며,『내경』자체에 있어서도 전후에 따라 차이가 있는 것이다. 그러나 세상의 모든 운동을 일정한 차서를 따라 움직이는 순환으로 바라보는 그들의 정신만큼은 실질적으로 일치하는 것이다. 즉 태양

→ 소양 → 양명 → 태음 → 소음 → 궐음 → 태양으로의 순환운동을 계속한다는 것이다. 그 중 절반은 음에 속하고, 절반은 양에 속한다. 물론 양이든 음이든 모두 처음(初)에서 점점 올라가 극성함에 도달하고, 쇠하여 전화하는 과정에 이르게 되는 것일 뿐만 아니라, 또한 음 중에 양의 인소를 포함하고, 양 가운데 음의 성분을 포함하고 있는 것이다.

이러한 순환권循環圈은 이미 사물운동의 방향과 차서를 나타내는 것이며, 동시에 또한 사물과 현상의 음양 속성에 있어서의 분포상황을 반영하고 있는 것이다. 『내경』에서는 인체의 십이정경十二正經은 바로 수족의 삼음삼양의 순서에 따라 순행하면서 아울러 몸 전체에 분포되어 있는 것으로 여겼다. 삼음삼양의 이론은 음양의 상호삼투, 상호전화, 차장피소此長彼消, 차소피장此消彼長의 사상을 꿰뚫고 있는 것이다.

이로써 삼음삼양의 십이경맥은 장부와 기타 조직기관과를 연계하는 통로로서, 일련의 '음양이 서로 관통하면서 마치 끝이 없는 하나의 둥근 원(陰陽相貫, 如環无端)'을 이루는 연결망을 구성하고 있다. 이와 같이 인체의 표리내외를 깊고 낮은 여섯 개의 서로 다른 층차로 나눈다. 먼저 양경陽經과 음경陰經은 인체를 양 층으로 나눈다. 그 다음에 삼양경三陽經과 삼음경三陰經 또한 표리表裏 양 층을 각각 세 개의 소층차小層次로 나눈다.

「靈樞·根結」에서 "태양은 여는 것이요, 양명은 닫는 것이며, 소양은 지도리(樞)이다. …태음은 여는 것이요, 궐음은 닫는 것이며, 소음은 지도리이다."라고 하여 태양경太陽經은 표중表中의 표表로 여는 것이고, 양명경陽明經은 표중表中의 리裏로 닫는 것이며, 소양경少陽經은 내외를 굴리는 기능을 가지고 태양경과 양명경의 사이에서 마치 문호門戶의 지도리와 같기 때문에 지도리(樞)라고 하였음을 표명하였다.

이렇게 유추해보면 태음경은 이裏 중의 표表이고, 궐음경은 이裏 중의 이裏이며, 소음경은 태음경과 궐음경 사이에 끼여 있는 것이다. 인체는 삼음삼양으로 구분된 여섯 개의 층차에 의해 한층 한층 더 깊이 들어가게 된다. 매 층차마다 일련의 장부와 상호 연결되어 있으며, 일련의 생리기능을 갖추고 있으며, 각개의 층차 사이에도 표리상응의 관계를 가지고 있다. 이런 종류의 층차 구분은 인체 각 부분 및 각기 경맥의 생리기능상의 관계와 인체 중의 지위를 설명하는 데 도움이 된다. 『내경』에서는 십이정경을 수족手足의 삼음삼양으로 나누고, 아울러 이로써 인체를 구분하여 6개 층차로 나누었는데, 이는 역학의 구조이론이 인체과학 중에 응용된 것이다.

3) 음을 고르게 하고 양을 은밀히 행함으로써 늙지 않도록 한다

음양의 중정화해中正和諧는 만물의 생성변화의 이상적 상태로서, 인체에선 '음평양비陰平陽秘'로 표현된다. 「素問·生氣通天」에서 "무릇 음양의 요지는 양을 은밀히 하면 이내 견고해지는 것이다. 양자가 불화하면 마치 봄은 있되 가을이 없고, 겨울은 있되 여름이 없는 것과 같으니, 따라서 양자가 잘 조화를 이룰 수 있도록 하는 것을 성도聖度라고 한다. 양이 강하여 능히 은밀히 하지 못하면 음기가 이내 단절된다. 음을 고르게 하고, 양을 은밀히 행하면 정신이 이에 잘 다스려진다. 음양이 결별하면 정기가 이내 단절된다."고 하였다. 『내경』에서는 인체의 음양이 대립함에 있어 그 대립의 쌍방

이 각자의 성능을 발휘할 때에는 모두 마땅함을 보존하고 유지하며, 긴밀하게 결합하고, 협동하고 조절함으로써 건강하여 무병하게 됨을 강조한다.

기공 양생학과 중의학에서는 모두 인체음양의 중정화해를 건강의 본질과 바탕으로 보고 있다. 『내경』에서는 "음양을 균평하게 함으로써 그 몸을 충실히 하고, 구후九候가 마치 하나와 같은 사람을 명명하여 평인平人이라 한다."(「素問·調經」)라고 하였다. 음양의 조화를 잘 이루고 있는 사람이 평인平人, 즉 건강한 사람이며, 건강 상실의 원인은 음양의 조화를 상실함에 있는 것이다.

『내경』에서는 "음이 그 양을 이기지 못하면 맥류脈流가 가볍고 빨라지며, 아울러 이내 미치게 된다. 양이 그 음을 이기지 못하면 오장의 기가 싸우고, 구규九竅가 불통하게 된다."(「素問·生氣通天」)라고 말하였다. 기능으로서의 양이 음을 이길 때에는 혈맥의 유동이 급박하게 되며, 심지어는 사람을 발광하게 하기도 한다. 물질로서의 음이 그 양을 이길 경우에는 오장을 화목하게 하지 못하고, 구규가 불창不暢하도록 한다. 기공 양생학과 중의학에서는 어떤 병이든지 간에 병은 모두 응당 상응하는 음양의 부조화로서 해석한다. 그러기에 "음양이 어그러지면 질병이 일어나게 된다."(「素問·生氣通天」)라고 하였다.

중국의 고대 학자들은 인체의 음양에는 매우 강한 '자화自和'의 기능, 즉 유기체의 자아조절을 통해서 병을 예방하고 병을 제거하는 효과를 발생시키는 기능이 있음을 인식하였다. 그리하여 "음은 정精을 간직하며 극亟을 일으키고(藏精而起亟), 양은 밖을 지키며 굳세게 한다(衛外而爲固)."(「素問·生氣通天」)고 말한다. 음이 지나쳐 양기를 침해할 때에는 음정陰精이 곧 '기극起亟'하여 양기로 화化하여 양기를 보충하고, 양이 지나쳐 음정을 침해하였을 때에는 양기가 음정을 보호하고 굳세게 하는 작용을 일으킨다.

만약 병이 한쪽으로 기울어 음양의 어느 한쪽으로 지나치게 왕성하게 되면 다른 쪽에서 또한 치우쳐 왕성하게 되는 것을 막으며, 이를 소멸시키는 작용을 일으키게 된다. 청나라 사람 황원경黃元卿은 "양이 성한 곳에서는 일음이 이미 생겨나고, 음이 성한 곳에서는 일양이 이미 화化한다. 그러므로 양은 지음至陰의 위치로부터 올라오면서 음으로 하여금 아래로 내려가지 못하도록 하고, 음은 지양至陽의 위치로부터 내려오면서 양으로 하여금 위로 넘어오지 못하게 한다. 상하가 서로 포용하며, 음은 고르게 하고, 양은 은밀하고 긴밀히 행하니 그러므로 늙기 어렵다."(『素靈微蘊』)라고 말하였다. 여기에서 사람들의 주의를 끄는 것은 황씨가 인체의 음양 자아조절의 메커니즘을 가지고 항상 음양의 화해和諧를 유지하게 되면 무병하고 건강할 뿐만 아니라 노쇠의 도래를 늦출 수 있다고 말한 점이다.

이러한 사상은 『내경』에 근원을 두고 있다. 『내경』에서는 "음양이란 … 생살生殺의 본시本始이다."(「素問·陰陽應象」), "생의 근본은 음양에 뿌리를 두고 있다. …그 처소를 잃으면 장수하지도 건강하지도 못한다."(「素問·生氣通天」)라고 말한다. 이러한 진술은 이미 수명의 장단은 음양의 협조 여부와 직접적인 연관이 있음을 말한 것이다.

왜 음양이 화해하면 능히 장수하게 되는가? 음양이 조화를 이루지 못하면 왜 노쇠가 촉진되는가? 음양의 각도에서 이를 분석한다면 적어도 두 가지 점을 지적할 수 있겠다. 첫째, 인체가 항상 음을 고르게 하고, 양을 은밀하고 긴밀히 행하며(陰平陽秘), 이를 파괴하지 않는다면 음양자화의 메커니즘이 더욱 증강되고, 유기체의 질서 수준과 질서 유지의 능력 또한 곧바로 제고되어, 유기체는 총체적으로 더욱 안정된 상태로 나가게 될 것이기 때문이다. 둘째, 음양 화해는 일단 파괴되면 반드시 최대한 빨리 회복해야 한다. 이때에 유기체의 중추인 자아조절 체계는 '기극起亟'과 '위고衛固'의 강도를 제고하고, 전신全身의 잠재능력을 동원함으로써 음양으로 하여금 다시 화평을 유지하도록 할 수 있기 때문이다. 신진대사가 점차 빨라지고, 잠재능력이 소진되면 수명은 자연 감소하게 된다.

이상의 이론에 기초하여 기공 양생학에서는 인체 음양의 중정과 화해를 유지하고, 인체 음양의 자화 기능의 강화를 양생 보건의 기본적인 일로 여긴다. 「素問·至眞要」에서 "음양의 소재를 삼가 잘 살펴, 이를 조절함으로써 화평을 기약한다."라고 하였다. 이 한마디 명언은 질병의 진료뿐만 아니라 동시에 기공 양생의 총체적 원칙을 가리키는 말이다. 따라서 기공 양생학에서는 인체가 갖고 있는 각종의 중요한 음양대립에 대해 이를 모두 조절하여 화해하도록 하기 위해 진력한다. 예를 들면 형신形神·동정·성명性命·수화水火·승강 등은 모두 기공 양생학에서 중시하고 있는, 그리하여 이들을 조절하여 평화로운 조화를 이룰 수 있도록 진력하는 음양의 대립들이다.

의가醫家 양생학에서는 일반적으로 음양이 협조하는 과정 중에 양쪽에서 능히 굳세고 긴밀하게(固密) 할 수 있느냐가 관건이라고 생각한다. 그러므로 『내경』에서는 "음양의 요체는 양이 은밀하고 긴밀히 하면 이내 굳세게 된다.", "그러므로 양이 강하며 긴밀히 하지 못하면 음기는 이내 단절된다."라고 말한다. 이것은 음양의 양자 사이에 양은 기능을 대표하며, 활약의 측면에서 주도적인 역할을 수행하기 때문이다.

양이 만약 능히 굳세고 긴밀하게 하면 음과 더불어 긴밀하게 상합하면서 그의 영역을 벗어나지 않아, 헛된 손실도 부르지 않기 때문에 음정陰精 또한 용이하게 보존과 성장을 얻게 됨으로써 양호한 체내순환을 이룰 수 있는 것이다. 이렇게 되면 사람은 정신은 충만하고, 몸은 건장하여 장수하게 되는 것이다. 반대로 만약 양기가 조급하게 움직여 그 영역을 넘어서게 되면 곧 음정을 낭비하게 하고 음양의 이반을 조성함으로써 상호 협조도, 상호 신실도 없어 가벼우면 발병하고, 중重하면 목숨을 잃게 되는 것이다.

음을 고르게 하고 양을 은밀하고 긴밀히 행하는(陰平陽秘) 도리가 분명하게 밝혀진 이상, 기공 양생에서는 곧바로 계절과 자연환경의 음양요소가 인체에 미치는 영향을 고려하지 않을 수 없었다. 「靈樞·本神」에서 "지혜로운 사람의 양생은 반드시 사시를 따라 한서寒暑에 적응하였다. …음양을 조절하고, 강유를 조화시킨다. 이와 같이 하면 치우치고 편벽됨에 이르지 않아 오래 살며 오래 볼 수 있다."라고 하였다. 또한 「素問·四氣調神」에서 "봄과 여름에 양을 기르고, 가을과 겨울에 음을 기르는 것은 그 근본을 좇아 만물과 더불어 생장의 문을 따라 부침을 함께 하고자 함이다. 그 근본을 거스르게 되면 근본을 베고 진원眞源을 무너뜨리는 것이다."라고 하였다.

근본이란 사시四時의 음양을 가리킨다. 이는 사람들의 각종 행위는 물론 공법의 선택, 음식기거飮食起居의 안배는 모두 사시 음양의 소장消長을 좇아 알맞게 조정하여, 신체로 하여금 이와 상응하게 하고, 기혈로 하여금 이에 순종하도록 하여, 춘하시의 양기의 상승에 응하여 건체健體 중의 양을 강하게 하고, 추동시의 음기의 왕성함에 알맞게 응하여 건체 중의 음을 강하게 하려는 뜻이다.

사시의 음양소장은 인체에 대해 부정적인 측면에서도 영향을 준다. 예를 들면 봄과 여름에는 음을 상하게 하고, 가을과 겨울에는 양을 상하게 하는 것 등과 같은 것이다. 생명체의 음양이 한쪽으로 치우쳐 지나치게 성하거나, 한쪽으로 치우쳐 지나치게 쇠퇴하여 이를 드러내지 않도록 하기 위해서는 외계환경과의 음양의 협조를 유지해야 한다. 즉 봄과 여름에는 음을 기르는 데 주의를 기울여야 한다. 음을 잘 기르는 것 또한 양을 잘 기르는 것이다. 가을과 겨울에는 양을 강하게 하는 데 주의를 기울여야 한다. 양을 굳세게 하는 것은 음을 잘 기르기 위한 것이다.

왕빙王冰은 주석을 붙여 설명하기를 "양기는 음에 뿌리를 두고, 음기는 양에 뿌리를 둔다. 음이 없으면 양은 생할 수 없고, 양이 없으면 음은 화할 수 없다. 음을 온전히 하면 양기가 극에 이르지 않고, 양을 온전히 하면 음기가 궁하지 않게 된다. 봄에 시원한 것을 먹고, 여름에 찬 것을 먹음으로써 양을 기르는 것이요, 가을에 따뜻한 것을 먹고, 겨울에 뜨거운 것을 먹음으로써 음을 기른다. 묘목을 기르는 자는 반드시 그 뿌리를 강하게 하며, 아래를 베는 것은 반드시 그 위를 말리는 것이다. 이렇게 조절함으로써 그 뿌리에 순응한다."라고 하였다.

이러한 이치에 의거하여 기공의 단련에 있어서도 무더운 여름에는 '각해탄진법攪海呑津法'이나 '존상빙설법存想氷雪法'을 채용하고, 추운 겨울에는 '폐기발열법閉氣發熱法'이나 '존상화열법存想火熱法'을 행한다. 여기에 바로 음양호근陰陽互根, 상반상성相反相成의 깊은 의의가 자리하고 있는 것이다. 사시의 요소를 제거하고 지리적 요소를 고려한다 해도 그 이치는 마찬가지이므로 이를 상세히 논하지는 않겠다.

더욱이 기공 양생을 단련하는 데 있어서는 반드시 자신의 체질의 특성에 주의해야 한다. 음한陰寒 체질의 사람은 생양生陽의 공법을 많이 행해야 하고, 양열陽熱 체질의 사람은 자음滋陰의 공법을 많이 사용해야 한다. 「靈樞·行針」편에서는 인체 음양이기의 비율의 차이에 의거하여 사람을 다섯 종류의 기질유형으로 나누고 있다. 그것은 중양重陽을 가진 사람, 양 가운데 음을 가지고 있는 사람, 음양의 조화를 이루고 있는 사람, 음 가운데 양을 가지고 있는 사람, 그리고 중음重陰을 가지고 있는 사람이다.

「靈樞·通天」편에서는 음양태소이론太少理論에 따라 사람을 태음인·소음인·태양인·소양인과 음양 화평인和平人의 다섯 종류로 나눈다. 「靈樞·陰陽二十五人」편에서는 음양과 오행을 서로 배합하여 사람을 25종의 유형으로 나누었다.

『내경』의 사람에 대한 이러한 유형의 구분은 양생에 있어 상당 정도 지도적인 의의를 갖는다. 우리들이 기공을 단련할 때에는 응당 자신의 음양체질의 특성에 맞추어야 하고, 이에 맞는 공법과 행공시간 및 방위를 선택해서 행해야 하며, 이와 관련이 있는 경락유혈經絡兪穴의 진행, 안마시술(推拿導引), 혹은 지압과 가볍게 치는 치료법(点壓的打)에 대해서도 주의를 기울여야 한다. 그 목적은 자신의 음양을 부단히 조정하여 부족한 것은 채우고, 남은 것은 제거하여 오랫동안 음양의 평화를 유지하는 데에 있는 것이다.

4)음양의 상호교감은 생명을 장구하게 한다

역학에서는 음양이 상호 교감하면 통하고, 통하면 장구하게 된다고 생각한다. 기공 양생학에서는 이러한 원리에 근거하여 기공법을 마련하여 인체가 내포하고 있는 각종 음양을 상호 교류하게 함으로써 기혈경맥氣血經脈이 널리 통하고, 장부백해臟腑百骸가 창달할 수 있도록 진력한다.

　기공의 공법 가운데 소주천과 대주천은 음양상교 이론을 비교적 전형적으로 구현하고 있다. 소주천의 공법은 먼저 반드시 '백일축기百日築基'로 내단 수련을 위한 준비를 해야 한다. 이때의 임무는 자신 가운데 있는 정精·기氣·신神을 배양하여 충족시키는 것이다. 이 정·기·신을 또한 '삼보三寶', 즉 내단 수련에 사용되는 원료인 '약물藥物'이라 부르기도 하고, 또는 '연홍鉛汞'이라 부르기도 한다.

　정이 충만하고, 기가 왕성하며, 신이 합당한 후에 '조약調藥'이 시작된다. '조약'에는 '응신입기혈법凝神入氣穴法'을 쓰는데, 이것이 바로 '의수하단전意守下丹田'이다. 『玄膚論』에서는 "소위 응凝이란 홀로 움직이지 않음을 일컫는 말이 아니라, 이내 신神을 기혈의 가운데에 넣어 이와 더불어 서로 지키며 떨어지지 않는 것이다."라고 말한다. 여기에서 '기혈'은 즉 기해氣海, 또는 관원關元, 영곡靈谷, 하전下田, 천근天根 등으로 불리는데, 모두 배꼽 밑의 동일한 처소이다. 청정한 신기神氣를 하단전에 주입시키는 것은 실질적으로는 신神(陽)과 형形(陰)의 교합인 것이다.

　신기를 하단전에 주입시킨 후에는 또한 어떻게 체내에서 '조약'을 진행하는 것일까? 체내에서는 또한 어떤 변화가 발생하게 되는가? 도가의 기공에서는 '조약'의 과정을 수화상제水火相齊라고 부르는데, 이 또한 바로 수화 상교相交이다. 이것은 허정한 상태 하에서 의념 묵상을 운용하여 신수腎水를 상승케 하고, 심화心火를 하강케 하여 심신수화心腎水火가 쌓이고 엉켜 교합함에 이르게 하는 것이다. 이렇게 반복해서 진행하면 곧 신과 정, 정과 기가 서로 융합하고 응집되어 필요한 단약丹藥을 결성하게 된다.

화양도인華陽道人 시견오施肩吾는 『鍾呂傳道集』을 편찬하여 말하기를 "한 점의 원양元陽이 이내 이신二腎에 있게 되는바, 신腎은 수水이다. 수 중에 화火가 있으니, 올라가서 기가 된다. 기는 상승하는 것이므로, 흘러 심心으로 모인다. 심은 양이다. 양으로 양에 합하면 크게 극하여 음을 생한다. 이에 기가 쌓여 액液을 생하고, 액은 자연 심으로부터 내려간다. 액은 하강하는 것이므로 신으로 돌아온다. … 그 교합생성을 논한다면 원양일기元陽一氣가 근본이다. 기중에 액을 생하고, 액 중에 기를 생한다. 신은 기의 뿌리이고, 심은 액의 근원이다. 영근靈根이 견고하면 황홀한 가운데 기 중에 자연히 진수眞水를 생하게 된다. 심원心源이 청결하면 묘연한 가운데 액 중에 자연히 진화眞火가 있게 된다. 화 중에서 진용眞龍을 식별하여 취하고, 수 중에서 진호眞虎를 식별하여 취하면, 용호龍虎가 상교하여 황아黃芽로 변하고, 황아는 합취하여 대약大藥을 결성하게 된다."라고 하였다. 신은 수이고, 음이다. 그러나 음중에 양이 있고, 수 중에 화를 포함하고 있다.

심신心腎 상교는 본래 인체의 정상적인 생리과정이며, 인체의 신진대사를 실현하는 기초이다. 현재 정공의념靜功意念을 통해 이 상교의 과정을 좀 더 강화하면 인체 생명의 잠재능력을 증강시키는 데 크게 도움이 될 것이다. 소위 '진용眞龍', '진호眞虎'는 심신心腎기능 중의 정화이다. 그리고 '황아'는 진용진호 교합의 산물로서, 그것은 실질적으로 일종의 생명의 잠재능력이다. 이 '황아'가 축적되어 일정 정도에 이르게 되면 연공자는 특별한 감각을 갖게 되는데, 이것이 바로 '활자시活子時'가 도래한 양상이다.

명나라 사람인 정선鄭瑄은 "수하화상水下火上하는 것을 일러 간격間

隔이라 한다. 간격하면 (에너지가) 손실되어 변화는 다하게 된다. 수승화강水升火降하는 것을 일러 교구交媾라 한다. 교구하면 그리워하여 떨어지지 않는다. 그 각기 장기와 오장을 알고, 대망大忘으로 지키며, 정극靜極하면 동하여 진기眞氣가 자연히 생하게 된다. 승강교구升降交媾하면 모두 자연히 조화를 이루게 된다."(『昨非庵日纂』卷七「頤眞」)고 말하였다. 그는 심화心火가 신수腎水와 상교하면 능히 진기, 즉 선천의 정기인 원기元氣를 발생시키게 되는데, 이는 소위 '황아'와 같은 사물로서 수명과 건강을 결정짓는 근본이라고 생각하였다.

활자시活子時가 도래하면 단련의 '약물'이 이미 조화가 잘 이루어졌음을 나타내는 것으로, 반드시 이때를 놓치지 말고 즉시 '약물'을 '화로(爐)' 가운데로 끌어들여야 한다. '화로'는 바로 하단전이다. 약물이 화로에 들어온 후에는 곧 주천팽연周天烹煉을 진행하여 의념과 호흡의 법을 써서 약물이 작교鵲橋를 지나 독맥督脈에 들어가 독맥을 따라 상행하여 미려尾閭·협척夾脊·옥침玉枕의 삼관三關을 지나 니환泥丸(上丹田)으로 흘러들어 모였다가, 다시 올라오면서 작교를 지나 임맥任脈으로 전진轉進하고, 임맥을 따라 아래로 내려가 중단전을 지나 돌아가 하단전에 이르도록 재촉하는 것이다. 이렇게 돌아서 일주를 행하면 이것이 곧 팽연烹煉 일차一次이다. 그리고 다음의 활자시가 도래할 때까지 기다렸다가 다시 독맥, 임맥을 감고 돌면서 단련을 운행하는 것이다.

독맥은 일신一身의 양경陽經을 전부 관리하기 때문에 '양맥陽脈의 바다'라는 호칭을 가지며, 임맥은 일신의 음경陰經을 전부 관리하기 때문에 '음맥陰脈의 바다'라는 호칭을 가지고 있다. 소주천의 수련은 한편으로는 전신의 음경과 양경, 양장陽臟과 음장陰臟, 상부와 하부를 한걸음 더 나아가 교감융합하게 함으로써 인체생명의 잠재능력을 증강시키며, 다른 한편으로는 '약물'의 순행과정 중에 독·임 이 맥 가운데의 음양정기를 융합시키고, 그것을 응결시켜 '약물'의 수준을 부단히 제고시키는 것이다.

대략 삼백 차례의 주행수련을 행하면 약물은 '단모丹母'로 화하여, 곧바로 연성대약煉成大藥인 금단金丹을 만들기 위한 준비를 마치게 되고, 정精을 단련하여 기氣로 변화시키는 단계는 여기에서 완성된다. 여기에서 소주천의 수련은 실질적으로는 의념의 주도하에 체내의 음양을 부단히 교합시키는 과정임을 알 수 있다.

소주천의 수련에서는 후천 팔괘도八卦圖를 지침으로 삼고 있는데, 후천 팔괘도에서 리괘離卦는 상위에, 감괘坎卦는 하위에 자리한다. 이를 십이지지十二地支와 서로 짝을 지워 리離는 오위午位에, 감坎은 자위子位에 자리하고, 이를 인체와 서로 합치시켜 백회처百會處를 리離로, 회음처會陰處를 감坎으로 여긴다. 소주천의 순행은 바로 감리상하를 일체로 연결시키는 것이다. 그러므로 이시진李時珍은 "임·독 양맥은 인신人身의 자子·오午이다. 이에 단가丹家들의 양화음부승강陽火陰符升降의 도는 감리수화 교구交媾의 본향인 것이다."(『奇經八脈考』)라고 말하였다.

소주천의 순행과정 중 독맥을 거슬러 올라오는 것이 '진양화進陽火'이고, 임맥을 따라서 내려가는 것을 '퇴음부退陰符'라고 칭한다. 여기에서 단련운용의 공부는 (陽脈을 따라서) 상승하는 것을 양으로 여기고, (陰脈을 따라서) 하강하는 것을 음으로 여긴다. 이와 같은 음양의 구분은 소주천 단련운용의 '화후火候'를 장악하는 데 있어서는 지도적인 의의를 갖는다. '화후'는 내단 수련의 서로 다른 단계로서 조식調息과 의념 운용상에 있어서 반드시 파악해야 할 방법과 범위를 지칭한다.

'진양화' 시에 의념은 상대적으로 강화해야 하는데, 호흡함에 있어서는 들이쉴 때 마음을 써서 길게 하고, 내쉴 때에는 태연히 짧게 하는 것이다. 들이쉬는 것은 양이요, 내쉬는 것은 음이다. 들이쉬는 것을 중시하는 것은 곧 양을 중히 여기는 것이다. '퇴음부' 시에 의념은 상대적으로 평온해야 하는데, 호흡함에 있어서는 내쉴 때 마음을 써서 길게 하고, 들이 쉴 때에는 태연히 짧게 하는 것이다. 내쉬는 것을 중시하는 것은 곧 음을 중히 여기기 때문이다.

'진양화'의 '묘시卯時' 단계와 '퇴음부'의 '유시酉時' 단계에서 '목욕沐浴'을 실행한다. 목욕은 곧 휴식이며, 힘써 노력함의 정지이다. 의념을 가볍게 놓아버리고, 평상시와 같이 호흡한다. 일단의 휴식과 정비를 거친 후에 다시 힘써 노력하여 진양화와 퇴음부를 완성시킨다.

도가의 내단공부는 화후를 매우 중시한다. 화후의 실질은 주로 의도意圖의 강약완급에 있다. 예컨대 무화武火는 급히 운용할 때 쓰고, 문화文火는 완만하게 행할 때 사용하는 것과 같은 것이다. 채약시採藥時에는 반드시 무화武火를 사용하고, 단련을 운용할 때엔 항상 문화文火로써 익힌다. "아직 단丹을 얻기 전에는 반드시 무화武火를 바탕으로 이를 응집하고, 이미 단丹을 얻었을 때엔 반드시 문화文火로써 이를 기른다."(『性命圭旨 · 口訣』)

화후는 서로 다른 수요에 의거하여 하수화후下手火候, 지헐화후止歇火候, 진양화후進陽火候, 퇴음화후退陰火候, 환단화후還丹火候, 대단화후大丹火候, 증멸화후增滅火候, 온양화후溫養火候 등으로 나뉘어 진다. 장백단은 "설사 주사朱砂와 흑연黑鉛을 안다고 하더라도 화후火候를 모르면 이를 버린 것과 같다. 대체로 모두는 수행의 힘에 달려 있으니, 조금이라도 잘못하면 단丹을 이룰 수 없다."(『悟眞篇』)고 말하였다.

혼연자混然子 역시 "참된 내단 수련의 요체는 솥 가운데 물이 마르지 않고, 화로 안의 불이 차게 되지 않게 하는 것이다. …단丹을 지을 때에 무화로써 단련하고, 문화로써 익히는 노력을 행함에 있어서 그 요지는 화력의 조화에 있다. 만약 지나치게 사용하면 화火가 마르고, 수水가 건조하다. 부족하면 수水는 넘치고, 화火는 차게 된다. 이를 고르게 행함에 힘써 노력하면 일각의 주천에 수화가 이미 고르게 되고, 솥 안의 단丹의 맺음이 자연스럽게 이루어지게 된다. 만약 조금이라도 차질이 빚어지면 단丹을 이룰 수 없다."(『入藥鏡』注)라고 하였다.

이를 통해 화후는 감리수화의 화해교구和諧交媾를 실현하는 데에 있어 매우 중요한 것임을 알 수 있다. 화후의 강조는 곧 의념공부의 '도度'를 정확하게 파악하고 실시하여 합당하게 하고자 함의 요구인 것이다. 이렇게 할 때 비로소 능히 신과 정과 기를 융합하여 필요한 내단을 이루게 되는 것이다. 이러한 견해와 단련의 요구는 역학의 상중구화尙中求和 사상을 충분히 구현한 것이다.

옛사람들은 "천지가 교감하니 만물이 형통하다."는 이치에 의거하여 남녀교합은 교합쌍방의 건강과 장수에 도움이 된다고 여겼다. 예컨대 마왕퇴馬王堆 한묘漢墓 백의서帛醫書 『十問·第三』에 "음에 접하는 도는 반드시 마음을 닫고 숨겨 형기形氣가 서로 보존되도록 해야 한다."라고 쓰여 있다. "형기가 서로 보존되도록 해야 한다(形氣相保)."는 말은 남녀교합 쌍방의 신심身心 모두가 이로움을 얻게 하는 것을 말한다. 단지 적당한 방법을 얻기만 하면 "허虛한 사람은 이를 충만하게 할 수 있고, 장대壯大한 사람은 오래 번영하게 하고, 늙은 사람은 장생할 수 있게 하는 것이다." 이와 같은 사상의 지도 아래 고대 기공 양생학은 오랜 세월의 모색과정 중에 양생 장수의 중요한 방법으로서 내용이 풍부한 '방중술'을 건립하게 되었다. 방중술이 기초하고 있는 기본원리는 정확한 것임을 마땅히 긍정해야 할 것이다. 따라서 방중술 또한 하나의 보배롭고 귀한 인체과학의 유산으로서 우리들의 정리와 연구를 기다리고 있음은 의심할 여지가 없는 것이다.

5) (변화를) 좇아서 사람을 이루고, 이를 거슬러 단丹을 이룬다

인체변화의 가역성원리는 중국 기공 양생학의 중요 구성부분이다. 환도관은 이 원리의 제기와 논증에 촉진작용을 하였다. 이와 동시에 내단의 공법은 또한 음양구조이론을 이용하여 인체의 반본회원返本回元의 과정과 메커니즘에 상당한 정도의 설명을 제공하였다.

원나라 사람인 진치허陳致虛는 "정기신 삼물三物이 교감함에 이를 좇으면(順) 곧 사람을 이루고, 거스르면 단丹을 이룬다. 무엇이 좇음(順)인가? 일이 이를 낳고, 이가 삼을 낳고, 삼이 만물을 낳는다. 그러므로 허虛가 화하여 신神이 되고, 신이 화하여 기氣가 되고, 기가 화하여 정精이 되고, 정이 화하여 형形이 되며, 형이 이내 사람을 이룬다. 무엇이 거스름(逆)인가? 만물은 삼을 머금고, 삼은 이로 돌아가고, 이는 일로 돌아간다. 이 도를 아는 사람은 마음을 유쾌하게 하여 몸을 지키고, 몸을 잘 지켜 정精을 단련하고, 정을 쌓아 기氣로 화하고, 기를 단련하여 신神에 합하며, 신을 단련하여 허虛로 돌려 이로써 금단金丹이 이내 이루어진다.(『金丹大要・上藥篇』)"라고 하였다. 이것이 내단 공부에 대한 일단의 총체적 분석이다. 그리고

소주천과 관련된 내단 공부의 해설은 이 문제에 대한 논술을 더욱 세밀하고 투철하게 하였다.

내단 공법에서는 소주천의 단련운행의 성질은 정精을 단련하여 기氣로 화하게 하는 것이다. 그 목적은 후천적 정기를 선천적 정기로 되돌리는 데 있다. 양생하여 수명을 늘리는 데 대해 이것은 일반적으로 '음평양비陰平陽秘'를 유지하는 것보다 노쇠함을 지연시키는 데 있어 한 단계 더 높은, 더욱 적극적인 의의를 가지고 있다. 연정화기의 성공은 사람의 생리적 연령과 심리적 연령을 한층 더 젊게 변화시키는 것을 의미하는 것으로, 이것이 바로 중국 기공 양생학의 고도의 묘미이자 정수인 것이다.

명나라 사람인 육서성陸西星은 "그러므로 갓 태어난 어린아이는 모두 성태聖胎이다. 정욕이 일자마자 혼륜한 몸이 파괴된다. 혼륜한 몸이 이미 파괴되면 나의 몸이 지닌 것은 나날이 변화하여 움직임마다 모두 후천에 떨어지게 된다. …조화의 이치는 좇으면 사람을 이루고, 거스르면 단丹을 이루게 되는데, 신묘한 자연은 속일 수가 없는 것이다."(『玄膚論·內外藥論』)라고 말하였다.

도가 기공학에서 말하는 혼륜 성태는 충만한 생명의 잠재적 능력, 질서수준이 최고인 인체의 조직형태를 가리킨다. 남녀의 욕구가 싹트기 시작하면 생명의 잠재적 능력은 소모되기 시작하고, 생명체의 질서 수준도 하강하게 된다. 이것이 "혼륜한 몸이 파괴된다."는 것이며, 점차 후천에 떨어지는 것이다. 그러나 이러한 과정을 따르면서 오히려 인간은 성장하고 성숙하게 된다. 이것이 인체 기화氣化 고유의 전진방향이다. 그러므로 "좇으면 사람을 이룬다."라고 말한 것이다. 내단 기공은 소실된 잠재적 능력을 회복하고, 원래 가지고 있는 질서로 되돌아가고자 하는 것, 즉 후천을 선천으로 돌리고자 하는 것이다. 그러기에 "거스르면 단丹을 이룬다."라고 말한 것이다. 인체 기화의 좇음과 거스름은 모두 반드시 조화의 이치에 부합되는 것으로 어지럽힐 수 없는 것이다.

『성명규지性命圭旨』에서는 역학의 음양구조이론을 이용하여 좇을 수도 있고, 거스를 수도 있는 조화의 이치에 대해 한 걸음 더 나아가 설명하였다. 거기에서 "사람은 얽히고 쌓인 기를 품부 받아 생기고 자라난다. 16세에 이르면 구삼九三의 양이 이내 순수해진다. 이때를 당하여서는 어찌 상덕上德의 대인大人이 아니겠는가! 갑자기 어느 날 일시에 혼돈의 덕자德者가 이르게 되는 응답이 있기를 강구한다면 이는 날마다 한 구멍씩 파는 것(『莊子·應帝王』에서 '渾沌에 구멍을 파자 七日 만에 죽었다.'는 우언고사를 차용한 것임.)이 될 것인 바, 구삼九三의 양이 내달려 육이六二의 중中을 버리는 것이 된다. 이로써 건乾은 능히 순수하지 못하고 리離에서 파괴되며, 곤坤은 머금은 바가 감坎에서 충실하게 되는 것이다. 지성신인至聖神人과 같은 사람은 도체태극道體太極이 나누어지게 된 까닭을 능히 알고, 사생근본이 시작되는 까닭을 능히 알고, 건곤음양이 이기는 까닭을 능히 알고, 천현지빈天玄地牝이 교감하는 까닭을 능히 안다. 그러므로 건곤의 체를 법칙으로 삼고, 감리의 작용을 본받으며, 음양의 자루를 잡고, 생사의 관문을 지나, 감중坎中의 양을 취하고, 리중離中의 음을 채운다. 리음離陰이 이미 충실하게 되면 순백純白을 회복하여 건乾이 된다. 이때 건원乾元을 보충하고, 혼돈을 온전하게 회복함으로써 부모로부터 생한 바를 온전하게 하고, 하늘이 내려 준 것을 온전하게 함이니, 이것이 바로 모든 것이 온전한 완인完人인 것이다."(「大道說」)라고 하였다.

『성명규지』의 작자는 사람이 16세에 이르면 장성하여 순양純陽의

체體를 이룬다고 생각하였다. '구삼九三'은 건괘乾卦 구삼효九三爻를 가리키는 것으로, 그 효사는 "군자가 종일토록 힘써 노력한다(君子終日乾乾)."이다. 여기에서의 '건乾乾' 두 자를 차용하여 16세가 되면 순양의 체가 되어 상덕의 대인과 서로 비교할 수 있음을 나타낸 것이다. 그러나 사람의 정상적 발육과 성장은 16세부터 인생의 각종 욕망이 급속도로 발생하여, 즉 소위 "날마다 한 구멍씩 파는(日鑿一竅)" 일들이 발생하게 되어 혼돈의 덕이 파괴되기 시작하는 것이다. 만약 괘상으로 비유하여 말한다면, 건괘 중간의 양효와 곤괘 중간의 음효(六二)가 서로 치환되는 일이 발생하여, 건괘가 변하여 리괘가 되고, 곤괘가 변하여 감괘가 된 것과 같은 것으로, 이는 순양의 체가 이미 섞이어 잡박하게 되었음을 설명하는 것이다. 이것이 바로 사람의 욕망이 발동할 때 노쇠함를 향해 발걸음을 내딛기 시작하는 것임을 말하는 것이다.

그러나 기공 양생학에서는 태극·음양·우주가 갈리어 나누어지는 이치를 알고, 만물 생사의 근원이 사시·음양에 있음을 알며, 아울러 이러한 도리를 이용하여 기공 양생을 지도한다. 그리고 내단법의 요지는 건곤이 감리로 변하는 과정을 역전시키고, 감리로부터 또다시 건곤으로 되돌림으로써 파괴되고 손상된 인신의 덕을 원상복구하고, 그 잡박함을 제거하며, 그 순진함으로 되돌림으로써 다시 혼돈 상덕의 인간을 이루는 데에 있는 것이다.

선천팔괘도에서 건乾은 남에 거하고, 곤坤은 북에 거한다. 후천팔괘도에서 리離는 남에 거하고, 감坎은 북에 거한다. 인체가 노쇠하게 되는 과정은 마치 선천팔괘가 후천팔괘로 변하는 과정과 같으므로, 내단 수련의 과정 또한 후천팔괘로 하여금 선천팔괘로 회복시키는 것이다. 기공이 사람의 몸에 일으키는 효과로써 말할 때 이것이 바로 반본회원返本回元인 것이다.

연정화기煉精化氣에 대한 내단 공법의 이러한 일련의 해석은 현대의 시스템 이론과 암암리에 자못 합치된다. 현대의 시스템에 함유된 정보량이 많으면 많을수록 그 질서의 수준도 더욱 높아지고, 그 조직의 정도 또한 더욱 높아지며, 시스템의 자아조절 능력도 더욱 강해진다. 그러나 시스템 내부의 갈등작용 때문에 시스템에 함유된 정보량도 자동적으로 소진되고, 그 질서의 수준, 조직 정도 역시 부단히 하강하며, 혼란의 인소도 점차 증가하여 결국 조직이 와해하는 데 이르게 되는 것이다.

이것이 하나의 자발적인 엔트로피(entropy) 증가과정이다. 따라서 이 조직을 유지하고 제고하고자 하면 곧 반드시 끊임없이 들어온 것에 상응하는 물질 용량과 정보, 혹은 '마이너스 엔트로피'라 부르기도 하는 이것으로써 엔트로피가 증가하는 자발적 추세에 대항하게 하고, 심지어는 엔트로피를 감소시키는 데까지 도달해야 한다.

고대의 단가들은 건곤乾坤이 감리坎離로 변하는, 즉 순양순음이 파괴되는 것을 이용하여 인체의 노쇠를 설명하고, 감리가 건곤으로 변하는, 즉 순양순음의 회복을 이용하여 '노인을 어린애로 되돌리는 것(返老還童)'을 가르쳤다. 이것은 인체가 노쇠하게 되는 본질이 인체 조직에 내재된 구조 질서의 성능이 떨어져 혼란이 증가함에 있음을 구체적이고 사실적으로 설명한 것이다. 이러한 해석은 현대 시스템이론의 소위 엔트로피 증가 및 엔트로피 감소와 극히 흡사하다.

여기서 주의를 기울일 만한 것은 내단 공법의 중요한 특징은 인체조직 자체의 능력에 의지함을 강조하는, 즉 공법에서 요청하는 바의 의념으로 이 마이너스 엔트로피를 증가시키는 공정을 실현시킨다는 점이다. 다시 말하면 인체조직 내부의 자아조절을 통해서 파괴된 질서를 회복시키는 것이다. 물론 중국의 기공 양생학에서는 외부에서 인체조직에로 들어오는 마이너스 엔트로피를 결코 배척하지 않을 뿐만 아니라 오히려 이를 적극적으로 받아들이고자 노력한다. 예컨대 신형神形을 자각적으로 조정하여 생명체와 외부의 각종 물질, 에너지, 정보의 교류를 더욱 원활히 소통하게 하고, 연공煉功을 통해 정기를 모아들이고, 병기病氣, 독기毒氣를 배출함을 포괄하는 것 등이 곧 이러한 범주에 속하는 것이다. 그러나 내단 공법에서는 인체조직 내부에서 진행되는 자아조정에 있어서는 자신에게 고유한 정·기·신을 채용하고, 이를 수련하여 내단을 이룸으로써 생명의 층차를 제고하고, 자아초월을 주장하는데, 이것이 하나의 특징인 것임은 명백하다.

4장-고귀한 생명의 근원

태극은 곧 기이며 만물을 생한다

4장 - 고귀한 생명의 근원

태극 太極은 곧 기이며 만물을 생한다

　음양은 천지만물의 근본법칙이다. 음양이 서로 밀며 변화를 생하고, 음양이 서로 교감하므로 만물이 통달하게 된다. 그렇다면 '도'로서 음양은 어떻게 만물을 낳게 되는가? 음과 양은 무엇을 통해서 상호작용을 실현하게 되는 것인가? 천지만물은 또한 무엇의 힘을 빌려 그 본성을 따라 통하고, 사물과 사물이 서로 통하게 할 수 있는 것인가? 이러한 문제에 답하려고 하면 우리는 곧 태극기학太極氣學의 영역에 발을 들여놓게 된다.

　태극기학에 대한 연구를 할 때에야 비로소 역학의 총체관을 파악할 수 있게 된다. 생명에 대한 태극과 기의 의의를 깨닫게 될 때 비로소 능히 음양법칙이 어떻게 인체 가운데 그 작용을 발휘하게 되는지를 깊이 있게 이해하게 될 것이다. 이는 인체에 대한 인식과 수명연장에 대해서는 의심할 나위 없이 매우 중요한 것이다.

1 태극이 만물을 낳는다

천지는 세상의 가장 큰 음양이요, 만물은 천지에 의해 생한 것이며, 천지를 낳은 것은 태극이다.

1) 태극으로부터 64괘에 이르기까지

「계사전」 상에서 "역易에 태극이 있으니, 이것이 양의兩儀를 낳고, 양의가 사상四象을 낳고, 사상이 팔괘八卦를 낳으며, 팔괘는 길흉을 정하고, 길흉은 대업大業을 낳는다."라고 하였다. 이는 시초蓍草를 세어 괘를 이루는 과정을 설명한 것이다. 동시에 역학가들은 그것을 우주생성의 과정으로 이해하였다. 이는 우주의 생성변화는 태극으로부터 시작함을 뜻하는 것이다.

우주의 시초로서 태극은 혼연한 통일물이다. 태극이 양의, 즉 천지를 낳게 되는데, 일음효와 일양효의 한 효를 사용하여(或陰或陽) 이를 표시한다. 양의가 교감하여 사상을 생하는데, 이것이 소위 "천지가 변혁함에 사시가 이루어진다(天地革而四時成)."(「革卦·彖傳」)

는 것이다. 이를 괘상에 반영하면 사양효와 사음효가 필요하게 되는데, 이효의 구조를 통해 노양老陽(⚏)·소음少陰(⚎)·소양少陽(⚍)·노음老陰(⚌)을 표시한다. 소양은 봄과 같고, 노양은 여름과 같고, 소음은 가을과 같고, 노음은 겨울과 같다. 사시의 운행으로 말미암아 천天·지地·뢰雷·풍風·수水·화火·산山·택澤의 8종의 자연물이 곧바로 형성되는데, 이것이 팔괘이다. 양의 또한 음양이기로 이해된다.

「계사전」상의 태극이 음양사상과 팔괘를 낳는 과정에 관한 내용은 후인들의 해석을 거치면서 곧 우주진화의 모델이 되었다. 예컨대『易緯·乾鑿圖』에서는 우주진화의 사단계설을 제기하여 "태역太易이 있고, 태초太初가 있고, 태시太始가 있고, 태소太素가 있다."라고 하였다. 태역은 '아직 기가 드러나기 이전(未見氣)'의 허무로 생각하고, 태초·태시·태소 삼자는 '기형질氣形質'이 혼합된 채 아직 나누어지기 이전의 '혼륜渾淪'으로서 이를 태극으로 생각하여, 이로써 우주가 태역으로부터 태극으로, 그리고 다시 음양이기와 천지만물에 이르기까지의 진화과정을 설명하였다.

역학사에 있어 우주의 진화과정을 체계적으로 논술한 저명한 학자로는 북송의 주돈이가 있다. 그의『太極圖』와『太極圖說』은 우주체계의 진화이론 가운데 매우 큰 대표성을 지닌 것이다. 다음은『태극도설』가운데 이에 관련된 부분을 발췌하여 인용한 것이다.

"무극無極이면서 태극太極이다. 태극이 동動하여 양을 생하고, 동이 극極하면 정靜이 되고, 정은 음을 생한다. 정이 극하면 다시 동이 된다. 일동일정이 상호 뿌리가 되는바, 음으로 나뉘고 양으로 나뉘면서 양의가 서게 된다. 양이 변하여 음과 합하면서 수水·화火·목木·금金·토土를 생한다. 오기五氣가 이치에 따라 펼쳐짐에 사시四時가 행하게 된다. 오행五行은 일음양이요, 음양은 일태극이며, 태극은 본래 무극이다. 오행이 생함에 각자 그 성性을 하나로 한다. 무극의 진眞과 이기二氣의 정精이 묘하게 응집한다. 그리하여 건도乾道는 남男을 이루고, 곤도坤道는 여女를 이룬다. 이기가 교감하여 만물을 생한다. 만물이 생생生生하며 만화變化가 무궁하게 진행된다."

『태극도설』이 대표성을 지닌다고 말한 것은 그것이 유儒와 도道와 음양오행학파陰陽五行學派의 우주 진화사상을 교묘하게 일체로 종합하여 놓았기 때문이다. 무극개념은 『老子』의 "무극으로 복귀한다."에서 비롯된 것이다. 태극개념은 「계사전」상에서 가장 먼저 나타난다. 태극이 음양을 낳아 양의를 구성하는 것과 "건도는 남을 이루고, 곤도는 여를 이룬다."는 것, 그리고 이기가 만물을 변화시키고, 변화는 끝없이 진행된다는 사상은 모두 「계사전」에서 채택한 것이다. 그러나 「계사전」 가운데 오행관념은 결코 없다. 주돈이는 음양이기가 오행을 낳고, "오기가 이치에 따라 펼쳐지고(五氣順布)", "(五行이) 각자 그 성性을 하나로 하는(各一其性)" 것으로 생각하였는데, 이것은 한대 유가의 음양오행학설을 발전시킨 것이었다.

『역전』, 『易緯』, 『태극도설』 및 기타 유관자료를 통하여 볼 때, 중국의 고대 학자들은 우주의 진전을 체계적으로 발육 성장하며 분화하는 과정으로 보았으며, 간단한 것에서 복잡한 것으로, 단일한 것에서 만변하는 것으로, 초급에서 고급으로 발전하는 것으로 보았다. 이러한 진전과정은 그 단계성과 층차성을 분명하게 표현한 것이다.

『태극도설』의 표현에 의하면, 우주의 진전은 무극-태극-음양양의-오행-사시의 무궁한 만물의 순서로 나타난다. 무수한 변화의 무궁한 만물은 산만하여 무질서하거나 각자 단절되어 고립된 것이 결코 아니다. 그것들은 엄격한 규칙과 고도의 통일을 이룬다. 오행은 음양이고, 음양은 태극이며, 태극은 본래 무극이다. 이는 세계의 만물이 약간의 층차와 등급으로 나누어져 있음을 표명한 것으로, 그것은 최고의 본체인 '무극'으로부터 한 등급 한 등급 진화가 생성되는 동시에, 또한 '오행', '음양', '태극', '무극'에 의해 한 층씩 제약되고 통섭되어 하나의 금자탑 형태의 등급구조로 된 커다란 조직체계를 형성하게 된다. 본래 도가는 우주의 발생 진화를 논하는 데 치중하였고, 유가는 우주의 현상구조를 연구하는 데 마음을 두었는데, 주돈이가 양 방면을 결합시킨 것이다.

중국의 고대 우주진화론은 발생학적인 측면에서 만물은 동일한 근원에서 비롯된 것이며 우주는 일체라는 관점을 천명함으로써, 우주는 하나의 총체라는 사상을 풍부하게 하였다. 그것은 우리가 살고 있는 이 우주 안에 있는, 즉 우리가 인식하는 시야 안의 모든 천지만물 사이에는 긴밀한 구조적 관계와 엄격하고 선명한 질서가 그들을 연결시키고 있을 뿐만 아니라, 또한 그것들은 동일한 근원에서 나와 동일한 진화과정을 거쳤기 때문에 매우 큰 일치성과 통일성 및 유사성을 갖고 있다는 것이다. 이는 곧 우주만물은 일체라는 사상으로 하여금 더욱 더 깊은 내적 의미를 덧붙이게 하였다. 그것은 이와 같이 공동의 근원으로부터 발생함으로써 야기되는 내재적 동일은 바로 우주 사이의 각개 층차, 각개 등급을 하나의 총체로 이루어내는 기초가 됨과 동시에 또한 기와 기氣, 형形과 기, 형과 형, 신神과 기가 능히 상호전화하고 상호 융통하며 교류하는 근거가 됨을 시사하는 것이다.

2) 태극과 우주의 정보 모형

태극(혹은 無極, 혹은 道)으로부터 우주만물에 이르는 진전의 변화는 단일에서 만변에 이르는 과정이며, 동시에 또한 잠재에서 전개로의 과정인 것이다. 역학과 중국철학의 관념에 따르면 우주의 진화는 곧 '일'과 '다'의 상호 통일의 구현이다. 주돈이는 "이기오행이 만물을 생성한다. 오수五殊 이실二實인데, 이본二本은 곧 일一이다. 만萬은 일一이 되고, 일실一實은 만분萬分이 된다. 만일萬一이 각기 바르니, 대소大小에 정해짐이 있다."(『通書·理性命』)라고 하였다.

'일一'은 태극이요, '다'는 다종다양한 사물을 가리킨다. 만물은 음양오행의 화생化生으로부터 비롯된 것이며, 음양오행은 또한 '일'로 돌아가는 것이다. 그러기에 "이에 만은 일이 되고, 일실一實은 만분萬分이 되는" 것이다. 만사만물이 모두 원시의 이 '일'로부터 생겨난 것이기 때문에 이 원시의 '일' 가운데에는 응당 훗날 만사만물로 전개될 유전자가 내포되어 있는 것이다. 그렇지 않다면 '일'로부터 '만'으로 넘어갈 수 없는 것이다.

반대로 형형색색의 매개체 가운데에는 반드시 모종의 형식으로 처음 개시할 때의 '일'이 보류되어 있으며, 아울러 각개의 발전단계마다 드러난 바의 내용을 보류하고 있는 것이다. 여기에서 일 가운데에 다가 있고, 다 가운데에 일이 있다는 결론을 얻게 된다. 그렇다면 원시의 '일'은 물론 '다' 가운데의 매개체 모두 반드시 무한다 중의 속성을 내포하고 있는 것이다.

역학이 어떻게 64괘를 통해 우주의 정보를 나타내고 있는지 다시 한번 살펴보도록 하자. 『역전』 작자의 관점에 따르면 『역경』은 건곤이괘를 시작으로 하고, 기제미제既濟未濟 두 괘를 마지막으로 하여 점차 64괘를 전개하면서 우주의 모든 정보를 그 속에 포함시켰다는 것이다. 이는 시간적 측면에서 말하면 그것들이 갖추고 있는 바의 육효 구조는 우주가 태극으로부터 양의에 이르고, 사상에 이르고, 팔괘에 이르고, 전체의 길흉대업에 이르는 진화과정을 논리적으로 반영하고 있기 때문이다. 따라서 우주 발전의 역사상 모든 정보는 응축된 형식으로 한 괘 한 괘 가운데에 각인되어 담겨 있는 것이다.

「계사전」 하에서 "『역』이라는 책은 광대하여 모든 것이 갖추어져 있으니, (그 안에는) 천도도 있고, 인도도 있고, 지도地道도 있다. 삼재를 겸하여 이를 두 배로 하였으니, 그러기에 6(六爻)이 되었다. 6이란 다른 것이 아니라 바로 삼재의 도인 것이다."라고 하였다. 『역경』 64괘의 매괘 육효에 있어 상이효는 천을 대표하고, 하이효는 지를 대표하며, 중이효는 인을 대표하는 것인데, 이것이 곧 소위 삼재의 도인 것이다. 후대 사람들은 이에 따라 매 하나의 육효괘는 모두 천·지·인으로 구성된 우주총체를 표시하고 있는 것으로 여겼던 것이다.

공간적 측면에서 말하면 매 하나의 별괘別卦는 그 나머지 육십삼괘의 음양추탕陰陽推蕩, 강유상마剛柔相摩의 모든 변화를 암암리에 갖추고 있는 것이다. 「계사전」 하에서 "따라서 이를 중첩하니, 효는 그 가운데에 있다. 강유가 상추하니, 변화는 그 가운데에 있다.", "변동이 한 곳에 머무르지 않고, 육허六虛를 주류한다. 오르고 내림을 무상히 하며, 강유가 서로 변한다."라고 하고 있다. 여기서 '육허'

는 6개의 효위를 가리킨다. 어떠한 한 괘도 음양이효의 자유로운 상호 밀침으로 말미암아 모두 64괘로 변하게 될 가능성을 가지고 있는 것이다. 이러한 관계에 대해 가장 상세하고 심도 있게 설명한 사람은 왕부지이다. 그는 다음과 같이 말한다.

> 무릇 양기陽奇 음우陰偶는 서로 쌓아 6이 된다. 양이 음에 합하여 음체가 이에 이루어진다. 음이 양에 합하여 양체가 이내 이루어진다. 체가 있으면 이에 (그것의) 작용(撰)이 있게 된다. 양 역시 6이요, 음 역시 6이다. 음은 각기 6으로 작용상에 드러난 것이 절반이요, 거하여 덕이 된 것이 절반이다. 덕과 작용(撰)을 합하여 음양의 수는 12가 되기에 『역』에 12가 있으며, 위는 6에서 정하여 지는바, 작용(撰)은 가히 볼 수 있지만, 덕은 볼 수가 없다. 음이 6, 양이 6, 음양은 12로, 가고 오며 절반씩을 사용하면서 끝없이 계속 진행된다. 그 상잡한 것은 기제미제괘既濟未濟卦에서 극極하고, 그 상승相勝한 것은 복復 · 구姤 · 쾌夬 · 박괘剝卦에서 극極하며, 그 모두 작용상에 나타난 것으로, 지순至純한 것으로는 건乾 · 곤坤보다 성한 것이 없다. …이로써 살펴보건대, 음양은 각기 6으로 수위는 반드시 12이며, 그 절반을 잃으면 『역』을 이룰 수 없다. 그러므로 그 작용이 형통함을 추구하고, 그 체를 살펴 그 덕을 갖추는 것을 바탕으로 『역』을 가히 알 수 있는 것이다. 건乾에서 6음을 알고, 곤坤에서 6양을 알아, 서로 섞이며(雜) 서로 이긴다(勝). 6에 섞이어 있으며 능히 12를 벗어날 수 있겠는가?(『周易外傳 · 繫辭傳下』第六章)

64괘의 매괘 6개 효위는 양효와 음효 두 종의 효부호를 사용하여 임의로 이 6개의 효위를 메우면 기껏 64종의 괘획을 배출하게 되는데, 6개의 양효와 6개의 음효가 필요하며, 많을 필요도 없고 또한 적어서도 안 된다. 그러나 음양은 상합하며, 상호 의지하고 뿌리가 되어 서로 떨어질 수 없다. 따라서 매 하나의 효는 실제로는 응당 양면으로 이루어지는데, 그 한 면은 기(奇)로서 양이요, 다른 한 면은 우(偶)로서 음이다. 이를 나누어서 보면 12요, 이를 합하여 체를 이루면 다만 6이 되는 것이다("陽奇 陰偶는 서로 쌓아 六이 된다.").

이 6개의 합효를 육효 구조의 요구에 따라 책상 위에 배열하면 육면은 밖으로 드러나게 되고, 육면은 배후에 가려지게 된다("作用 上에 드러난 것이 절반이요, 居하여 德이 된 것이 절반이다"). 어떠한 한 개의 음양합효도 모두 뜻대로 뒤집을 수 있으며, 이로써 이 6개의 합효는 곧 64개의 괘상을 연출할 수 있게 된다. 그리하여 그것들은 정지한 즉 하나의 괘가 되고, 운동하게 되면 곧 64괘를 전개하게 되는 것이다.

『역경』의 64괘는 이와 같은 6개의 합효가 부단히 뒤집어지면서 끊임없이 변환하는 무한의 순환과정이라고 볼 수 있는 것이다("가고 오며 절반씩을 사용하면서 끝없이 계속 진행된다.").

왕부지의 설계와 분석에 의하면 『역경』 가운데의 매 하나의 괘는 전체 64괘의 정보를 포함하지 않는 것이 없다. 그 가운데 한 괘의 정보는 밖으로 드러나는 것이요(顯性), 그 나머지 육십삼괘의 정보는 안에 숨겨진 것으로(隱性), 그 괘체 안에 잠재적으로 보존되어 있는 것이다. 우리 앞에 드러나 끝없이 순환하는 가운데 처해 있는 64괘는 한 괘에 내재된 모든 본성을 전개하고 있는 것이라고 말할 수 있는 것이다.

왕부지는 "음양의 작용(撰)은 6이나, 그 합효위 역시 12인바, 그 반은 드러나지 않고, 그 반은 드러난다. 드러난 것은 분명한 것이나, 홀연히 있는 것이 아니고, 드러나지 않는 것은 그윽한 것으로, 마침내 없어지는 것이 아니다."(『周易內傳』)라고 말했다. 정보의 표현형식으로 말하면 한 괘와 64괘 사이, 그리고 각기 서로 다른 괘들 사이에는 커다란 차이가 있다. 그러나 내재된 정보의 내용으로 말하면 그것들은 등가인 것이다.

  64괘는 같은 시간에 존재하는 만종의 사물들이라고 볼 수 있으며, 동시에 하나의 진행과정이라고 볼 수 있다. 따라서 이 우주 전체의 정보의 모형은 이미 주어진 공간의 범위 안에서 전개되는 것이며, 동시에 시간의 연속과정 가운데에서 현시되고 있는 것이다. 이때 매 한 괘는 모두 사물이 발전하고 있는 하나의 단계를 대표하고 있는 것이며, 매 하나의 발전단계에 있는 사물은 사실상 모두 64괘 전체의 정보를 내포하고 있는 것이다. 서로 다른 것이란 각기 다른 단계에 있는 사물들이 각자의 현 단계에서 응당 드러내야 할 속성을 드러내고 있는 것에 불과한 것이며, 기타의 속성은 은폐되어 있을 뿐이라는 점이다.

2 태극은 곧 기이며, 기는 우주의 본체이다

태극이 만물을 생한다. 그러나 태극 자신은 도대체 어떠한 사물일까? 양한시기의 많은 학자들은 혼돈미분의 원기元氣로써 태극을 설명하였는데, 유흠劉歆, 왕충王充, 정현鄭玄 등이 이러한 사람들이다. 송대의 장재張載와 명청 교체기의 왕부지 역시 태극을 기로써 설명하였다. 그러나 리理로써 태극을 설명한 사람도 있었으니, 예컨대 주희 같은 사람이 그렇다.

이러한 차별은 기공 양생학설과는 그렇게 큰 관련을 갖고 있지 않다. 왜냐하면 주기론자들은 기가 곧 리이거나, 혹은 기의 생화과정이 곧 리라고 생각하기 때문이다. 그리고 주리론자들은 리는 본本이고, 기는 말末이며, 리가 있으면 곧 기가 있음을 강조하고 있기 때문이다. 기공 양생학에서는 인체 가운데의 정·기·신의 작용을 중시하기 때문에 태극이 곧 기라는 학설에 편향되어 있다.

1)기氣 개념의 형성

　기 개념의 원형은 대기와 기타 일부의 기태氣態 물질이다. 허신許愼은 『說文』에서 "기氣는 운기雲氣이다. 상형象形이다."라고 하였고, 또한 "운雲은 산천山川의 기氣이다."라고 하였다. 단옥재는 이의 주석에서 "기氣는 본래 운기雲氣인데, (이의 뜻이) 확대되어 범기凡氣의 호칭이 되었다."라고 설명하였다. 그러나 중국 고대 철학과 기타의 많은 학술영역 안에서의 기 개념은 자연계의 기태물氣態物과는 분명하게 본질적으로 차이가 있다. 중국의 옛사람들이 특별히 '기'를 중시하고, 아울러 대기의 기를 최종적으로 철학적 '기'로 승화시킨 까닭은, 중국 고대의 '중기重己', '선기先己'의 주체정신과 떼어놓을 수 없는 밀접한 관련이 있음을 마땅히 알아야 한다.
　중국의 전통적인 주체정신은 내향적 성격을 지닌 사고로서 인간의 생존을 소중하게 여기는 것으로 나타나고, '전생全生'의 지고한 가치를 강조한다. '전생'의 의의는 "신체상에 허약함이 없으며, 의義에 있어서도 손상이 없음"(東漢 高誘)에 있는 것이다. 다시 말하면 생명을 소중하게 여겨 천수를 다 누리고자 함이며, 또한 온몸으로 인생의 도덕적 책임을 다하고자 하는 것이다. 그리고 내향적 사고는 조상들로 하여금 실천적 성패의 주된 요인을 '자아自我'로 귀착하게 함으로써 인류가 자연재해를 극복하고, 자연에 동화하며, 문명을 창건하여 매우 커다란 자긍심을 갖게 하였던 것이다. 이로써 인간의 위치는 날로 높아지고, 생명에 대한 중시와 심혈을 기울이는 연구는 점차 사회 및 학술의 기풍을 조성하면서 일종의 철학, 윤리, 심미적 의의를 갖춘 개념으로 승화되고, 일종의 천부적인 신성한 도덕의무로 승화되어, 단순히 사망에 저항하며 건강을 보전하고 장수를 누리는 생리학적 목적을 훨씬 뛰어넘게 하였다.

생명존재의 가장 기본적이면서 가장 첫 번째로 긴요한 조건은 호흡이다. 호흡의 정지는 생명의 종말을 의미한다. 중국 먼 옛날 사람들은 내향적 사유의 인도 아래 아주 일찍부터 고요한 심리상태와 합리적인 호흡방식, 그리고 적당한 형체동작이 피로를 풀어주고, 신지神智를 제고하며, 병을 제거하여 오래 살게 하는 효과를 높이는 것임을 발견하였다. 이것이 바로 중국의 가장 빠른 기공인 것이다.

『史記·扁鵲列傳』에 의하면 "상고시대에 유부俞跗라는 의사가 있었는데, 그는 병을 탕액예주湯液醴酒로 다스리지 않고", "참석鑱石·교인撟引·안무案撫·독위毒熨를 사용하여 …정精을 단련하여 몸을 변화시켰다(練精易形)."는 것이다. 전하는 말에 의하면 유부는 황제黃帝 때의 사람이며, 교인·안무는 상고시대의 기공요법이라고 한다.

『내경』에서도 "고대의 병의 치료는 오직 정기를 옮기고 변화시키는 것으로서 축유祝由가 있었을 뿐이었다."(「素問·移精變氣」)라고 하였다. 정기를 옮기고 변화시키는 것은 '정기를 전하고, 천기를 복용하는' 정공요법靜功療法이다. 고대 문헌 가운데에는 기공에 관한 자료가 매우 풍부하다. 기공의 발견과 이의 놀랄 만한 효과의 획득은 특별히 '기'에 애정을 기울이게 된 하나의 중요한 원인이 되었다.

그러나 단지 생명과 생명의 기에 대한 중시만으로는 또한 세계의 본원적 의의를 가진 철학범주를 양성할 수 없는 것이다. 여기에 도달하기 위해서는 또한 주체에서 객체로 확충되어 전개되는 일체적 사유에 의존해야만 한다. 주체에서 객체로의 확충 전개는 중국 전통 주체의식의 또 다른 하나의 측면이며, 동시에 인식방법에 있어서는 천인합일관과 우주일체관으로 표현된다.

중국철학에서는 보편적으로 인간은 우주의 중심이며, 인간은 우주 만물의 각종 속성의 정화를 집약하고 있으며, 인간은 우주와 더불어 공동의 법칙을 준수하고 있으므로, 인간이 갖추고 있는 속성은 본질적으로는 우주 만물 역시 함께 갖추고 있는 것이라고 생각한다.

인간의 가장 기본적인 특징은 생명이다. 자기 자신을 미루어 만물에 까지 이를 적용하기에 옛사람들은 생명 또한 우주 만물의 기본적인 속성이라고 여겼다. 인간의 생명활동에는 호흡이 가장 중요한 첫 번째 조건이기에 천지만물의 생명 역시 자연히 기를 기본전제로 삼게 되었다. 이는 하나의 매우 간단한 추론이다.

『내경』에서는 "자고로 천과 통한 것은 생의 근본으로, 음양에 근원한다. 천지 사이, 육합의 내에 그 기가 구주에 충만하니, 구규九竅·오장五臟· 십이절十二節 모두 천기와 통한다."(「素問·生氣通天」)라고 하여, 기가 천지만물의 생명의 근본임을 긍정하였다.

중국의 고대 학자들은 보편적으로 우주의 본질을 무한히 연속되는 하나의 생명과정으로 보고, 생명의 존중을 세상의 가장 고귀한 품덕으로 여겼다. 「계사전」 하에서 "천지의 대덕을 일러 생이라 한다. 성인의 대보大寶를 일러 위位라 한다. 무엇으로 위를 지킬 것인가? 인仁으로 지킨다."라고 하였다. 무엇을 '인'이라 하는가? 사람과 천지만물의 생명을 아끼고 소중하게 여기는 그것이 바로 인이니, 맹자가 "백성을 사랑하고, 만물을 소중하게 여긴다(仁民而愛物)."라고 말한 바와 같은 것이다.

생명의 뿌리는 기에 있다. 따라서 '우주의 본원 및 그 다음의 본원은 무엇일까?'와 같은 문제에 부딪혔을 때, 자연히 많은 학자들은 기가 아니고서는 이 문제를 해결할 수 없다고 주장하게 되었다. 이로써 기는 철학의 범주로 상승하게 되었고, 역학은 여기에서 매우 큰 역할을 담당하게 되었다. 역학의 중생重生사상이 사람들로 하여금 기를 중시하도록 대대적인 확충을 꾀하게 된 것 외에, 역학가들이 기를 태극 및 도와 연결시켰던 것 또한 기일원론 형성에 있어서 중요한 키포인트의 하나였다.

2) 기는 물질·기능·정보의 세 가지의 종합이다

중국 고대철학에서는 기를 천지만물을 구성하는 물질적 요소로 생각하였다. 이 점은 이미 사람들에 의해 충분히 이해되었으며, 아울러 비교적 많은 연구도 이루어졌다. 「계사전」 상에서는 "정기가 (모여) 사물이 되고, 혼이 흩어져(游魂) 변한다."라고 하여 유형의 사물이 기로써 구성되었음을 긍정하였다. 『역전』의 이러한 견해는 전국시대에 이미 널리 유행되었다. 예컨대 순자는 "수화水火는 기는 있지만 생함이 없고, 초목은 생함은 있지만 앎이 없으며, 금수는 앎은 있지만 의로움이 없으나, 인간은 기도 있고, 생함도 있고, 앎도 있고 또한 의로움도 있으므로 천하에서 가장 귀한 것이다."(『荀子·王制』)라고 하였다. 순자의 견해에 따르면 세계의 사물은 낮은 데에서 높은 데로 향하면서 수화水火·초목·금수·인간의 네 등급으로 나누어지게 되는데, 기는 이 네 등급의 공동적 기초라는 것이다.

다시 한번 역학을 되돌아보자. 한대의 역학가들은 직접적으로 '원元'을 기로 해석하였다. 건원乾元은 곧 양기였고, 곤원坤元은 즉 음기였다. 음양이기가 교감하여 만물을 생성하므로, 그러기에 "만물은 이를 바탕으로 비롯되고(萬物資始)", "이를 바탕으로 생한다(萬物資生)"라고 하였다. 이러하기 때문에 음양이기는 진실로 선한 품덕을 지니고 있는 것으로, 당대 공영달은 곧 '양기는 크고 큼', '만물은 비로소 생함'으로써 '건원乾元'을 해석하고, '곤원坤元의 기'가 만물로 하여금 형체를 이루게 하는 것으로써 '곤원'을 해석하였다. 이것은 기가 천지만물을 구성하는 근원임을 표명한 것이다.

  기는 물질적 속성을 갖추고 있을 뿐만 아니라 기능의 속성도 갖추고 있다. 응당 분명히 해야 할 것은 기가 기능상의 동력을 내포하고 있다고 말할 때, 이는 단지 객관적으로 기라는 물질이 운동의 능력을 갖추고 있으며, 그 기능은 물질 가운데에 내재되어 있는 것이라고 말하는 것이 결코 아니며, 기 자체가 동시에 곧바로 기능과 동력을 함께 나타내는 개념이라는 것이다. 한당漢唐시대의 역학에서는 기를 '원元'으로 해석하였고, 따라서 건원乾元은 만물을 비로소 있게 하고(始萬物), 곤원坤元은 만물을 생성하는 것(生萬物)으로 여겼다.

  이로써 우리는 '기(元)'가 만물을 시생하는 기능과 동력으로 이해할 수 있게 되었다. 「계사전」 상에서 "정기가 (모여) 사물이 되고, 혼이 흩어져 (사물이) 변하게 된다. 그러기에 귀신의 정상을 알 수 있다."라고 하였다. 주희는 이에 대한 주석에서 "역이란 음양일 뿐이다. 유명幽明·사생死生·귀신鬼神은 모두 음양의 변화이다."(『周易本義』)라고 하였다. 음양은 세상에서 일어나는 일체변화의 동력원이며, 음양은 곧 음기와 양기인 것이다. 음기와 양기는 양종의 물질이며, 동시에 양종의 기능이다. 따라서 유명·사생·귀신의 생성자이면서 또한 그것들의 추동자이다.

  『易緯·乾鑿度』에서는 "변역이라는 것은 그 기이다."라고 말하고, 또한 『易緯·乾坤鑿度』에서는 "건곤이 기를 이루어 바람(風)이 행하게 되는바, 천지운행은 바람의 기(風氣)로 말미암아 이루어진다."라고 말한다. 이와 같은 논술은 기가 천지만물 운동변화의 동인임을 명확하게 인정하는 것이다. 『管子·樞言』에서는 "기가 있으면 살고, 기가 없으면 죽는다. 산다는 것은 그 기로써 사는 것이다."라고 말하고 있는데, 이는 기가 생명활동에 있어 특별히 중요한 의의를 갖고 있음을 표명한 것이다.

생명은 우주의 본질로 간주되었고, 옛사람들이 기를 우주의 본원으로 간주하였을 때, 기는 상당 정도 생명의 활력, 즉 일체 생화활동의 원천으로 취급되었던 것이다. 이 점에 대해서는 명대의 인물인 장개빈이 매우 명쾌하게 설명하였다. 그는 "무릇 생성변화의 도는 기를 근본으로 삼고 있는바, 천지만물은 이로 말미암지 않는 것이 없다. 그러기에 기는 천지 밖에서 천지를 감싸고, 천지 안에서는 천지에 운행한다. 일월성신日月星辰은 이(氣)를 얻어 밝게 빛나고, 뇌우풍운雷雨風雲은 이를 얻어 베풀어지며, 사시만물은 이를 얻어 생장수장生長收藏하게 되는 것이니, 그 무엇이 기가 이룬 바가 아니겠는가?"(『類經·攝生類三』)라고 하여, 천지만물의 생성변화가 모두 기의 추동임을 긍정하였다.

기라고 하는 것이 곧 상당 정도 그 기능을 대표하는 것이기는 하지만, 시종 그 물질적 속성을 잃어버리는 것은 결코 아니다. 단지 서로 다른 장場에서 기 개념의 사용에 있어 서로 다른 측면에 치중하고 있는 차이가 있을 뿐이다.

기가 물질을 대표하며 또한 기능을 대표하는 것이라고 설명한다 하더라도, 이 또한 기에 대한 완전한 설명이 아니다. 기는 매우 전형적인 종합적 성격의 개념이다. 고대의 기와 관련된 자료를 통해서 보면 기는 또한 동시에 리를 대표하고 있었음도 찾아 볼 수 있다. 예컨대 『管子』四篇 가운데에서는 '도'는 '기'와 통용되고 있다. 『莊子』에도 기와 도를 연결시켜 통하게 하려는 의도가 담겨 있다.

한대 이후로 기로써 도를 해석하여 기도합일氣道合一이 하나의 추세가 되었다. 그런데 도는 리理이거나, 아니면 리의 뜻을 포함하고 있는 것이었다. 비록 역대의 학자들이 도기道氣 관계에 대해 일치된 견해를 갖고 있었던 것은 아니나 많은 사람들이 도기합일 혹은 리기합일을 주장하고 있음은 분명하다.

리기합일로 말미암아 리는 기의 형식적 존재가 되고, 기의 운동은 곧 리의 운동이며, 기의 작용은 곧 리의 작용이 되는 것이다. 따라서 기에 대한 언급은 단순히 왕래유동하는 정미한 물질만을 가리키는 것이 결코 아니며, 규정성과 질서성을 가지고 이를 구현하는 담체擔體이자, 또한 규정성과 담체擔體의 통일을 가리키는 것이다. 그러기에 옛사람들의 기 개념에 대한 응용에 있어서는 많은 곳에서 정보의 의의를 갖고 있는데, 앞에서 인용한 것처럼 「계사전」 상에서 "정기가 (모여) 사물이 되고, 혼이 흩어져 (사물이) 변하게 된다. 그러므로 귀신의 정상을 알 수 있다."고 말한 것이다.

소위 '혼魂이 흩어져(游魂)' 변하게 되거나 '귀신'의 정상은 송인의 견해에 의하면, 그것이 비록 유령幽靈이나 상제上帝를 지칭하는 것은 결코 아니지만, 그러나 그것은 일반적인 운동변화와도 다른 것이다. 이러한 상이점은 바로 그것들이 분명히 정보를 전달하고, 가공하며, 순환시키는 것과 같은 종류의 특징을 갖고 있다는 점에 있는 것이다. 혹자는 이것은 헤아려 살필 수 있는 무형체로서 오히려 지혜의 속성을 지닌 변화형식이라고 말한다. 그러기에 '혼이 흩어짐(游魂)'이나 '귀신'으로 이름 붙인 것이다. 그리고 「계사전」의 작자는 이러한 현상의 담당자 및 실현자 역시 기라고 생각하였다.

『管子·內業』에서 "그러므로 이 기는 …삼가 지켜 잃지 않는데, 이를 일러 성덕이라 한다. 덕을 이룸에 지혜가 나오고, 만물이 모두 (이를) 얻게 된다."라고 하였고, 또한 "기를 널리 펼치기를 마치 신神과 같이 하니, 만물이 모두 (이를) 갖추어 보존한다. 능히 뭉치게 할 수 있을까? 능히 하나로 할 수 있을까? 점치지 않고서도 능히 길흉을 알 수 있을까? 능히 그치게 할 수 있을까? 능히 마치게 할 수 있을까? 다른 사람에게서 구하지 않고 능히 자기 자신에게서 얻을 수 있을까? 이를 생각하고, 이를 생각하고, 또 다시 이를 생각하고, 아무리 생각해도 통달할 수 없는 것을 귀신은 통달하게 되는데, 이것은 귀신의 힘이 아니라 정기의 극치인 것이다."라고 하였다.

기는 우주의 법칙·규정·질서·조리와 일체의 속성을 지니고 있기 때문에 기를 파악하여 기의 힘을 빌리면 곧 지혜를 높이고, 영감을 얻어 천지만물에 관한 도리를 획득하게 된다(萬物畢得, 萬物備存). 그러므로 기를 또한 영기라고 부르는 것이다.

3) 기는 작게는 안이 없고, 크게는 밖이 없다

기는 '그것이 크기로는 밖이 없고, 작기로는 안이 없는' 중요한 특징을 가지고 있다. 이 점을 가장 먼저 지적한 것은 역학이 아니라 도가였다. 그러나 이 사상은 비단 역학뿐만 아니라 각종 여러 학파에서 받아들였다.

『管子·內業』에서 "영기靈氣는 마음에서 왔다 갔다 하는 것으로, 작게는 안이 없고, 크게는 밖이 없다."라고 하였고, 『管子·心術上』에서는 "도는 천지 사이에 있는 것으로, 크게는 밖이 없고, 작게는 안이 없다. 그러므로 우리에게서 멀리 떨어져 있는 것은 아니지만 그

궁극을 알기 어렵다고 말하는 것이다."라고 설명하고 있다. 여기에서 도와 기는 상통하는 것으로, 이를 달리 말하면 한편으로는 무한히 광대하면서 다른 한편으로는 무한히 세소한 것이라는 말이다.

『莊子』에서도 "지극히 정미하여 형체가 없고, 지극히 커서 둘러쌀 수가 없다."(「秋水」)라고 하였고, 또한 "정미하기는 어디 비할 데가 없고, 크기는 둘러쌀 수가 없다."(「則陽」)라고 하였는데, 이는 표현만 다를 뿐 역시 기를 지칭하는 것이다.

여기에 분명 하나의 모순이 있다. 작게는 안이 없다는 것은 곧 무한히 세소한 것을 말하는 것인데, 그렇다면 무한히 세소한 물체가 어떻게 능히 밖이 없을 만큼 커다란 이 우주를 이룰 수 있는 것일까? 이 문제를 두고 고대 희랍의 철학자들 사이에 숱한 논쟁이 있었다. 그러나 고대 중국에서는 이 문제는 말할 필요도 없을 만큼 자명한 것으로 생각되었다. 전국시대의 저명한 변론가였던 혜시惠施는 "지극히 커서 그 밖이 없는 것을 일러 대일大一이라 하고, 지극히 작아 그 안이 없는 것을 일러 소일小一이라 한다."(『莊子 · 天下』)라고 말하여 밖이 없는 큼(大)과 안이 없는 작음(小)이 서로 연계되어 양자가 '일一'로 통일되어 있음을 긍정하였는데, 이는 아마도 곧 '도'와 '기'를 지칭하는 말일 것이다.

이 밖에도 굴원의 『遠游』, 『管子 · 宙合』, 『淮南子 · 俶眞訓』 가운데에도 역시 이와 비슷한 진술이 보인다. 실제적으로 기에 대해 언급하고 있는 철학가들은 기에 대한 이와 같은 규정을 일반적으로 모두 받아들이고 있다.

중국의 전통사유는 사물의 연속성에 편향되어 있어, 사물의 간단성보다 연속성을 중시한다. 이러한 관념 아래 중국철학에서는 기를 간단없는 연속성을 지닌 일종의 물질적 존재로 간주하였다. 철학가인 장재張載는 『正蒙·太和』에서 "태허太虛는 무형으로서 기의 본체이다."라고 하였고, 왕정상王廷相은 『雅述』 상편에서 "기는 허虛에서 벗어나지 않고, 허는 기를 떠나지 않는다."라고 하였으며, 방이지方以智는 『物理小識·光論』에서 "기는 조그마한 틈(空隙)도 없이 상호 전화하며 웅대한다."고 말하였다. 이러한 주장은 '작게는 안이 없음(其細无內)'과 '크게는 밖이 없음(其大无外)'의 필연적인 논리적 결과를 견지하는 것이며, 또한 사물의 연속성에 착안함으로써, 그 사유 안에는 무한히 작은 기와 무한히 큰 기가 연결되는 데에 있어 어떠한 어려움도 없게 되는 것이다.

4) 기가 모여 물체(形)를 이루고, 물체(形)는 흩어져 기가 된다

기는 형形과 더불어 상호 전화한다는 사상은 대체적으로 전국시대에 분명하게 나타난다. 이 시기에 기는 우주의 본원으로 이미 언급되고 있었다. 따라서 이론상 기와 만물의 연계를 소통시키지 않을 수 없게 되었다. 앞서 인용한 「계사전」 상에서 "정기가 (모여) 사물이 되고, 혼이 흩어지면 (사물이) 변한다."라고 하였는데, 진晉나라 사람 한강백韓康伯은 이를 주석하여 "정기가 얽히고 쌓여 모아짐에 사물을 이루게 되고, 모아짐이 극極하면 흩어지게 되는바, 혼이 흩어짐에 변하게 되는 것이다. 혼이 흩어짐이란 그것이(즉 氣가) 유유히 흩어지는 것을 말한다."(『周易正義』)라고 설명하였다.

「계사전」의 이 말 속에도 기가 모여 유형의 사물을 이루고, 사물이 흩어져 무형의 기가 된다는 사상을 포함하고 있음을 알 수 있다. 함괘咸卦 「단전」에서 "이기가 서로 더불어 감응하고, …천지가 교감

하니 만물이 화생한다."라고 하여, 각종 유형사물의 생성이 모두 천지음양 이기의 감응, 응취의 결과임을 긍정하고 있다.

한대의 역학가들은 기로써 태극을 해석하고, 도를 해석하고, 건원乾元·곤원坤元을 해석하였기 때문에 기와 형의 상호전화에 대하여 많은 논급들이 있었다. 예컨대『易緯·乾鑿度』에서는 "무릇 유형은 무형에서 생하는 것인데, 건곤은 어떻게 생하게 되는 것일까? …태역太易이란 아직 기가 드러나지 않은 것이며, 태초太初란 기의 시작이며, 태시太始란 형의 시작이며, 태소太素란 질質의 시작이다."라고 말하고 있다. 정현鄭玄은 이에 대한 주석에서 "천지는 본래 무형이었으나 형체를 얻게 되었으니, 유형은 무형으로부터 생하는 것이다."라고 설명하였다. 송대의 장재는 그의「계사전」상에 대한 설명에서 "기가 모이면 이명離明의 펼침을 얻어 형체를 이루고, 기가 모이지 않게 되면 이명離明의 펼침을 얻지 못하여 형체가 없다. 바로 그 기가 모였다고 해서 어찌 이를 객客이라 부르지 않을 수 있으며, 바로 그 기가 흩어졌다고 해서 어찌 갑자기 그것이 없다고 말할 수 있겠는가?"라고 하였다.

기가 모여서 유형의 사물을 이루게 되면 육안으로 볼 수 있기에 분명하고(顯) 명백하게(明) 되는 것이다. 그러나 이것은 단지 잠시 그러할 뿐 유형의 사물은 마침내 무너지고 흩어져 결국 다시 기로 돌아가기에 '객'이라고 칭한 것이다. 유형의 사물이 흩어지고 풀어져 기로 돌아간 뒤에는 형체를 상실하여 육안으로 볼 수 없기 때문에 그윽하다(幽) 혹은 은밀하다(隱)고 일컫는 것이며, 이는 결코 공무空無가 아닌 것이다.

장재는 기의 본연의 상태를 '태허'로 칭하며 '태허가 곧 기'임을 강조하였다. 그는 말하기를 "태허라고 해서 기가 없을 수 없다. 기는 모여 만물을 이루지 않을 수 없고, 만물은 흩어져 태허가 되지 않을 수 없다."(『正蒙·太和』)라고 하였다. 이는 곧 기가 모여 만물을 이루고, 유형의 사물이 흩어져 기가 되는 상호전화를 진일보하여 밝힌 것으로, 끊임없이 진행되는 필연적인 자연현상인 것이다. "(氣가) 모이고 또한 흩어지고, 밀고 격탕함은 신묘하게 변화하는 바이다."(「繫辭傳上」) 기의 모임, 형체의 흩어짐의 변화는 극히 신묘한 것으로 기의 본성이 그렇게 시키는 것이다.

일반적으로 말해서 기가 취산할 수 있다는 전제는 기가 입자형태의 특징을 갖는다는 것을 인정하는 것이다. 기가 입자형태일 때에야 비로소 능히 "모여서 형체를 이루고, 흩어져 기가 될 수 있는 것이다." 사실상 고대 학자들은 기에 대한 이해에 있어 결코 시종일관하지도 않았고, 또한 완전 통일된 것도 아니었다. 일부 구체적인 경우에 있어 그들이 말한 기는 종종 자연계 가운데 일종의 기체상태의 물질을 지칭하는 것이었다. 예컨대 '천기天氣', '지기地氣', '풍기風氣', '수기水氣', '운기雲氣', '습기濕氣' '화기火氣' 등이다. 이러한 기의 자체는 확실히 입자형태로서 능히 취산하는 물질적 존재이다.

『내경』에서 "무엇이 기인가? 기는 상초上焦에서 열려 오곡五穀(五種의 穀類)의 미味를 통하여 피부에 스며들며, 몸을 살찌우고, 모발을 윤택하게 하는 마치 안개 이슬처럼 펴져 있는 이것을 일러 기라고 한다."(「靈樞·決氣」)라고 하였다. 안개 이슬(霧露)을 이용하여 인신의 영위營衛의 기氣를 형용한 이것은, 곧 분명하게 기를 일종의 정미한 물질적 입자로 간주한 것이다. 여기에서 기 개념에는 두 측면이 융합되어 있음을 알 수 있다. 즉 하나는 "작게는 안이 없고, 크게는 밖이 없는(細无內, 大无外)" 기의 측면으로, 매우 커다란 철학적 사변성과 논리적 추리성을 지니고 있고, 다른 하나는 "모여서 형체를 이루고, 흩어져 기가 되는" 기의 측면으로, 매우 커다란 직관성과 가감성可感性을 지니고 있는 것이다. 이 두 측면 모두가 기 개념을 이루고 있는 구성부분인 것이다.

3 태극기학과 기공 양생

　기학의 관점에서 우주를 본다면 우주의 본체는 허虛이다. 허는 곧 기이며, 기는 무형이다. 그리고 유형의 물物은 실實로서, 기가 응취되어 이루어진다. 기의 격동 · 인온氤氳 · 전체傳遞로 말미암아 형形과 기는 끊임없이 상호 전화하며, 일체 사물은 영원한 생성 변화과정 가운데 처하게 되는 것이다.

　인간은 하나의 소우주이다. 따라서 자연히 기는 자기존재의 본체가 된다. 인간은 광활한 기의 세계인 태허 가운데 생존하고 있을 뿐만 아니라, 자기 자신 또한 하나의 기의 세계인 것이다. 마치 서진西晉시대의 갈홍葛洪이 "인간은 기 가운데에 있으며, 기는 인간 안에 있는 것이다."(『抱朴子內篇 · 至理』)라고 말했던 바와 같이 말이다. 인체 내의 총체적 연계 및 인체와 우주와의 연계는 기를 통해서 실현된다.

　기는 "작게는 그 안이 없고, 크게는 그 밖이 없는 것"이기 때문에 이르지 않는 곳이 없고 통하지 않는 데가 없으며, 또한 기는 물질이고 기능이며 정보인 삼자의 통일체이기 때문에 기의 연계는 아무리 미미한 것에도 들어가 있지 않고, 포함되어 있지 않는 곳이 없는 것이다.

　본서의 1장 4절에서는 일반적인 생명체계 모형과 관련이 있는 『내경』의 일부 내용을 인용하고 있는데, 인체는 곧바로 이러한 이론모형의 가장 충실한 구현이다. "(기의) 나가고 들어옴이 없으면 신묘한 변화도 없게 되며, 올라가고 내려옴이 없으면 기의 활동도 어렵고 위태롭게 된다. 그러므로 나가고 들어옴이 아니면 생겨나서 자라나고 장차 늙어서 그치게 됨도 없으며, 올라가고 내려옴이 아니면 생겨나서 자라나고 거두어들여 잘 보관함도 없게 된다. 이러기에 어떠한 사물(器)도 이 올라감과 내려옴, 나감과 들어옴을 갖지 않을 수 없다. 그러므로 사물이란 생성변화가 일어나는 집(宇)이다."(「素問·六微旨」)

　『내경』에서는 인체와 일체의 생화生化 계통이 시시각각 '승강출입升降出入'의 기화氣化운동을 진행함으로써, 유기체 내부는 물론 유기체와 외부세계를 긴밀하게 연계시켜 총체적인 유기적 관계를 맺고 있음을 강조한다. 그리고 이러한 '승강출입'을 실현하고 있는 것으로 일부 유형물질을 제외하고서 주요한 것은 기이며, 또한 기의 능동적 작용은 승강출입의 진행을 이끌고 있는 것이다.

　이로써 보면 인체는 일부 '실實', 일부 '허虛', 그리고 일부 '형形', 그리고 일부 '기氣'라는 두 층차, 혹은 두 부분으로 나누어볼 수 있다. 이 두 부분을 완전히 하나로 융합시켜 표현하고 있는 것이 "형은 기 가운데 있으며, 기는 형 가운데 있다."이다. 인체의 기는 인체의 형形을 존재케 하는 바탕이며, 모든 생명활동의 원천이다. 그러기에 당대의 손사막은 "사람의 몸은 허무虛無이나 다만 유기游氣가 있다. 기식氣息이 이치를 얻으면(이치에 따라 행하면) 곧 백병百病이 발생하지 않는다."(『千金要方·調氣法』)고 하였다.

이로써 중국의 인체과학에서 관심을 두고 연구한 것은 인간의 무형의 체이며, 인간이라는 이 '생화의 집(生化之宇)' 안에서 '승강출입'하는 바로 이 기氣였다는 것을 알 수 있다. 그러나 서양의학에서는 인간의 유형의 체와 인체조직의 생리 및 병리적 메커니즘에 관심을 갖고 이를 연구한다.

1) 기공학의 기초는 기의 인체관이다

기의 인체관에 기초한 역대의 기공가와 의학가들은 '기'를 매우 중시하였다. 『내경』에서는 "천지합기를 명명하여 인人이라 한다."(「素問·寶命全形」)고 하였다. 유형의 몸을 가진 존재로서의 인간은 기가 모여 이루어진 것일 뿐만 아니라, 더욱 중요한 것은 인간의 생명의 내원이 기라는 것이다. 그러기에 『내경』에서는 또한 "인간은 천지의 기로 생겨났다."(「素問·寶命全形」)고 말하였다.

이와 비슷한 진술은 많이 있다. 예컨대 『難經·八難』에서는 "기는 사람의 근본이다."고 하고 있고, 남조南朝의 도홍경은 "기가 온전하면 생이 보존되고, 그런 연후에 능히 양생을 지극하게 할 수 있다."(『眞誥』卷六)고 말하였으며, 『太上老君養生訣·服氣訣』에서는 "몸(形)은 신神의 주인이고, 기는 신의 명령자이다. 그러므로 형신形神은 가탁하고 있는 것으로, 기를 바탕으로 하여 존립하고 있는 것이다."라고 하였고, 명나라 사람 장개빈은 "생성변화의 도는 기를 근본으로 삼고 있는데, 천지만물은 이 기로 말미암지 않는 것이 없다. …인간의 생성 또한 전부 이 기에 의지한다."(『類經·攝生類三』)라고 하였다.

기공학에서는 인체의 정·기·신을 가장 중시하고, 이 '삼보'가 왕성하기만 하면 인체는 곧 강건하고 수명은 곧 장구하게 된다고 생각한다. 그러나 정기신 삼자 가운데에서 기는 정과 신의 기초로서 생명의 근본이다. 정은 기와 더불어 상호 화생하는 것이지만 결국 기가 근본이 된다. 신은 비록 전신의 군주로서 정기를 통섭하지만, 그러나 신 자체 역시 기이며, 모름지기 기를 바탕으로 하여 생성된다. 여기에서 기의 중요성을 알 수 있게 된다.

송나라 사람 양사영楊士瀛은 말하기를 "사람은 기를 주로 삼는다. 일식一息이라도 운행하지 않으면 기함機緘이 궁하게 되고, 일호一毫라도 계속되지 않으면 천지가 나뉘게(判) 된다. 음양이 승강하도록 하는 것은 기요, 오장육부가 상양상성하게 하는 것도 역시 이 기다. 성하면 가득 차고, 쇠하면 허하며, 따르면 평안하고, 거스르면 병이 나게 하는 것도 기이니, 어찌 사람 몸의 근본이 아니겠는가?"(『仁齋直指小兒方論』)라고 하였다. 바로 이와 같기 때문에 기공에서는 비록 일반적으로 조심調心을 위주로 말하지만 그러나 심신心身의 작용 또한 기를 통해 실현되는 것으로, 결국 기로 귀결되는 것이다.

장개빈은 역대 기공이론을 총결하여 지적하기를 "기가 모여 정精이 충만하면 신神이 왕성하고, 기가 흩어져 정精이 쇠하면 신神이 떠나게 된다. 그러므로 수련하는 많은 서적들의 수많은 말들이 이 정·기·신 세 글자를 발명하지 않는 것이 없다. 그러나 이 세 자의 작용에 있어 기가 가장 앞선다. 그러기에 『悟眞篇』에서 '도가 허무虛無로부터 일기一氣를 생하자마자, 곧 일기로부터 음양이 나오게 되었다.'라고 하였다. …무릇 천지만물은 모두 기로 말미암아 화생하는 것이므로 기가 보존되면 수數(萬物) 또한 보존되며, 기가 다하면 수 역시 다하게 되는 것이다. 생生이 이것(氣)으로 말미암기 때문에 사

死 또한 이로 말미암게 되는 것이다."(『類經·運氣類四十一』)라고 하였다. 이것은 양생에 있어서 기와 관련된 기공과 중의학의 중요한 의의를 표명한 것으로, 이 또한 기의 인체관을 기초로 하고 있는 것이다.

2) 양기養氣, 조기調氣의 방법과 메커니즘 탐구

태극이 곧 기이며, 기도氣道합일의 관점은 기공 양생학에 매우 커다란 영향을 끼쳤다. 기가 곧 도이며, 도는 곧 기라는 관점으로부터 기공 양생학은 다음의 두 가지 결론을 얻게 된다. 그 하나는 득도得道는 곧 득기得氣이며, 기의 충만(充)은 곧 도의 가득함(盈)이라는 것이다. 다른 하나는 기의 행함(氣行)은 곧 도의 행함(道行)이며, 도를 행함(行道)은 곧 기의 좇음(順氣)이라는 것이다.

이와 같은 관념의 지도 아래 기공 양생학에서는 기가 생명체 안에 풍부하게 가득 차 있어 인간의 생명력이 강장强壯하게 되며 풍부한 잠재력을 갖게 된다고 여긴다. 왜냐하면 기는 곧 태극으로 우주의 종자이기 때문이다. 그것에는 만물을 이어 낳고, 인체를 화육하는 심후한 내적 요소가 갖추어져 있으며, 세계를 펼치고 만물에 통달할 수 있는 거대한 본능을 갖추고 있기 때문이다. 그러므로 정精이 충만하고 기가 충족함이야말로 곧 건강 장수의 전제가 되는 것이다.

동시에 기도합일의 이론에 따라 기의 운동은 곧 인체의 법칙이 된다. 기가 인체 안에서 고유한 궤도를 따라 원활하게 운행하게 될 때, 곧 인체의 건강한 생명법칙의 정상적인 작용이 보장되는 것이며, 또한 태극이 인체 내의 순조로운 생화발육을 통제할 수 있게 되는 것이다. 그러므로 인체 내 기의 운동 변화과정 연구는 기공 양생학의 중심이 되었다.

이상의 인식에 기초하여 기공 양생학에서는 줄곧 건강 장수하려면 가장 먼저 반드시 체내에 항상 진기眞氣가 충만하도록 해야 한다고 주장하였다. 동한 때의『太平經』에서는 "사람이 장수하려면 마땅히 기를 아껴야 한다."라고 하고 있다. 남조의 도홍경은 "기를 아끼기를 항상 자기 얼굴처럼 아끼는 사람치고 그의 삶이 온전하지 못한 사람은 없었다."라고 말하고, 또한 "기 아끼기를 항상 일신의 급선무로 삼는 사람이 수척하고 초췌한 것을 나는 거의 보지 못했다."(『眞誥』卷六)라고 말하였다.

원대元代의 갈건손葛乾孫은 "무릇 인간이 생함에는 천지인온天地氤氳의 기를 받았기에 진원眞元을 보존하고 기르며, 그 근본을 굳게 지키면 만병이 생하지 않고, 사체가 강건하게 된다. 그러나 만약 진원을 기르지 않고, 근본에 말미암지 않으면 질병이 이로서 생기게 된다."(『十藥神書·序』)고 하였다. 이러한 논설은 서로 다른 각도에서 양기養氣의 필요성을 설명한 것이다.『服氣經』에서는 이를 개괄하여 말하기를 "도라고 하는 것은 기다. 기를 보전하면 도를 얻는다. 도를 얻으면 장존하게 된다."고 하였다. 여기에서는 기를 보전하는 것(保氣)과 도를 얻는 것(得道)을 같은 것으로 보았다. 이것은 바로 기를 잘 보존하며, 기를 잘 기르는 것을 생명을 건강하게 기르는 근본으로 본 것이다.

일찍이 전국시대에 맹자는 "나는 나의 호연지기浩然之氣를 잘 기른다."(『孟子·公孫丑上』)라고 말하였다. 그는 성실하고 정직한 정신으로 몸 가운데의 정기正氣를 기를 것을 주장하였다. 맹자가 기른 그 정기는 기절氣節, 즉 도덕의 경지를 가리키는 것으로, 이는 일종의 정신상태인 것이다. 그러나 정신 즉 기, 고상하고 정직한 정신 자체는 건원곤원 즉 도체와 상통하는 것으로, 몸의 건강에 매우 유익한 진기眞氣인 것이다. 따라서 맹자의 호연지기는 곧 양덕養德이며, 또한 양생養生인 것이다.

기를 기름이 일정 정도에 이르게 되면, 곧 천지의 기와 혼융일체가 되어 우주에 가득 찬 느낌을 갖게 된다. 맹자는 또한 "반드시 (호연지기를 기르는 일을) 일삼을 것이나 그 효과를 미리 기대하지 말 것이며(勿正), 마음에 잊지 말 것이며, 조장하지도 말 것이다."(『孟子·公孫丑上』)라고 하였다. 여기서 '정正'은 '지止'의 뜻이다. 이는 기를 기르는 일은 결코 중단해서는 안 된다는 뜻이다. 시시각각 그 일을 생각해야 하지만, 그렇다고 결코 이를 알묘조장揠苗助長해서는 안 되며, 자연스럽게 좇아야 한다. 자연스럽게 좇는다는 것은 곧 끊임없는 연공의 전제 아래 기가 몸의 내외로 자연스럽게 유전토록 하며, 자연스럽게 생장축적하게 하면서 지나치게 조급하지 않도록 하는 것이다.

공부가 어느 경지에 도달하면 기도 자연스럽게 일어나게 된다. "마음에 잊지 말 것이며, 조장하지도 말 것이다."라는 말은 기도氣道 합일로서, 또한 사물의 총체적 법칙의 체현을 존중하는 것으로서, 후에 기공가들이 공동으로 강조하는 일련의 연공원칙이 되었다.

명나라 사람 원황袁黃은 맹자 양기설을 더욱 발전시켜 말하기를 "양기의 설은 설명하지 않으면 안 된다. 맹자의 궐추동심蹶趨動心의 설은 의당 상세하게 완미해야 한다. 기를 기르는 자는 행함에 있어서는 서서히 그리고 평온하게 하고자 하며, 섬에 있어서는 안정되고 공손하게 하고자 하며, 앉음에 있어서는 단정하고 곧게 하고자 하며, 소리를 냄에 있어서는 조용하고 화목하게 하고자 한다. 종종 일을 행함에 있어서는 반드시 단정하고 자세하고 너그럽고 태연하게 베풀며, 동중動中에도 (養氣) 존속에 익숙하고, 응중應中에도 정양靜養하여 신체로 하여금 항상 태화 원기의 가운데에 있도록 한다. 이렇게 행하기를 오래토록 하면 자연스럽게 앞선 성현들의 기상을 갖게 되는 것이다."(『攝生三要 · 養氣』)라고 하였다. 원황은 유가의 수신의 시각에서 언행이 화평하고, 행동거지가 예의범절에 맞으며, 심신이 편안하고 안정되면 양기에 유익함을 지적하였다.

인간의 건강에 대해서 말하자면 기는 반드시 충만해야 할 뿐만 아니라 또한 반드시 조화를 이루어야 한다. 기의 메커니즘이 조화를 이루어 심신이 유려하게 소통되면 병사病邪와 노쇠에 저항하는 능력이 곧바로 제고되기 때문이다. 만약 기의 메커니즘이 조화를 이루지 못하면 설사 밖의 음사한 기운이 침투하지 않았더라도 몸이 불편하게 된다.

손사막은 "섭생을 잘하는 사람은 반드시 조기調氣의 방법을 알아 조기의 방법으로 백병대환百病大患을 치료한다."(『千金要方 · 調氣法』)라고 말한다. 『太上老君養生訣』에서도 "섭생을 잘하는 사람은 먼저 반드시 조기의 방법을 안다."(「服氣訣」)고 했다.

장개빈도 역시 조기에 대해 더욱 깊고 투철하게 진술하였는데, "무릇 백병이 모두 기로부터 발생하는 것은 바로 기의 작용이 미치지 않는 곳이 없기 때문이다. 만약 한 번이라도 기가 조화를 이루지 못하면 병이 나지 않는 곳이 없다. 그러므로 그것(氣의 不調)이 밖에 있으면 육기六氣의 침侵이 있게 되고, 그것이 안에 있으면 구기九氣의 어지러움이 있게 된다. 무릇 병이란 허하기도 하고, 실하기도 하고, 열이 나기도 하고, 한기가 들기도 하여, 그 변하는 상태를 형언할 수 없다. 그러나 그 근본을 추구하여 보면 하나의 '기'자로 족히 마무리할 수 있다. 대개 기가 조화롭지 못한 곳이 병의 본래 소재처이다. 오직 지혜가 명철비범한 사람만이 능히 그곳을 보고, 기를 모아 조절한다. 기가 절묘하게 조절되면 마치 매듭이 풀리고 때가 씻겨지듯이 문제가 해결된다. 때가 씻기고 매듭이 풀리면 잠깐 사이에 사람 살리는 일은 정녕 어려운 일이 아니다. 그러나 사람들이 대부분 능히 이렇게 하지 못하는 것은 기氣의 이치를 모르고, 또한 기를 조절하는 방법을 모르기 때문이다."(『景岳全書·調氣法』)라고 하였다.

장개빈은 기의 부조화한 곳이 바로 병의 소재처임을 지적하였다. 기가 조절되면 병은 사라지는 것이므로, 모든 것은 기 운행의 법칙과 조기調氣의 방법을 정확하게 장악하느냐에 달려 있는 것이다. 그의 이러한 견해는 임상치료에 부합될 뿐만 아니라 기공 양생에도 철저히 활용되었다.

조기는 첫째 기의 운행을 원활하게 하는 것이며, 그 다음은 기의 메커니즘이 상호 조화를 이루게 하는 것이다. 『素問·擧痛論』에서 "모든 병은 기로부터 나온다. 노하면 기가 올라가고, 기쁘면 기가 느슨해지고, 슬프면 기가 소멸되고, 두려워하면 기가 내려가고, 추우면 기가 거두어지고, 햇빛이 빛나면 기가 발산되고, 놀라면 기가 어지러워지고, 피곤하면 기가 소실되고, 생각을 깊게 하면 기가 엉기게 된다."라고 하여, 감정이나 의지가 도를 지나치거나, 추위와 더위가 적당하지 않거나, 감당할 수 없을 만큼 수고를 하게 되면 기의 메커니즘이 조화를 잃게 되거나, 혹은 정기가 소모되어 불화하게 됨을 지적하고 있다.

명대의 대사공戴思恭은 기가 어지럽게 망동하면 몸을 상하게 하는 화火로 전화하게 된다고 생각하였다. 그는 "충화冲和의 상태를 지키며 계속하는 것을 일컬어 기라 하고, 혼란스럽게 망동하여 상常함을 변하게 하는 것을 일컬어 화火라 한다. 그것이 화평의 때에는 밖으로는 표면을 보호하고, 다시 안에서 행하며 일신을 주류하며 끊임없이 순환하고, 출입승강을 계속하며 일상을 유지하고, 초焦에서 나와 폐肺에서 모두 총괄되면 기가 어찌 사람을 병나게 하겠는가? 그 칠정七情이 서로 공격함에 이르러 오지五志에 틈이 생겨 서로 어그러져 평상을 잃게 되면 맑은 것이 갑자기 탁하게 되고, 잘 운행되던 것이 갑자기 막혀 도리어 멈추며, 밖으로는 보호를 받지 못해 조화를 상실하고, 안으로는 굳세고 강함을 상실하여 조금 내려가며, 경영이 점차 어려워지며, 폐도 주관을 상실하고, 망동이 그치지 않아, 오지에 그 양의 화가 일어나 위로 폐를 태우게 되므로, 기는 이에 병이 되는 것이다."(『金匱鉤玄·氣屬陽動作火論』)라고 하였다.

　대사공戴思恭에 의하면 기는 본래 양에 속하나 그것이 과하여 승勝하게 되면 변화하여 화火가 된다는 것이다. 이는 기가 부조화하게 되면 신체에 해가 된다는 또 다른 하나의 기의 메커니즘에 대한 설명인 것이다. 기의 원활한 소통과 조화는 상보상성하는 것으로, 기가 조화를 이루면 원활하게 소통되고, 기가 원활히 소통되면 조화를 이루게 되는 것이어서, 소통과 조화는 상호간에 촉진작용을 하고, 상호간에 상대방의 조건이 된다.

　양기養氣, 조기調氣는 신체에 극히 중요하기 때문에 기공 양생학에서는 시종 양기, 조기의 방법과 기의 메커니즘에 관한 탐구를 자신의 주요 임무로 여긴다. 동공動功, 정공靜功은 물론 호흡(導引吐納), 안마(推拿按摩), 정좌(靜坐存想) 등을 포함한 각종의 공법과 공리는 양기, 조기와 관련되지 않는 것이 없다고 말할 수 있다. 다시 말하면 결국 모두 기의 충만함과 기의 조화를 목적으로 하는 것이다.

고급 공법인 내단술도 역시 예외가 아니어서, 그 축기연기築氣煉氣, 연정화기煉精化氣, 연기화신煉氣化神, 연신환허煉神還虛의 각 단계마다 점점 깊이 들어가 각기 요구하는 바가 따로 있지만, 그러나 그 실질을 궁구하면 모두 몸 가운데의 기를 더욱 충실히 소통하게 하고, 성능과 질량을 더욱 제고시키는 것이다. 연기화신의 단계에서는 '성태聖胎'를 생성해야 한다. '성태'는 일종의 비유로서 그 본질은 여전히 기인 것이며, 이는 단련양기에 의하여 얻어지게 되는 것이다.

3) 기를 사용하여 각종 기공현상을 해석한다

많은 사람들이 기공수련을 통해 각종 기이한 기공효과를 얻게 되는데, 기공학에서는 기의 특수한 속성을 가지고 이를 해석한다. 예컨대 일단의 기공수련을 한 후에 연공자 신체 내외에 모종의 감각이 나타나게 되는데, 어떤 사람은 열류熱流가 경맥을 따라 전도되기도 하고, 공부가 비교적 깊은 사람은 능히 공력을 운용하여 다른 사람에게 공급하여 병을 치료하게 되는 등등이다.

이러한 감전感傳 체험과 병의 예방과 치료의 효과는 어떻게 일어나게 되는 것일까? 무엇으로 이를 실현하게 되는 것일까? 옛사람들은 기공효응의 '상象'에 대한 관찰에 의거하여 그 본질은 기라고 단정하고, 기공감전氣功感傳을 '기감氣感', 기공치병氣功治病을 '포기布氣' 혹은 '발기發氣'라고 불렀다.

기는 "작기로는 안이 없고, 크기로는 밖이 없다." 그러므로 어디에도 침투되지 않는 곳이 없고, 사방의 극에 직달하는 특성을 가지고 있으며, 정보를 보유하고 전달하는 기능을 가지고 있다. 기공학에서는 기공하는 사람이 발산하는 외기外氣가 어떻게 능히 각종 장애를 뚫고 어떻게 병자의 신체에 깊이 들어가 능히 그 체내의 병환을 제거할 수 있게 되는지를 설명한다. 기공학에서는 또한 이러한 특성을 이용하여 모종의 연공자들이 갖추고 있는 모종의 뛰어난 지능을 설명한다.

기는 또한 "모이면 형체(形)가 되고, 흩어지면 기가 됨"의 특성을 갖추고 있다. 기공학에서는 이 원리를 빌어 기공을 통해 병을 예방하고 제거하는 메커니즘을 탐색하고 고찰하였다. 일부 환자들은 장기간의 기공수련을 통해 자기 몸에 있는 병의 근원(病竈)을 제거하기도 한다. 대체로 옛사람들은 "형체(몸)가 흩어져 기가 되고, 기가 모여 형체를 이룬다."는 원리를 가지고 이러한 현상을 해석하였다.

『管子·內業』에서는 "마음(心)이 능히 고요함을 견지하면 도는 곧 스스로 안정된다. 득도한 사람은 기를 증발시켜 피부 모공을 통해 내보내기 때문에 흉흉한 가운데에도 실패가 없게 된다(得道之人, 理丞而屯泄, 匈中無敗)."고 말한다. 여기에서 '승丞'은 '증蒸'과 같고, '둔屯'은 모毛의 잘못이며, '리理'는 근육의 살결을 가리킨다. 이는 득기得氣한 사람은 몸 안의 병을 기로 증발시켜 피부 모공을 통해 배출한다는 뜻이다.

그 근원으로 미루어 보자면 사실, 역학과 중국철학 가운데 기가 갖고 있는 여러 가지 특성에 관한 내용은 상당 부분 기공의 효험과 체험에 대한 개괄적 설명이지, 순수한 철학적 사유와 사변이 결코 아니었다. 그렇게 되다 보니 거꾸로 기공학 또한 기와 관련된 역학과 중국철학의 규정에 근거하여 기공현상을 해석하고 연구하게 되었다. 이렇게 양자는 상호간에 촉진작용을 하게 되었다.

4) 명문命門 : 단전丹田학설의 창립

　명문, 즉 단전학설은 중국의 인체과학 가운데 중요한 지위를 점하고 있는 것으로, 이의 발견은 중의학과 기공 양생학의 인체에 대한 인식에 있어 하나의 커다란 공헌이었다. 이 학설의 창립은 태극기학太極氣學과 직접적인 관련이 있다.
　명문학설은 제일 먼저 『難經』을 통해 제기되었다. 『난경』에서는 "신장腎臟 두 개는 모두 신장이 아니다. 그 좌측의 것은 신장이고, 그 우측의 것은 명문이다. 명문이란 여러 신정神精의 거처로 원기原氣가 매여 있는 곳이다. 남자는 이로 정精을 저장하고, 여자는 이를 태보(胞)와 연계시킨다."(「三十六難」)라고 하였고, "명문이란 정신의 거처이다. …그 기는 신장과 통한다."(「三十九難」)라고 하였으며, "배꼽 아래 신장 사이의 기를 움직이는 곳은 사람의 생명으로, 십이경十二經의 근본이다. 그러므로 원原이라 이름 지었다. 삼초三焦란 원기의 특별한 사신이다."(「六十六難」)라고 하였다.
　당나라 사람 양현조楊玄操는 "배꼽 아래 신장 사이의 기를 움직이는 곳은 단전이다. 단전이란 사람의 근본으로 정신이 저장된 곳이요, 오기五氣의 근원으로 태자太子의 창고이다."라고 주석하였다. 명문이란 이름 그대로 사람의 생명의 원천이요, 사생의 문이다. 『난경』에서는 명문은 선천원기와 후천원기를 포괄한 정신원기를 저장하는 곳으로 신기腎氣와 상통한다고 생각하였다. 『素問·上古天眞』에 의하면 '신기'는 인체의 발육, 성숙과 노쇠를 통제하며, 인체의 생명활동을 전개하고 추진하는 근본이다. 사람이 태어나서 죽음에 이르기까지 생리의 변천과정 모두는 신기의 통제와 주재를 받게 된다는 것이다. 『난경』에서 명문의 제기는 『내경』 신기설腎氣說의 발전이며 확장이다. 양현조는 명문이란 사실 단전임을 분명하게 지적하였다.

『난경』에서 신장과 상통하는 명문을 제기한 후, 위진수당 시기에는 거의 언급되지 않다가 송원宋元에 이르러 명문 문제는 비로소 다시 의학가에 의해 연구 검토되었다. 그러나 '명문'이 조용해지기 시작하던 그때 동한시대의 기공가들은 단전의 이름을 제기하였다. 순열荀悅은 『申鑒·俗嫌』에서 "배꼽 주위 이촌二寸을 일러 관關이라 한다. …그러므로 도란 항상 기를 관에 이르게 하는 것이다."라고 하였다. 이것이 바로 단전에 기를 가라앉히는 것이다. 그리고 변소邊韶는 명백하게 '마음을 단전에 두는(存想丹田)' 공법을 강론하였다.(『老子銘』) 이후 단전은 계속해서 양생학, 특히 도가 기공학에서 중시하게 되었다.

기공학에서 단전은 상·중·하로 나누어지게 되는데, 그 중에서 가장 중요한 것은 하단전, 즉 명문이다. 일반적으로 단전을 지칭하면서 상하로 분명하게 지적하지 않을 때는 통상 하단전을 말하는 것이다. 어떤 사람은 하단전이 배꼽 아래 삼촌三寸에 있다고 말하고, 어떤 사람은 배꼽 아래 일촌一寸에서 이촌二寸 사이에 있다고 말하며, 어떤 사람은 배꼽 뒤 명문의 앞에 있다고 말하는 등, 여러 가지 설명이 있다. 이러한 불확정성은 결코 기이한 일이 아니다. 왜냐하면 기공학에서 말하는 단전 및 기타 경맥 유혈兪穴의 위치가 해부에 의한 것이 아니라 기공 수련할 때의 기감氣感, 즉 인체 기능의 '상象'에 근거하여 결정되기 때문이다.

기공가들의 체험은 각기 서로 다르다. 그러므로 단전의 위치에 대한 그들의 구술 역시 약간의 차이가 있다. 『黃庭外景經 · 老子章第一』에서 "호흡하여 (氣를) 단전에 들이니 옥지玉池의 맑은 물이 영근靈根으로 흐른다. 살펴서 능히 이를 수행하면 장수할 수 있게 된다."고 하였다. 호흡을 조절하여 흡입한 기를 하단전으로 들여보낸다. 이렇게 하면 영근본원靈根本元의 기가 곧바로 흐르게 되어 장생구시長生久視를 기대할 수 있게 된다. 여기에서 하단전의 중요성을 알 수 있다.

송대 장백단 역시 단전에 대해 언급하였다. 그는 "원신元神이 나타나면 곧 원기元氣가 생한다. 무릇 태극으로부터 나오게 되면서 일점의 영광靈光을 부여받게 되는데, 이것이 곧 원성元性이다. 무슨 사물이 원성을 이루는 것일까? 이 역시 기가 응집되어 성영性靈이 되는 것이다. 그러므로 원성이 회복되면 원기가 생하게 되는 것은 상감相感의 이치이다. 원기元氣가 생하여 몸을 주류함에 있어 오직 신부腎府에서만 이를 모아 사용하는 것은 무슨 이유에서인가? 무릇 신부는 그 길이 기혈황정氣穴黃庭과 직달되어 있음이 그 첫째 이유이고, 신장腎臟은 정精을 저장하는 창고로서 정이 도달하면 곧바로 정화精華를 일으켜 사용되는 것이 두 번째 이유이다."(『玉淸金笥靑華秘文金寶內練丹訣』)

이 내용에는 주의를 기울일 만한 두 가지 사실이 있으니, 그 첫째는 사람의 원성元性(즉 元神)은 태극으로부터 품부 받은 것이라는 점이다. 이와 같이 사람의 생성, 발육은 우주의 태극원기와 함께 연결되어 있음을 지적하고 있는 것이다. 둘째는 신장은 하단전과 그 길이 직달되어 있음을 분명하게 지적하고 있다는 점이다. 소위 '기혈氣穴'이란 하단전의 별명이다. 응신凝神하여 기혈에 들어감을 통해, 즉 하단전을 의수意守함을 통해 심신心神은 신기腎氣와 직접 교감 결합하게(交結) 됨으로써 원기元氣로 하여금 양육을 얻게 한다는 것이다.

금원金元 이후 기공 양생학의 영향 아래 명문의 문제는 다시 의학가에 의해 중시되었고, 아울러 기공학에서 논의되던 단전과 하나로 결합되었다. 명청에 이르러 비교적 체계적인 명문학설, 즉 단전학설이 형성되었다. 인체 가운데 있는 명문의 작용에 관해서는 청대 서대춘徐大椿의 훌륭한 설명이 있다. 그는 "소위 원기元氣란 무엇에 기탁하는가? 오장五臟에는 오장의 진정眞精이 있으니, 이것이 오장의 분체分體이다. 그리고 그 근본의 소재는, 도경道經의 소위 단전이며, 『난경』의 소위 명문이며, 『내경』의 소위 '칠절七節의 옆, 그 가운데에 있는 소심小心(七節之旁, 中有小心)'이다. 음양의 열리고 닫힘은 여기(命門, 즉 丹田)에 보존되어 있고, 호흡의 출입은 이와 연계되어 있어, 화火가 없이도 능히 온몸을 모두 따뜻하게 할 수 있고, 수水가 없이도 능히 오장을 모두 윤택하게 할 수 있는 것이므로, 이 가운데 한 가닥만 아직 단절되지 않았으면 생기生氣는 이 한 가닥이 아직 없어지지 않았기에, 모두가 이에 의지하게 된다."(『醫學源流論』)고 말하였다.

그러나 어디가 명문인가에 대해서는 수백 년 동안 의학가들의 열띤 쟁론에도 불구하고 아직까지 완전 통일된 견해는 없다. 예를 들면 원대의 활백인滑伯仁이나 명대의 이전과 같은 의학가들은 우측 신장이 명문임을 견지하였고, 명대의 우단虞搏, 장개빈 등은 '두 개의 신장이 모두 명문에 속함'을 강력하게 주장하였으며, 명의 조헌가趙獻可, 청의 진사택陳士鐸, 진수원陳修園 등은 두 개의 신장 사이가 명문이라고 여겼고, 명의 손일규孫一奎는 '명문은 두 개의 신장 사이기를 움직이는 곳'으로 주장했던 등이 그러한 예이다.

비록 여러 가지 학설이 분분하지만, 두 가지의 공통점이 있다. 첫째는 명문의 기능은 신기腎氣와 상호 일치한다는 점이고, 둘째는 명문은 생명의 근원이요, 사생의 근본으로 진음진양(혹은 元陰元陽이라고 말함)을 보관하고 있다는 점이다. 명문에 대해 말하자면 이 두 가지가 가장 기본적인 것이다.

여기서 지적해야 할 것은 손일규, 조헌가, 장개빈 등은 앞선 사람들의 의역회통醫易會通의 정신을 계승하여 명문에 대한 연구를 통해 스스로 깨달은 바를 태극기학과 연계하였다는 점이다. 예를 들면 명대의 장개빈은 이렇게 말하였다.

"명문은 자궁子宮의 문호이다. 자궁은 신장이 보관하고 있는 정精의 창고이다. 신장은 선천진일先天眞一의 기氣를 주관하는 북문요새北門要塞의 관아이다. 그것이 요새가 되는 까닭은 명문의 굳게 닫아둠에 의지하여 감중坎中의 진양眞陽을 비축함으로써 일신생화一身生化의 근원으로 여기기 때문이다. 이 명문은 본래 신腎과 동일한 기이다. 도경道經에서는 이를 상하좌우의 가운데에 해당하는 것으로, 그 위치가 극極과 같기에 단전丹田이라 이름 붙인 것이라고 하였다. 단전은 하나이다. 그러므로 북방천일北方天一의 창고에 통합되고, 그 밖의 유명문臉命門 일혈一穴은 바로 독맥督脈 십사추十四椎 가운데이므로, 이 명문은 원래 신腎에 속하는 것이지 별도의 일부一府가 아닌 것이다. 삽십구난三十九難에서도 역시 '명문의 기는 신과 통하는 것이요, 또한 신과 분리되지 않는다.'라고 하였다. …종합하여 말하면 명문은 극과 같은 것으로 소장消長의 지도리가 되는 것으로서, 좌측은 올라감을 주관하고, 우측은 내려감을 주관하며, 전자는 음을 주관하고, 후자는 양을 주관한다. 그러므로 수水는 밖으로는 어두우나 안으로는 밝음을 상징하는 것이며, 감괘坎卦

는 안으로 기수, 즉 양효이며, 밖으로는 짝수, 즉 음효인 것이다. 양신兩腎은 감괘坎卦 바깥쪽의 두 개의 짝수이며, 명문命門 일자一者는 감괘坎卦 안쪽의 기수이다. 하나로써 둘을 다스리고, 둘로써 하나를 포용한다. 이 명문은 양신兩腎을 총괄하여 주관하고, 양신兩腎은 모두 명문에 예속된다. 그러므로 명문이란 수화水火의 창고요, 음양의 주택이며, 정기精氣의 바다이며, 사생死生의 구멍이다. 만약 명문이 손상되면 오장육부는 모두 의지할 바를 잃게 되므로, 음양의 병이 변하여 이르지 않는 곳이 없게 된다. 그렇게 되는 까닭은 바로 천지발생의 도리가 종국적으로 아래에서 비롯되고, 만물이 왕성하고 쇠퇴하는 이치의 영허盈虛가 뿌리에 있기 때문이다."(『類經附翼 · 求正錄 · 三焦命門辨』)

명문, 즉 단전학설의 형성과정을 통하여 다음과 같은 사실을 알 수 있다.

첫째, 명문학설과 단전학설은 길은 다르나 귀착점은 같다고 말할 수 있다. 중의진료학과 기공 양생학은 각자 자기의 필요에 따라 시작된 것이지만, 모두가 인체 가운데 어디가 생명과 발육에 있어 통제기능을 가진 가장 중요한 부위인가를 찾았다.

이런 생각은 아마도 『내경』, 『난경』을 통한 '태극변천(太極演化)' 이론의 계시와 인도를 받은 것이지, 반드시 장백단으로부터 비로소 그 영향을 받게 된 것이 결코 아니다. 마치 조헌가가 "「계사전」에 말하기를 '역에 태극이 있으니, 이것이 양의를 낳았다.'라고 하였다. 주돈이는 사람들이 이를 명백하게 알지 못할까를 두려워하여 『태극도』를 짓고, 무극이면서 태극이라 하였다. 무극이란 아직 나눠지기 전의 태극이며, 태극이란 이미 나눠진 음양이다. …사람은 천지의 중(太極을 가리킴)을 얻어 생하는 것으로 원래부터 태극의 형(形質)을 갖추고 있는 것이다."(『醫貫 · 內經十二官論』)라고 진술한 바와 같다. 다시 말하면 인류는 태극의 변천으로 말미암아 온 것이기 때문에, 개별적 인간의 생장 발육과정 역시 우주의 변천과정과 마찬가지로 자신의 태극으로 말미암아 시작된다는 것이다. 여기에서의 태극이란 곧 부모가 맺은 정精이다.

우주 태극변천의 법칙에 의하면 태극변천의 과정은 변천의 결과 속에 응취되고 융합, 관주되어 있다고 한다. 그러므로 인체의 가장 첫 시작으로서의 태극은 반드시 인체의 어떤 부위에 보존되어 있을 뿐만 아니라 계속해서 인체의 발육, 성장, 노쇠에 통제작용을 하게 된다는 것이다. 이 부위는 의심할 것도 없이 생명존재의 요추가 되는 곳으로서 소위 '생명의 조상', '생기의 원천'으로, 치료 혹은 양생 모두에 있어 극히 중요한 것이다. 이 부위를 중의학에서는 명문이라 부르고, 기공학에서는 단전이라 이름지은 것이다. 저제현褚齊賢은 "인간의 첫 수태는 애를 배는 조짐으로부터 시작되는 것으로, 명문이 먼저 갖추어진다."라고 하였다. 명문(丹田)이란 곧 사람의 태극이다.

둘째, 「계사전」에서 태극이 양의를 낳았다라고 하였는데, 주돈이의 『태극도』에 의하면 양의는 곧 음양으로, 태극 가운데에서 이미 분리된 것이다. 이는 태극의 구성이 원음원양元陰元陽인 것을 명시한 것이다. 기공학과 중의학에서는 바로 이것에 의거하여 명문(丹田)의 내함內涵을 분석한다. 조헌가는 "사람은 천지의 중을 받아 생하는 것으로 또한 원래부터 태극의 형질을 갖추고 있는 것이다."라고 말하여, 태극을 '이미 나눠진 음양'으로 봄으로써 인간이 수태하면서 이미 갖춘 명문이 음양의 양 부분으로 조성되어 있음을 표명하였다.

기공가들은 단전을 '정精을 저장하는 창고'라고 부르며, 정은 음정陰精과 양기陽氣로 조성되어 있기에 단전을 또한 '음양의 회합', '수화水火의 집'이라고 칭하였다. 여기에서 중국 인체과학의 명문, 즉 단전에 대한 인식은 역학의 태극에 대한 분석과 일치하고 있는 것임을 알 수 있다.

셋째, 기공학은 중의학의 '선천', '후천' 개념과 더불어 또한 태극 변화 이론으로부터도 가르침을 받은 것이다. 손일규는 "명문은 양신兩腎 중간의 기를 움직이는 곳으로 …곧 조화의 지도리요, 음양의 근체根蔕, 즉 선천의 태극인 것이다."(『醫旨餘緒·命門圖說』)라고 하였고, 또한 "사람은 기화를 통해 형체를 이루는 것인데, 이는 곧 음양으로 말한 것이다. 무릇 이오二五의 정精이 묘합하여 응취함에, 남녀로 아직 나눠지기 전에 먼저 두 개의 신腎이 생하게 된다. 이는 마치 콩이 싹터 땅을 뚫고 나올 때 두 잎으로 나눠지게 되는데, 그 가운데 생긴 근체根蔕가 그 속에 일단의 정기를 품고 있어, 이로써 생생불식生生不息의 기틀로 삼기에 이를 명명하여 동기動氣라 하고, 또한 원기原氣라 이름 지은 것이다. 이것은 사람이 태어나면서부터 품부받은 것으로서 무無로부터 있게 된 것이다. 이 원기原氣가 바로 태극의 본체이다."(『醫旨餘緒·命門圖說』)라고 말하였다.

만물이 이왕 태극으로 말미암아 생겨난 것이라면, 만물에 대해 태극은 선천 원기元氣 혹은 선천의 정精이라고 말할 수 있다. 그리고 만물이 이미 생성된 후 생성과정 중에 필요하게 된 원료는 '후천의 기' 혹은 '후천의 정'이 되는 것이다. 기공학과 중의학의 인체의 선천적인 기氣와 후천적인 기의 구별은 위에서 말한 이치와 사람의 생육과정을 결합시켜 제시한 것이다.

선천, 후천의 구별은 양생과 치료에 중요한 의의를 지닌다. 우리는 '심心'이 우리 몸의 군주기관으로, 인간의 행위 및 생리과정에 통제기능을 갖고 있음을 알고 있다. 그러나 '심'의 통제기능은 후천 범주에 속한다. 즉 '명문이 있은 연후에 심心을 낳게(명문이 있은 뒤에 心이 생겨남)'되는 것이다. 명문은 생명과정에 통제기능을 가진 것으로서 선천범주에 속한다. 그러므로 명문이 심보다 더욱 중요한 것이다.

사람이 능히 생존하고, 장수하느냐 못하느냐에 있어 후천의 기 역시 소홀히 할 수 없는 것이지만, 더욱 관건이 되는 것은 선천의 기이다. 선천의 기가 보존되면 설령 후천의 기가 쇠퇴하여 허하게 된다고 하더라도 여전히 건강회복의 희망은 있다. 그러나 반대로 선천의 기가 거의 다하게 되면 성명을 보전하기 어렵다. 그러기에 양생과 치료에 있어서는 가장 먼저 선천의 기를 살핀다. 내단공의 목적은 바로 후천의 기를 선천의 기로 변화시켜 선천의 기를 배양하고 충족시킴으로써 수명이 자연스럽게 연장되도록 하는 것이다.

넷째, 태극이 만물을 생성한다는 이론에 의거하여 "사람마다 하나의 태극을 갖고 있으며, 사물 사물마다 하나의 태극을 가지고 있음"(朱熹)을 추정할 수 있다. 기공학과 중의학은 바로 이런 원리의 인도 아래 명문, 즉 단전의 개념을 확립하였다. 만물이 모두 태극으로부터 생겨난 것이기 때문에 우리는 사람마다 하나의 태극을 가질 뿐만 아니라, 사람 몸의 상하 곳곳에 모두 하나의 태극을 갖고 있다고 말할 수 있는 것이다. 따라서 일부 기공가들은 여기에서 한 걸음 더 나아가 "사람의 몸 어디에도 단전 아닌 곳이 없다(人身無處不丹田)."는 주장을 제기한다.

임상적 실천은 몸의 많은 기혈 모두 마음을 유지할 수 있으며(意守), 그 방법을 얻게 되면 모두 기공의 치료효과를 얻게 된다는 사실을 증명한다. 명나라 사람 조사연曹士珩은 『保生秘要』에서 "곤륜崑

命에서 용천涌泉(즉 머리에서 발)에 이르기까지 온몸 전후의 요처에 비록 각각의 비결을 전수받아 그 우수한 바를 취한다 하더라도, 만약 그 하나만을 정심으로 지킨다면 모두 병을 일으키게 될 것이다."(『雜病源犀燭』)라고 하였다. 여기에서 "모두 병을 일으키게 될 것이다(皆可起病)."라고 한 것은 바로 인체의 곳곳에 태극이 작용을 일으키고 있기 때문인 것이다.

그러나 설령 매 괘마다 모두 그 나머지 63괘의 정보를 내포하고 있다고 하지만 각각의 괘는 결국 본괘 위주로 그 성질을 드러내는 것이며, 그 나머지는 숨겨 있는 속성에 불과한 것임을 알아야 한다. 다시 말하면 이 괘는 물론이고, 인체의 서로 다른 부위도 또한 각기 기능을 달리하는 것이지 결코 서로 같은 것이 아니다. 그러므로 "모두 병을 일으키게 될 것이다."라고 말한다고 해서 서로 다른 부위의 특이성을 부인하는 것은 결코 아니다. 기공 양생설에 따르면 하단전에 마음을 두는 기공의 효과가 가장 분명하며, 또한 가장 많이 사용된다고 한다.

인체를 하나의 통일계통(全息系統)으로 확정한 것은 중국 고대 인체과학의 거대한 발견이었다. 위에서 언급한 것 외에도 고대 학자들은 또한 촌구맥상寸口脈象, 척부尺膚, 설태舌苔, 오관五官, 면부面部 등을 제기하여 오장육부와 주신기혈周身氣血의 건강상황에 능히 반영할 수 있었고, 또한 귓바퀴는 전신 기관조직의 전체에 대한 축소판이기 때문에 귓바퀴 상관 부위를 침 놓고 안마하여 보건과 치료의 작용을 담당할 수 있었다.

5장 양생의 요령

기는 형신 양면을 가지고 동정의 양태로 나타난다

5장-양생의 요령

기는 형신形神 양면을 가지고 동정動靜의 양태로 나타난다

  태극은 곧 기氣이며, 기는 우주만물의 본체이다. 그러나 널리 흩어져 동탕하며 흐르는 기만 우주에 존재하는 유일한 형식인 것은 결코 아니다. 기는 모여서 만물을 형성하고, 또한 형신形神이라는 중요한 양면을 지닌다. 그러나 기의 발생과 변화 또한 동정動靜이라는 두 가지 양태로 나타난다. 따라서 기의 기초 위에서 형신·동정의 문제를 분명하게 논의해야 우주의 전체 모습을 제대로 파악할 수 있는 것이다.

1 신형神形 합일관

기공 양생학은 바로 이와 같은 우주구성의 형식으로 인체를 이해하고 묘사한 것이며, 아울러 양생과 기공에 관한 이론을 구축한 것이다.

1) 신神은 만물을 묘하게 변화시키나 물物에 얽매이지 않는다

신은 역학 가운데 있어 중요한 하나의 범주이다. 주백곤朱伯崑 선생의 말을 들어보자.

『역전』 중의 '신神'의 용법을 전반적으로 다음과 같이 네 종류의 형태로 개괄하면서『역전』에서 말하는 '신'은 그 뜻이 일치하지 않다고 말한다. 첫째, 천신天神· 귀신鬼神· 신령神靈을 가리키는 말이다. 예를 들면 관괘觀卦 「단전」에서 "성인이 신도神道로써 가르침을 베푼다."라고 말한 것이나, 「계사전」에서 "하늘이 신묘한 사물을 생하자 성인이 이를 법칙으로 삼았다."라고 말한 것이나, 「설괘전」에서 "그윽하게 신명神明을 도와 시초蓍草를 생하였다."라고 말한 것이 이에 해당한다. 둘째,

신속한 변화를 가리킨다. 「계사전」에서 "신묘하기 때문에 빠르게 하지 않아도 빠르며, 행하지 않아도 이른다."라고 말한 것이 이에 해당한다. 셋째, 사상적으로 깊이 깨달음을 가리킨다. 예를 들면 「계사전」에서 "신묘하게 통하여 밝힘은 사람에게 달려 있다."라고 말한 것이 이에 해당된다. 넷째, 사물의 변화가 신묘하여 측량할 수 없음을 가리킨다. 마지막의 함의는 선진의 서적 가운데 『손무병법』의 "군대(兵)는 기세를 항상 유지할 수 없고, 물(水)은 그 형상을 항상 유지할 수 없다. 변화에 따라 능히 승리를 이끌어 내는 것을 신神이라 한다."(「虛實」)라는 말에서 비교적 일찍 나타나고 있는데, 이는 형세의 변화를 따라서 승리를 취하며, 그 군대를 운용함이 신묘하여 측량할 수 없음을 말하는 것이다. 또한 『순자』의 "뭇별들이 따라서 돌고, 해와 달이 교대로 비추며, 사시四時가 돌아가며 운행하고, 음양이 크게 변화하며, 바람과 비가 널리 베풀어져 만물이 각자 그 조화를 얻어 생하고, 각자 그 양육을 얻어 자라게(成) 된다. 그러나 그 일(事)은 보지 못하고 그 성과(功)만을 볼 뿐이니 이것을 일러 신이라 한다."(「天論」)라는 내용에서도 나타나고 있다. 이것은 천시天時의 변화로써 만물을 낳고 키움에 있어 그 구체적인 작업(作爲)은 볼 수 없고, 그 공적만을 볼 수 있음을 신이라 일컫는다는 말이다. 이것 역시 신묘하여 측량할 수 없음의 뜻이다. 「계사」에서 말한 '음양변화의 측량할 수 없음'을 '신'이라 일컫는다고 할 때의 신은 『손자』와 『순자』에서의 인식과 일치한다.*

이 네 가지의 뜻을 종합하여 보면 모두 사물의 운동능력과 변화의 통제능력을 지칭하는 것으로, 기능상의 특성에 대한 형용과 묘사라는 점이 공통점이다.

『설괘전』에서 "신神이란 만물을 신묘하게 함을 말하는 것이다.

---

* 朱伯崑, 『易學哲學史』上篇.

만물을 움직임은 우레(雷)보다 빠른 것이 없고, 만물을 흔듦은 바람(風)보다 빠른 것이 없으며, 만물을 건조시킴은 불(火)보다 빠른 것이 없고, 만물을 기쁘게(說) 함은 연못(澤)보다 더 좋은 것이 없으며, 만물을 적심(潤)은 물(水)보다 더 좋은 것이 없고, 만물을 마무리하고 만물을 시작함은 간艮보다 더 왕성한 것은 없다. 그러므로 물과 불이 서로 미치며, 우레와 바람이 서로 어그러지지 않으며, 산과 연못이 기를 통한 뒤에야 능히 변화하여 만물을 이루는 것이다."라고 하였다.

움직임(動)·흔듦(撓)·건조시킴(燥)·기쁨(說)·적심(潤)·마침(終)·시작(始) 등은 모두 만물변화의 어떠한 기능을 촉진시킴을 가리키는 것이며, 또한 모두 '신神'의 구체적인 표현으로, 이를 통칭하여 '묘妙'라고 하는 것이다. '만물을 신묘하게 함'은 즉 만물을 신기롭게 운동 변화하게 하는 것으로, 이것이 바로 '신'이다.『관자』에서 "하나의 사물이 능히 변하는 이것을 일러 신이라 한다."라고 말한 신은, 능히 변하는 사물을 가리키는 것이 아니라 사물이 능히 변하게 되는 까닭 및 변함의 표현을 가리키는 것이다.

북송의 역학가 장재張載의 신에 대한 용법에도 똑같은 것이 있다. 그는 "천하의 움직임은 신神이 고동하게 하는 것이요, 신이 움직임을 주관하는 것이니, 천하의 움직임은 모두 신의 행함(爲)이다."(『橫渠易說·繫辭傳上』)라고 하였다. 명·청 교체기의 왕부지는『周易內傳』가운데에서 "신神이란 건곤이 덕을 합함에 있어 강건함(健)으로 순종(順)을 이끌고, 순종으로 강건함을 받들며, 상호간의 신묘한 작용이 끊임없이 만물 가운데에서 병행하는 것을 말한다."라고 하였다. 왕씨에 의하면 신은 즉 만사만물 내부에 온축된 음양의 신묘한 작용으로서, 이런 신묘한 작용은 모든 일체만물변화의 동인動因

이라는 것이다.

이를 종합해보면 비인격적인 우주기능으로서의 '신神'은 다음과 같은 내함內涵과 특징을 포괄하고 있다. 첫째, 그것은 만물 운동변화의 내재적 추동력이다. 둘째, 그것은 만물을 신묘하게 형성하며 아울러 만물을 총섭하는 것으로서, 만물을 주도하고 지배하는 요인이다. 셋째, 그것은 태허太虛(우주의 근원)와 만물 속에 깃들어 있다.

『계사전』상에서 "일음일양을 일러 도라고 한다.", "음양변화의 측량할 수 없음을 일컬어 신神이라 한다."고 하였다. 이것은 도와 신 모두 음양을 본질로 삼고 있음을 설명하고 있는 것이다. 도는 음양의 왕래와 열고 닫음, 그리고 만물을 지배하는 데에 주로 중점을 두고 있고, 신은 음양변화의 교묘함과 파악하기 어려움을 두드러지게 묘사하는 데에 주로 중점을 두고 있다.

만약 도를 우주의 본시本始 및 본체라고 한다면, 신은 우주의 본시 및 본체의 중요한 속성과 기능의 표현이라고 할 수 있다. 그러므로 『계사전』상에서 또한 "도를 드러내고 덕행을 신묘하게 한다.", "변화의 도를 아는 사람은 신이 하는 것을 아는 사람이다."라고 하였다. 도의 드러남은 곧 신의 품성이며, 신의 운행과 작용 또한 도의 움직임(推動)을 가리키는 것이다.

북송 주돈이는 이를 바탕으로 (이치를) 발휘하여 "천도가 행함에 만물이 순응하고, 성인의 덕이 행함에 만민이 크게 교화된다. 크게 순응하고 크게 교화됨에 그 흔적을 볼 수 없고, 그렇게 되는 (까닭을) 알 수 없는 것을 일러 신神이라 한다."(『通書·順化』)고 하였다. 신과 도는 동일한 계층에 속하는 것으로, 동일한 대상에 대한 서로 다른 각도에서의 묘사임을 알 수 있다. 그러므로 어떤 의미에서는 신은 곧 도라고 말할 수 있다. 도와 태극을 동등한 것으로 대하기 때문에 신과 도의 관계 역시 곧 신과 태극의 관계인 것이다.

인격화된 신령의 신神 외에 물질세계의 기능으로서의 신神은 형形과 기氣를 떠나서 존재할 수 없는 것이다. 그래서 "음양변화의 측정할 수 없음을 일러 신이라 한다."와 "도를 드러내고, 덕행을 신묘하게 한다."는 등의 말은 설명하지 않아도 이미 자명한 것이다.

후세의 역학가들은 더욱 명확하게 이를 설명하였다. 장재는 『正蒙·神化』에서 "신神은 천덕이며, 화化는 천도다. 덕은 그 체體이며, 도는 그 용用이니, 하나의 기氣일 따름이다."라고 하였다. 신은 기의 운동변화의 본성이며, 화는 기 변화의 과정이다. 전자는 체가 되고, 후자는 용이 되지만 모두 기로 통일된다.

신과 화는 곧 음양의 기 변화의 성능과 표현인 것이다. 그러기에 또한 "신神과 성性은 기氣가 본래 갖고 있는 바다."(「乾称」)라고 하였고, 주희는 주자周子 『通書』의 "만물을 신묘하게 함"을 주석하면서 "신神은 곧 형形에서 분리되지 않는 것이지만 그러나 형에 얽매이지도 않는다."라고 설명하였다. 운동변화의 기능으로서의 신은 유형의 사물에 깃들어 있어 서로 나뉘어 질 수 없는 것이지만, 구체적인 기물에 한정되지 않고, 그것을 능히 초월하여 앞을 향해 나가도록 추동하는 것이다. 명·청 교체기의 왕부지는 '신神'의 측량할 수 없는 성질을 더욱 구체적으로 설명하였다.

역학 범주로서의 물(形)과 신은 기타의 중국철학 범주와 마찬가지로 매우 커다란 영활성, 유동성과 비확정성을 가지고 있다. 그것들이 가리키는 것이 어떤 때는 일반적인 물질과 운동에 가깝고, 어떤 때는 구체적인 사물과 구체적인 운동형식을 가리키기도 한다. 따라서 우리들이 일반적으로 철학적인 형신形神관계의 문제를 논의할 때에는 당연히 각종 상황을 모두 고려하여 논의해야 하는 것이다.

전체적으로 보면 중국철학에서는 일반적인 물질과 운동에 대한 담론은 비교적 적고, 항상 토론되는 대부분은 체제 전체가 가지고 있는 각종 문제들에 대한 것이다. 고대 철인들이 '물'과 '신'을 논할 때 그들이 중시한 것은 바로 전체 체계로서의 '물'과 전체 체계로서의 '신'이었다.

역학과 중국철학에서 우주만물의 운동기능을 신神이라 부르고, 동시에 사람의 심신心神을 신神이라 부른 것은 역학과 중국철학이 이 두 가지의 동일성을 강조하고 있음을 표명하는 것이다. 그러나 사람 마음(心)의 신神의 최대 특징은 정보를 받아 전달하고 가공하며, 아울러 이 정보메시지를 이용하여 인체조직을 통제하는 데까지 이르게 된다는 점이다.

우리는 이 정보메시지가 생명현상의 특징이며, 중국의 고대학자들은 이 생명을 광범위하게 사용하는 경향을 가지고 있었음을 알고 있다. 이러한 까닭에 우리는 옛사람들이 신으로 우주만물 운동변화의 기능을 말할 때에는, 이 신 가운데에 정보메시지 공능功能의 함의가 포함되어 있다고 말하는 것이다. 이 점에서 신은 곧 기이기 때문에 기 또한 정보메시지를 전달한다는 사상과 연계되어 있다. 이렇게 보면 역학 가운데 '만물을 신묘하게 함'과 '형形에 얽매이지 않는' '신神'에는 한층 더 깊은 내적 함의를 가지고 있는 것으로서, 실제로는 정보메시지(氣)의 작용을 '신' 속에 시켰던 것이다.

이상의 내용을 종합하여 보면 신神은 도 혹은 태극의 기능을 표현한 것이고, 우주만물이 내포하고 있는 능동적 요소로서, 신은 사물을 주도하고 통제하며, 사물이 어떻게 변할지를 결정하는 것이지만 사물 밖에 존재하는 것이 아니다. 신의 추동 아래 신과 물의 통일체는 자기를 초월하며 진화를 실현하게 되는 것이다.

2)형形과 신神을 갖추면 천년을 다 마친다

기공 양생학은 역학과 서로 일치하는 것으로서, 기능과 기능 담당자의 각도에서 사람에 대한 분석을 진행하여 인체를 형形과 신神의 양 방면으로 나누고, 형과 신의 양면은 사람의 생명과 건강장수에 있어 하나라도 없어서는 안 될 것으로 여긴다.

순자는 "형이 갖추어지면 신이 생하게 되고, 좋음과 미움, 기쁨과 성냄, 슬픔과 즐거움을 담게 된다."(『荀子 · 天論』)라고 하였다. 그는 형은 신을 생성하는 물질적 기초가 됨을 긍정하였다. 『내경』에서도 "생生을 불러오는 것을 정精이라 하고, 두 정이 서로 밀치며 다투는 것을 신이라 한다."(「靈樞 · 經脈」)고 하였고, 또한 "오미五味가 입으로 들어와 위장에 저장되면, 미味에 구비된 바로 오기五氣를 기르게 되고, 기가 화합하여 생이 이루어지면 진액津液이 서로 형성되면서 신이 자연히 생성된다."(「素問 · 六節藏象」)고 하였다.

정은 사람의 형체를 구성하는 중요 성분으로 장부기혈臟腑氣血을 생성 변화시키는 토대이자 생명의 근본이다. 신神은 정精으로부터 파생되는 것이다. 따라서 형形의 존망은 신의 존망을 결정하게 되므로 신은 단지 형을 따라 존재할 뿐이며, 결코 형을 떠나 생성될 수도 없다. 『내경』에서는 이를 강조하여 "정기가 소모되어 상하고, (인체의 영양조절을 담당하는) 영기榮氣가 원활하지 못하고, (각 기관의 보호작용을 담당하는) 위기衛氣가 없어지기 때문에 신이 떠나는 것이다."(「素問 · 湯液醪醴」)라고 하였다.

그러나 다른 면에서 보면 신은 형에 대해 지극히 중요한 것이다. 신의 안위는 똑같이 직접적으로 형의 존망을 결정한다. 『내경』에서 말하기를 "가운데(中)에 뿌리를 두고 있는 것을 명명하여 신기神機라고 하는데, 신神이 떠나면 곧 기機도 멈추게 된다."(「素問·湯液醪醴」)라고 하였다. 사람은 입으로 음식을 먹는 동물과 마찬가지로 '가운데에 뿌리를 두고 있는 것(根于中者)'이다. 만약 신이 떠나면 사람과 동물의 생명은 곧 끝나게 된다. 그러기에 『내경』에서는 반복하여 지적하기를 "신을 잃는 자는 죽고, 신을 얻는 자는 산다."(「靈樞·天年」), "신을 얻는 자는 창성하고, 신을 잃는 자는 망한다."(「素問·移精變氣」)고 하였다. 여기에서 형과 신은 상호 의존하는 공존의 관계임을 알 수 있다.

삼국 시기의 혜강嵆康은 "형은 신에 의지하여 서게 되고, 신은 모름지기 형에 의해 존재한다."(『養生論』)고 하였다. 『西升經』 卷四 「神生章」에서는 한걸음 더 나아가 "신은 형에서 생하고, 형은 신에서 이루어진다. 신은 형을 얻지 못하면 스스로 생할 수 없고, 형은 신을 얻지 못하면 스스로 이루지를 못한다. 형과 신이 합하여 하나가 될 때 더욱 상생하고, 더욱 상성하게 된다."고 하였다. 이는 형과 신이 상생상성하며 상호작용을 전개하고 있음을 표명한 것이다.

기공 양생학과 중의학에서는 또한 음양통일을 응용하여 형신形神 관계를 이해한다. 형은 음, 신은 양으로 여긴다. "음은 안에서 양을 지키고, 양은 밖에서 음을 부린다."(「素問·陰陽應象」) 여기에서 말하는 '안'과 '밖'은 전체 신체의 내외를 가리키는 것일 뿐만 아니라, 동시에 어떤 일부분의 형체기관과 조직을 지칭하는 것이다. 기능은 양으로 항상 밖으로 드러나고, 형질形質은 음으로 양의 안을 지킨다. 음양의 상호관계를 가지고 형신의 소멸과 성장이 상호 뿌리가 됨을 완전히 설명할 수 있다.

기공 양생학과 중의학에서 말하는 인체의 신神은 일반적인 생명기능을 포괄함은 물론 사유·감정·의지와 인체의 무의식적 조절기능까지도 포괄한다. 그러나 신과 상대적인 형은 장부臟腑기관, 근육백골筋肉白骨, 혈맥정수血脈精髓, 진액피모津液皮毛 등 눈으로 볼 수 있는 유형적인 신체부분을 포괄한다. 형과 신 모두 생명에 대해 결정적 작용을 일으키는 것으로 그 중요성에 있어서는 어느 것이 더 중요한지를 구분하기 어렵다. 그러나 형과 신은 인체의 생명과정 상에 있어서 그 작용이 각기 다르기 때문에 반드시 이를 분명하게 구분하여야 한다.

총괄하여 말하면, 형形은 생명의 물질적 기초이고, 신神은 생명의 원동력이며 주재자이다. 장개빈은 "정精과 기氣는 본래 자연히 서로 간에 생겨나는 것으로, 정기가 이미 충분하면 신은 자연스럽게 왕성하게 되는 것이다. 그러나 신이 비록 정기로부터 생하는 것이지만, 오히려 정기를 통제하고 운용하는 주재자가 되는 까닭 또한 나의 마음의 신에 있는 것이다."(『類經·攝生類三』)라고 하였다. 이것은 근본적으로 말하면 물론 신은 형을 근본으로 삼고 있기 때문에 형으로부터 독립할 수 없는 것이지만, 신은 생명체 중의 능동적 요소로서, 생명체로 하여금 생명의 규칙을 따라 활기차게 움직이게 하는 원동력이며 통제의 중추가 됨을 말하는 것이다. 이런 종류의 형신관形神觀은 "신은 형을 떠날 수 없지만, 형에 얽매이지도 않는다.", "신은 묘하게 만물을 변화시킨다."와 관련된 역학사상과 일치한다.

이상의 논의에 기초하여 기공 양생학에서는 건강 장수하려면 반드시 형과 신을 겸하여 살피고, 이 양자를 관통시키고, 아울러 각자의 특징에 의거하여 이 양자를 배양하고 보호하는 방법을 제정해야 한다고 생각하였다.

『내경』에서 "음을 공평하게 하고, 양을 알맞게 하면 정신이 다스려지고, 음양이 떨어져 결별하면 정기가 단절된다."(「素門·生氣通天」)고 하였다. 형신양생形神養生으로 말하면 '음평陰平'은 형질形質 방면의 평화적중平和適中을 요구하는 것이고, '양비陽秘'는 생명기능이 과하거나 부족함이 없도록 알맞게 발휘됨을 지칭하는 것이다. 그리하여 생명물질과 생명의 잠재적 능력이 정상적인 생리운행 중에 최대한 절약되어 과량의 불필요한 소모와 밖으로 발산되어 낭비되는 일이 없도록 하는 것이다.

음양이 상호 뿌리가 되기 때문에 형의 양성은 신의 양성에 의지하게 되고, 신의 양성은 형의 양성을 요청하게 된다. 『내경』에서 "신을 기르는 자는 반드시 형의 살찜과 마름을 알아야 하고, 혈기의 왕성과 쇠퇴를 영위해야 한다. 혈기血氣는 사람의 신神으로 삼가 기르지 않으면 안 된다."(「素門·八正神明」)라고 하였다. 이는 형의 배양은 신의 양성에 유리하며, 정精과 기氣는 신神의 근원임을 표명한 것이다. 또 "만족함을 지킬 줄 모르고, 때때로 신을 다스리지 못하고, 마음의 쾌락에만 힘쓰고, 삶의 즐거움을 거스르며, 기거함에 절제가 없기 때문에 반백의 50세에 이미 쇠하게 되는 것이다."(「素門·上古天眞」)라고 하였다.

정情·성聲·색色을 쫓아 신을 기를 줄 모르고, 동시에 또한 정기를 소모하여 형체를 상하게 함으로써 일찍 쇠퇴함에 이르게 된다는 것이다. 그러나 "도를 아는 사람은 음양을 법칙으로 삼고, 술수術數에 합하며, 음식을 절제하고, 기거함에 법도를 지키며, 경망스럽게 함부로 헛수고를 하지 않기에 능히 형과 신을 함께 갖추어 그 천년을 다 마칠 수 있는 것"이라고 하였다. 다시 말해서 만약 능히 양생의 규칙을 준수하여 형신形神 양면이 모두 잘 배양되고 보호받게 된다면 곧 건강하게 장수할 수 있다는 것이다.

3) 가장 좋은 것은 신神을 기름이요, 그 다음은 형을 기름이다

형과 신이 비록 생명을 유지함에 있어 모두가 없어서는 안 될 중요한 것이지만, 신은 형의 주인(主)이기 때문에 양생과정 가운데 신의 조섭調攝은 더욱 중요한 작용을 하게 된다. 그래서 기공 양생학에서는 양신養神의 중요성을 특별히 강조한다. 이것은 역학과 중국철학에서, 기능이 실체를 뛰어넘는 것을 중시하는 사유 경향과도 또한 일련의 관계가 있다. 『내경』에서 "형은 대강 지키고, 신을 최상으로 지킨다."(「靈樞·九針十二原」)라고 하였는데, 이는 침으로 치료를 할 때 초급 수준의 의사는 형체에 착안하지만, 환자의 신을 파악할 때 비로소 고급 의술이 됨을 뜻하는 말이다.

이런 사상 또한 양생에 적용되었다. 『淮南子·太族訓』에서 "몸을 다스림에 있어서는 신을 기르는 것이 최상이고, 그 다음이 형을 기르는 것이다."라고 하였다. 이에 대해 명의 주권朱權은 "옛날 신성한 의술을 갖춘 의사는 능히 사람의 마음을 치료하여 미리 예방함으로써 질병에 이르지 않도록 하였다. 지금의 의사는 오직 사람의 질병만을 취급할 줄 알 뿐 사람의 마음을 치료할 줄은 모른다. 이는 마치 근본을 버리고 말단만 좇으며, 그 근원을 궁구하지 않고 그 지류만을 다스리면서 그 질병이 치유되기를 욕구하는 것과 같으니, 또한 어리석은 일이 아니겠는가?"(「活人心法」)라고 하는 매우 좋은 견해를 제기하였다. 소위 '사람의 질병만을 취급함'이란 곧 형체상의 질환을 다스리는 것이다. 그러나 '사람의 마음을 치료함'이란 사람의 정신을 조절하여 정돈하는 것을 가리키는 것으로, 기공의 '조심調心'을 포괄하는 것이다.

주권이 보기에 양생의 질병치료는 마음이 근본이고 몸은 말末이며, 신이 근원이고 형은 지류로, 주된 것과 후차적인 것의 구분이 명백하다. 명나라 사람인 구우瞿佑도 말하기를 "양생의 법도 심心을 기르는 것을 위주로 한다. 심에 병이 없으면 곧 신에도 병이 없게 되고, 신에 병이 없으면 사람에게도 병이 없게 된다. 또한 신을 응집함에 있어, 신이 응집하면 기가 모이고, 기가 모이면 형이 온전하게 된다. 만약 매일 힘들고 배척하고 요란스럽고 근심스러움을 좇으며, 신이 머무를 집을 지키지 못하면 쉽게 노쇠하게 된다."(『居家宜忌』)고 하였다. 이러한 설명은 모두 양신養神이 양형養形보다 우선이라는 점을 강조한 것이다.

고대 기공에서는 '성性'을 중시하고, '명命'을 중시하였다. 송대 이후에는 대부분이 '성명쌍수性命雙修'를 주장했다. 『性命圭旨』에서는 "성은 신의 근본이다.", "명은 기의 근본이다."라고 하였다. 근대의 인물인 진영영陳攖寧은 "성과 명은 본래 일물一物로 둘로 나눠질 수 없다. 그 '영기靈機'를 가지고 말할 때 이를 일러 '성性'이라 하고, '생기生機'를 가지고 말할 때 이를 일러 '명命'이라 하는 것이다."(『辨命歌」按』)라고 생각하였다. '영기'와 '생기'가 비록 같은 것은 아니지만, 모두 기능에 속하는 것이다.

그러므로 넓은 의미에서 말하면 성과 명은 모두 '신'의 범주에 속한다. 그러나 성과 관련된 신은 좀 더 높은 차원의 신을 지칭하는 것이고, 명과 관련된 신은 몸 전체에 속하는 것이다. 성과 명의 관계를 가지고 본다면 명은 기초이고, 성은 주도하는 자이다. 그러나 명命을 형形과 같은 것으로 볼 수는 없다. 명은 기의 근원이고, 이것은 형과 상대적인 것이기 때문이다. 그러기 때문에 '성의 공부'든, '명의 공부'든, 혹은 '성명性命의 양자를 함께 수련'하든 실제적으로는 모두 양신養神을 제일로 삼고 있는 것이다.

기공 양생학에서는 형과 신이 굳게 결합되어야 생명이 오래 보존될 수 있음을 강조한다. 위나라 사람 혜강嵇康은 "형과 신이 친밀해야 밖과 안이 모두 성취된다."(『養生論』)고 하였다. 도홍경 또한 설명하기를 "형체와 모습이 결합된 것은 형과 신에 지나지 않는다. 형과 신이 하나가 될 때 사람이 되고, 사물이 된다. 형과 신이 분리되면 곧 영靈이 되고, 귀鬼가 되는 것이다."(『華陽陶隱居集·答朝士諡仙佛兩法体相書』)라고 하였다.

양생가들은 모두 신형神形이 긴밀하게 결합되어 있음을 생명의 이상적인 상태로 보았다. 그렇다면 어떻게 해야 긴밀히 결합되어 떨어지지 않게 되는 것일까? 형신形神 가운데에서 신이 능동적으로 주도하는 것이기 때문에, 형신합일을 유지하는 양생방법으로서 중요한 것은 신의 자아조절을 통하여 신이 밖으로 뛰쳐나가지 않고 자기형체에 머물러 있도록 하는 것이다.

이를 바탕으로 기공 양생학에서는 일련의 조심調心의 원칙과 방법을 제시하였는데, 그 중 가장 중요한 것은 다음의 두 가지이다. 하나는 마음을 비워 고요하게 하는 것(虛靜)이고, 다른 하나는 생각을 한 곳에 모아 지키는 것(意守)이다. 마음이 고요해지면 신이 밖으로 뛰쳐나가지 않으며, 생각을 한 곳에 모아 지키면 신을 응집하여 몸 안으로 들이게 된다.

『莊子』에서 "지극한 도의 정精은 그윽하고 오묘하며, 지극한 도의 극치는 어둡고 고요하다. 보지도 말고, 듣지도 말며, 신을 지켜 고요하게 하면 형은 곧 자연히 바르게 된다. 반드시 고요하고 맑게 하여 너의 형을 수고롭게 하지 말 것이며, 너의 정을 요란스럽게 하지 않아야 이에 장생할 수 있는 것이다. 눈에는 보는 것이 없게 하며, 귀로는 듣는 것이 없게 하며, 마음으로는 아는 것이 없게 하며, 너의 신이 장차 형을 지키도록 해야, 형이 이에 장생하는 것이다."(「在宥」)라고 하였다.

양생공부로서 "신을 지켜 고요하게 한다.", "신이 장차 형을 지키도록 한다."는 것은 형과 신의 연결을 강화하고, 양자의 상생상성과 화해和諧 통일을 촉진시키는 것이다. 『내경』에서도 "상고시대 진인眞人은 천지를 다스리며, 음양을 파악하고, 정기를 호흡하고, 홀로 서서 신을 지키며, 살갗과 살이 하나가 되었다. 그러기에 능히 장수하여 천지에 이르고 마치는 때가 없었으니, 여기에 그 도가 생하게 되었다." 또한 "고요하고 맑으며, 텅 비우고 아무것도 없게 하면 진기眞氣가 따르고 정신이 안에서 지켜지니 병이 어디서 오겠는가?"(「素問·上古天眞」)라고 하였다.

"홀로 서서 신을 지킨다.", "정신이 안에서 지켜진다."는 것은 바로 고요하고 담담한 마음을 신체의 어떤 일부에 머물게 함을 가리키는 말이다. 만약 항상 이렇게 한다면 형신形神을 떨어지지 않게 하여 장수할 수 있도록 할 것이다. 마음을 고요하게 함(靜心)과 생각을 한 곳에 머무르게 함(意守)은 신형神形의 상합을 촉진시킬 뿐만 아니라, 또 다른 이익이 있음을 뒤의 적당한 곳에서 설명을 덧붙이도록 하겠다.

2 형形·기氣·신神의 총체관

형신形神관계를 깊이 이해하고 타당하게 처리하려면 반드시 기氣가 사람 몸 안에서 어떻게 작용하는지를 고려해야만 한다. 기는 형의 본원이며, 또한 신의 내면적 바탕이다. 형·기·신 삼자는 전환과 통제로 가득 찬 하나의 동태적이며 활동적인 유기적 총체를 구성하고 있다.

1) 신과 기의 관계

역학에서는 신은 만물을 묘하게 변화시키지만 사물에 얽매이지는 않는다고 주장한다. 그렇다면 신의 직접적인 실현자 혹은 담당자는 도대체 무엇인가? 「계사전」상에서 "정기가 사물(物)이 되고, 혼이 떠돌아 변하기 때문에 귀신의 정상情狀을 알 수 있다."라고 하였다. 「계사전」의 작자는 '귀신'이라고 부르는 것의 변화의 원인이 정기의 작위라고 여겼다. 여기에서 '귀신'의 본질은 기이며, 기의 왕래굴신인 것을 알 수 있다.

「계사전」 상에서 또한 "음양(변화)의 측량할 수 없음을 일러 신이라 한다."고 하였는데, 여기에서 '음양의 측량할 수 없음'이란 음양 변화를 파악하기 어렵다는 것을 가리키는 말이다. 그리고 그 변화의 실현자는 음양이기다. 따라서 신은 기 변화(氣化)의 바깥 모습이요, 기가 밖으로 나타나 보이는 것이 신이다.

신神이란 우주만물의 기능을 지칭하는 것이라고 앞에서 이미 설명하였다. 그리고 역학과 중국철학에서도 일반적으로 모두 기를 사용하여 기능을 표현하거나 설명하고, 이 기를 공능의 담당자 혹은 실현자로 여긴다. 그러기에 신은 곧 기이며, 기의 본성이라고 하는 것은 도리로 보아 당연한 결론이다. 후세 역학가들은 이 점을 더욱 직접적으로 설명하였다. 예를 들면 장재는 신을 기 고유의 본성으로 여기고, "기의 성性은 본래 허虛하며 신(묘)하다"(『正蒙·乾稱』)라고 하였다. 왕부지는 "신이란 다른 것이 아니라 이기二氣가 잘 통하는 이치"(『周易內傳·說卦』)라고 하였다.

마음의 신을 기로 보는 것은 중국의 고대 사람들 대부분이 인정하고 있다. 춘추전국시대의 자산子産은 "사람이 생함에 비로소 모양이 이루어진 것(化)을 백魄이라 한다. 이미 백이 생함에 그 양을 혼이라 한다."(『左傳』昭公七年)고 하였다. 혼은 곧 정신이며, 양은 당연히 양기를 가리킨다. 이것은 신이 곧 기를 선도하는 것이라고 말할 수 있음을 논한 것이다.

『禮記』에서 "(사람이 죽으면) 혼의 기는 하늘로 돌아가고, 형체인 백은 땅으로 돌아간다."(「郊特牲」)라고 하였고, 또한 "몸의 백은 아래로 내려가고, 앎의 기(知氣)는 위에 있다."(「禮運」)라고 하였다. 서한시대 이루어진 책인 『黃帝內經』에서도 이를 단호하게 긍정하여, "신이란 수곡水穀의 정기다."(「靈樞·平人絶谷」)라고 하였다. 또

"무엇이 신이냐? 혈기가 이미 조화를 이루고(和), 영위營衛가 이미 두루 통하며, 오장五臟이 이미 이루어지고, 신기神氣가 마음에 머물러 혼백이 모두 갖추어져 사람이 되는 것을 말한다."(「靈樞·天年」)라고 하였다.

중국철학사에서 사람이 죽은 후에 신이 없어지느냐 아니면 없어지지 않느냐의 논쟁은 끊임없이 계속해서 이어져 왔다. 그러나 이에 대해 어떤 입장을 취하든 모두가 신이 곧 기라는 점을 부인하지는 않았다. 동한의 왕충은 "형은 반드시 기가 있어야 이루어지고, 기는 반드시 형으로써 알게 된다. 천하에 홀로 타는 불은 없으니, 세상 사람들이 몸체 없이 홀로 아는 정精을 어찌 얻을 수 있겠는가?"(『論衡·論死』)라고 하였다. 남조南朝의 양범진梁范縝은 "사람이 생함에 하늘로부터 기를 받고, 땅으로부터 형을 받는다. 형은 아래에서 소멸되고, 기는 위에서 소멸되기 때문에 '가지 않는 것이 없다(無不之)'고 말했다. '가지 않음이 없다'는 것은 헤아려 알 수 없음의 말이니, 어찌 반드시 그 신神과 지知가 있다고 하겠는가?"(『答曹舍人』)라고 하였다.

왕충과 범진은 모두 사람이 죽은 후 영혼이 존재한다는 것을 강력하게 반대하였다. 그러나 모두 마음의 신은 기이며, 사람이 죽은 후에 이러한 신기神氣는 다만 소멸하거나 혹은 자연으로 돌아가 마음의 신의 작용을 상실함에 불과할 뿐이라는 것은 인정하였다.

마음의 신을 기로 보는 것은 중국철학과 기공 양생학에서는 하나의 기본적인 관점이요, 또한 하나의 기본적인 특징이다. 이러한 관점에 대해 과거에 적지 않은 학자들이 비판적인 태도를 견지하였는데, '형신이원론形神二元論'의 판정을 덧씌운 것은 보기에 결코 타당한 것이 아니다. 기를 사용하여 정신현상의 작용을 해석하는 데에 대해서는 마땅히 새롭게 다시 분석하고 평가해야 하며, 아울러 과학적으로 진일보한 연구가 이루어져야 한다.

무엇보다도 먼저 마음의 신을 기로 본다고 해서, 이것이 정신의식을 간단하게 일종의 특수물질로 귀결함을 의미하는 것은 결코 아니다. 이런 판단을 갖게 된 것은 기 개념이 다만 일종의 특수물질 혹은 물질형태를 나타내는 것에 불과하다고 여긴 기에 대한 오해에서 비롯된 것이다. 그러나 사실은 그렇지 않다. 중국철학과 각종 전통학술에서는 기 개념이 물질을 대표하면서 동시에 또한 기능을 대표하는 것이었다. 기능을 가지고 말하면 일반적 의의에 있어서 기는 우주만물이 공동으로 갖추고 있는 운동변화 능력을 표시한다. 그러나 다른 장소와 다른 경우에 있어서 이런 운동변화 능력은 또한 다른 속성과 특징을 갖게 된다. 따라서 정기로써 심신心神을 해석하는 것이, 정신의식은 일종의 특수한 공능현상이라는 것을 부정함을 의미하는 것이 결코 아니다.

예를 들면 유종주劉宗周와 황종희黃宗羲는 심기합일설心氣合一說을 주장하여 "인심人心은 하나의 기일 따름이다.", "심心은 곧 기다."라고 하면서, '기의 영靈이 머물러 있는 곳'이 바로 마음(心)이라고 여겼다. 다시 말하면 그 담당자로서 말할 때 기이고, 그 기능으로 말할 때는 심이다. 기의 일종의 공능작용으로서의 심은 사람의 정신활동, 즉 '신'을 가리킨다. 이와 같을 뿐만 아니라 기 개념에는 또한 항상 정보와 정보담체라는 내적 의미가 담겨져 있다. 따라서 심신心神을 기로 보는 것은 정신의식 활동에 있어 정보공능을 더욱 두드러지게 나타낸 것이다.

정신의식이 대뇌에 의지하고 있음을 강조하는 서양철학의 유물주의는, 대뇌의 작용과 성능으로서의 정신의식이 단지 대뇌의 활동을 통해서만 존재한다고 여기며, 대뇌를 정신활동의 유일한 물질적 기초로 여긴다. 이런 이론에도 정확한 면이 있음은 의심의 여지가 없다. 그것은 과학적으로 정신의식 활동의 유형적 물질기초를 지적한 것이며, 물질을 초월한 정신현상의 가능성을 부정한 것이다. 그러나 그것에도 결점은 있다. 거기에서 이해하고 있는 대뇌는 하나의 유형적 물질기관일 뿐만이 아니라 또한 다만 유형적 부분에 한정되어 있는 것이다. 동시에 그것은 또한 정신의 유형적 대뇌에 대한 의존관계를 지나치게 강조한다. 따라서 그것으로 사유의 감정전달 현상을 해석할 수 없고, 뛰어난 지능을 가진 사람의 정신작용을 해석할 수 없다.

중국철학과 중국 인체과학에서는 심신心神을 기와 연결하여 일종의 가능성을 제공한 것인데, 사람들로 하여금 이론적으로, 정신의식이 유형적 물질기관인 '심心'에 의존하고 있음을 긍정하게 하는 동시에 또한 그것과 무형적인 기와의 물질적 관련을 제시하였다.

신이 곧 기라고 하는 것은 상당 정도 심신수련의 체험과 심능心能 현상에 대한 관찰에 근거하여 얻은 결론이다. 당연히 신기설神氣說에 소박성이 담겨 있음은 부인할 수 없는 사실이다. 그러나 신기설의 우월성은 그것이 정신의식 활동의 물질적 기초의 이중성, 즉 유형물질과 무형물질의 양면을 지적했거나 지적할 수 있었다는 데에 있는 것이다. 뇌전파腦電波와 생물장生物場 및 기의 본질에 대한 현대 연구는 정신의식과 기타 생명공능의 물질기초를 유형의 조직기관에 국한시키는 것이 보편적인 것이 아님을 가면 갈수록 더욱 분명하게 보여주고 있다.

중국철학과 중국 인체과학에서는 심신이 체내의 기와 체외의 기를 포괄한 심신 이외의 기에 대해 일정 정도 지배능력이 있다고 여긴다. 『楚辭·遠遊』에 이러한 구절이 있다. "신명神明의 맑음을 보호하니 정기가 들어와 더러움(粗穢)을 제거하네." 『내경』에서 또한 "고요하고 맑으며 비운 듯 없으면 진기眞氣가 따른다."(「素問·上古天眞」)고 하여, 기가 맑고 고요한 마음의 통제를 받는다는 점을 긍정하였다.

『내경』에서 침구의 방법을 논할 때에 또한 "반드시 그 신을 바르게 하는 자는 병자의 눈을 쳐다보고 그 신을 통제하여 기가 잘 통하도록 한다."(「素問·針解」)는 주장을 제시하였다. 의사는 환자의 주의력을 통제하여 그 정신을 집중시키고, 이렇게 기를 통해서 침자극의 조도調度에 따라 용이하게 운행하게 된다.

기공 양생학에서는 신과 기의 이러한 지배관계에 의거하여 신을 지켜 기를 양성하는 이론을 제시하였다. 예를 들면 조진인曹眞人은 "신은 성성性이요, 기炁는 명命이다. 신이 밖으로 치달지 않으면 기炁는 자연히 안정된다."고 하였다. 장허정張虛靜은 "신이 만약 나가면 곧 돌아오고, 신이 몸으로 되돌아오면 그 가운데 기炁도 자연히 되돌아온다."라고 하였으며, 『胎息經』에서도 "신이 행하면 곧 기도 행하고, 신이 머물면 기도 머무는 것이니, 만약 장생하고자 한다면 신기가 반드시 머물러 있게 해야 한다."고 하였다. 이러한 논의는 모두 효과적인 양생방법이다.

2) '형·기·신' 인체모형에 관해서

본서의 4장에서 형과 기의 관계를 이미 설명하였다. "기가 모여 형을 이루고, 형이 흩어져 기가 된다.", "기가 형 가운데에 있고, 형은 기 가운데에 있다." 조금 전에 또한 기와 신의 관계를 소개하였다. 즉 신이 곧 기라고 하는 것은 다른 차원의 신은 다른 차원의 기를 그 담당자로 여기고 있는 것이며, 기가 곧 신이라고 하는 것은 다른 종류의 기는 다른 종류의 신을 표현한 것이다. 이를 종합하면 신은 기의 본성과 표상(顯現)이며, 기는 심신心神의 지배를 받는다.

형·기·신은 역학과 중국철학에서 우주만물을 총체적으로 파악하여 제기한 세 가지 중요한 범주이다. 형은 기와 신이 머무를 수 있는 집이나 혹은 장소로서 사물이 안정적인 형태를 갖추게 함과 아울러 외부 환경과의 경계를 분명하게 긋도록 한다. 동시에 형은 또한 사물의 본질적 속성의 실현자이며 담당자이다. 신은 형의 운동변화의 본령이요, 생성변화의 과정이며, 진전의 법칙이다. 고차원의 신은 형의 진행을 통제하고 조절하는 능력을 갖추고 있다. 그러므로 신은 형의 영혼이요, 주재자이며, 사물의 본질적 속성의 표상과 결정적 인소인 것이다. 기는 형과 신의 본원이며, 그것이 화하여 신이 되고, 그것이 모여서 형을 이루며, 형과 신의 운동변화의 원천이면서, 동시에 또한 형과 신의 사이에, 형의 각개 조성 부분 사이에, 형과 외부환경과의 사이에 상호 소통하고, 상호 영향을 주는 중개자 및 정보를 전달하는 담체인 것이다.

형·기·신은 모든 사물을 구성하는 세 가지 기본요소이다. 그들은 상호 지지하고, 상호 제약하는 동시에 또한 상호 전환한다. 형·기·신 삼자의 통일성은 역학과 중국철학에서 창립한 모든 사물에 관한 구성상의 일반적인 (이론의) 모형을 구성하였다. 이 모형의 특징은 기능과 전체적인 면을 중요시하며, 모호한 방법으로 사물의 생성변화의 모습을 고찰한다. 소위 공능과 전체를 중시한다는 것은 인식 대상을 하나의 특정한 행위체계로 간주하고, 체계적인 행위의 특수한 방식과 본령 및 메커니즘(機制)에 치중하여 연구하는 것을 말한다. 소위 모호한 방법이란 사물에 대해 단지 형·기·신으로만 나눌 뿐, 형·기·신에 대해서는 치밀한 구체적 분석을 하지 않음을 말한다. 그것의 강조점은 구체적인 사물의 형·기·신 사이의 구체적인 관계를 치밀하게 연구하는 데에 있다.

기공 양생학과 중의학의 인체에 대한 인식에 있어서는 곧 이 모형을 채용하였다. 서한의 『淮南子·原道訓』에서는 명확하게 형·기·신을 하나의 유기적인 총체로 종합하고, 이를 완전한 이론모형으로 간주하여, 인체를 논할 때 언급하기를 "형이라고 하는 것은 생이 머무는 집이요, 기는 생을 충만하게 하는 것이며, 신은 생을 통제하는 것이다. 하나라도 그 위치를 잃게 되면 나머지 둘도 상하게 된다. 그러기에 성인은 사람들이 각자 자기의 위치에 처하여 그 직무를 지키며, 서로 간섭하지 않도록 한다. 따라서 형은 그 편안한 자리가 아닌 데에 처하면 곧 쓸모없게 되고, 기는 충당할 데가 아닌 데에 사용하게 되면 곧 흘러 새버리게 되고, 신은 합당하지 않는 데에 사용하면 곧 어리석게 된다. 이 세 가지는 삼가 지키지 않으면 안 된다."라고 하였다.

여기서 말하는 '신'은 일반적인 신이 아니라 사람을 통제하는 중추신경이 갖추고 있는 신으로서, 주로 심신心神과 원신元神을 말한다. 형은 생명기능의 담당자이고, 기는 생명기능의 원동력이며, 신은 생명활동을 조절하고 통제하는 주재자이다. 이 세 가지는 각자 그 위치를 지키고, 각자 그 직무를 수행하면서, 그러나 또한 상호 침투하고, 상호 협력하며, 상호 조정하는 것이다. 그 중 한 부분이라도 병이 생기면 그 재앙이 다른 두 부분에 바로 미치게 된다.

『淮南子』에서는 신이 중추를 주관하는 위치에 있기 때문에 양생 과정 가운데에 있어서 더욱 중요하다고 생각하여 "신은 형보다 귀한 것이다. 그러므로 신을 통제하면 형이 따르게 되고, 형이 지나치게 왕성하면(勝) 신이 궁핍해진다(窮)."(「詮言訓」), "신으로써 주관하게 하는 것은 형이 쫓아서 이롭고, 형으로써 통제하게 하는 것은 신이 쫓아서 해롭다."(「原道訓」)고 하였다. "신으로써 주관하게 한다."는 것은 양생과 도덕규범에 합당한 이성에 복종함을 가리키는 것이며, "형으로써 통제한다."는 것은 형체가 생성하는 물질적 욕망을 충족시키기 위해 방종함을 지칭하는 말이다.

　형이 능히 활동하고, 능히 감지하며, 신이 능히 밝고, 능히 제도할 수 있는 것은 모두 기의 추동과 생화 및 정보의 전달작용에 의지하고 있기 때문이다. "오늘날 사람들이 능히 볼 수 있고, 능히 들을 수 있으며, 형이 능히 대항할 수 있으며, 백 마디의 뼈가 능히 굴신할 수 있으며, 살펴봄에 능히 흑백을 구분할 수 있으며, 추함과 아름다움을 보고, 앎이 능히 같고 다름을 구별하고, 옳고 그름을 밝히게 되는 것은 무슨 까닭에서인가? 그것은 기가 충만하고, 신이 그렇게 시키기 때문이다."(「原道訓」)라고 하였다.

　신의 형에 대한 주재작용은 기에 의하여 실현되는 것이며, 기의 모종의 고차원의 생화활동이 능히 옳고 그름을 밝히는 신을 형성하는 것이다. 형체의 튼튼하고 충실함, 관절의 유연한 굴신 역시 기의 충만함에 의해서 이루어지는 것이다. 이러한 논의는 『淮南子』의 작자가 형·기·신의 모형을 응용하여 인체를 분석할 때 사람의 특수성을 충분히 고려하였음을 표명하는 것이며, 아울러 이러한 기초 위에서 양생은 마땅히 그러한 측면에서 착수해야 함을 지적한 것이다.

3) '정·기·신'의 원활한 순환의 건립

기공 양생학학에서는 역대로 정·기·신을 '삼원三元' 혹은 '삼보三寶'라고 칭하며 매우 중시하였다. '정·기·신'과 '형·기·신'은 근본적으로 말하면 서로 합치되는 것이다. 정精은 형체를 구성하는 정화이고, 형체는 정을 확장하고 호위한다. 장개빈은 "형形 자字는 곧 정精 자이다. 정은 하늘에 의해 한결같이 생성되는 것으로서 유형의 근원(祖)이다."(『類經·攝生類三』)라고 하였다. 여기에서 '정'과 '형'은 같은 근원과 같은 바탕으로서 본질적으로는 서로 같은 것임을 알 수 있다. 그러나 만약 상세하게 설명하면 정과 형은 또한 당연히 구별된다.

사람의 생명에 있어서 정은 형에 비하여 더욱 중요하다. 정은 형의 근원으로 선천과 후천의 구별이 있다. 따라서 정에 대한 탐구는 형체에 대한 것보다 한층 더 깊은 인식이다. '정·기·신' 이론은 '형·기·신' 모형을 토대로 하여 인체계통의 특수한 법칙을 제시하며 창립한 것이다.

중의학 또한 '정·기·신'을 중시한다. 그러나 정·기·신을 설명할 때 장부와 분리하지 않을 뿐만 아니라 일반적으로 장부를 위주로 한다. 기공 양생학에서도 역시 장부를 매우 중시하기는 하지만, 정기신을 위주로 삼는다. 이런 구별은 양생과 진료의 서로 다른 요청에 부응함으로써 형성된 것이다. 치료는 반드시 질병의 증상에 따라 세밀하고 정확한 대처가 필요한 전문적 행위이다. 그러나 양생은 일반적으로 인체 전체의 진행을 대상으로 하는 비전문적 행위이다. 따라서 양생이론은 더욱 더 개괄적인 성질(槪括性)과 간단하며 용이한 성질(簡易性)을 구비하기를 요구한다.

개괄성과 간이성은 역학에서 하나의 중요한 원리이다. 「계사전」 상에서 "건은 용이함으로 알기 쉽고, 곤은 간단함으로 능하다. 용이하기 때문에 알기 쉽고, 간편하기 때문에 쉽게 따른다. 쉽게 알면 친함이 있고, 쉽게 따르면 공(功)이 있다. 친함이 있으면 오래할 수 있고, 공이 있으면 크게 할 수 있다. 오래함은 현인의 덕이요, 크게 함은 현인의 업적(業)이다."라고 하였다.

『역전』의 작자는 건곤이 사물을 낳고, 사물을 완성시키는 위대한 과정도 그 본질은 간단하며, 결코 신비스러운 것이 아니라고 여긴다. 그래서 일체의 과학이론은 모두 '알기 쉽고(易知)' '따르기 쉬워야 한다(易從)'는 것이다. 또한 알기 쉽고 따르기 쉬울 때 더욱 많은 사람들이 이에 숙달하여 장구한 대업을 성취하게 된다. 『주역』64괘의 상(象)과 사(辭)는 바로 이 개괄과 간이(簡易)원칙의 본보기이다. '형·기·신'의 일반적 체계모형과 '정·기·신'의 인체모형 또한 모두 개괄과 간이원칙의 실현인 것이다.

양생이라는 것은 단지 자신의 정·기·신의 세 단계를 파악하여, 그 근본을 강성하게 하고 그 관계를 화목하게 하며, 총체적이고 거시적인 조절과 통제를 잘 이끌어내, 반드시 복잡한 조직기관이나 생리대사에 대한 깊이 있는 이해를 도모할 필요 없이 곧바로 건강한 몸으로 장수를 누리고자 하는 목적에 도달하게 하는 것이다. 이것이 바로 '정·기·신' 인체모형의 우월성이다.

기공 양생학에서는 정을 기르고, 기를 기르고, 신을 기르는 것은 이를 기필 나눌 필요가 없을 뿐만 아니라, 이 삼자가 서로 협조하여 상호 상생상제함으로써 가장 좋은 상태에 도달하도록 함에 있는 것이라고 여긴다. 양생가들도 바로 이와 같이 총체적인 특색을 갖춘 문제의식을 가지고 열심히 공부하였다. 정·기·신의 원활한 순환이론의 건립에 관한 『淮南子 · 精神訓』의 언급은 바로 실천적이며 과학적 연구가치가 있는 하나의 실례이다.

혈기血氣라는 것은 사람의 정화이며, 오장五臟이란 사람의 정精이다. 혈기는 능히 오장에 전달되고 그 밖을 넘어서지 않으면 가슴과 배가 충만해지며 탐욕이 줄어들게 된다. 가슴과 배가 충만해지고, 탐욕이 줄어들게 되면 귀와 눈이 맑아져 듣고 봄에 통달하게 된다. 귀와 눈이 맑아져 듣고 봄에 통달하게 되는 것을 일러 명明이라 한다. 오장이 능히 심心에 예속되어 어그러짐이 없으면 뜻을 왕성하게 펼쳐 행실이 편벽되지 않게 된다. 뜻을 왕성하게 펼쳐 행실이 편벽되지 않으면 정신이 성대하여 기가 흩어지지 않는다. 정신이 성대하여 기가 흩어지지 않으면 이치에 맞게(理) 된다. 이치에 맞게 되면, 고르게 되고(均), 고르게 되면 통하게 되고, 통하게 되면 신묘하게(神) 되고, 신묘하게 되면 사물을 봄에 보지 못하는 것이 없으며, 소리를 들음에 듣지 못하는 것이 없으며, 일을 함에 이루지 못한 것이 없게 된다. 그러기에 우환이 능히 들어오지 못하고, 사기邪氣도 능히 기습하지 못하는 것이다.*

『淮南子』 작자의 이 이론 가운데 중요한 근거로 삼고 있는 것은 심신心神이 인체에 대해 조절하고 통제하는 기능을 갖추고 있으며, 욕심을 줄임으로써 심신의 통제수준을 높일 수 있다는 것이다. 그러기 때문에 정·기·신 삼자의 최상의 관계를 이루는 관건은 '신'의

---

* 『淮南子 · 精神訓』: "是故血氣者人之華也 而五藏者人之精也 夫血氣能專於五藏 而不外越 則胸腹充 而嗜慾省矣 胸腹充 而嗜慾省 則耳目淸 聽視達矣 耳目淸 聽視達 謂之明 五藏能屬於心而無乖 則敎志勝 而行不僻矣 敎志勝 而行不僻 則精神盛 而氣不散矣 精神盛 而氣不散則理 理則均 均則通 通則神 神則以視無不見 以聽無不聞也 以爲無不成也 是故憂患不能入也 而邪氣不能襲'.

품질을 제고하는 데에, 즉 '탐욕을 줄임(嗜欲省)'에 달려 있다는 것이다. 탐욕이 줄어들면 신지神志가 맑아지고, 행위가 단정하게 된다. 신지가 맑아지고 행위가 단정하면, 정신이 왕성해지고 기혈이 흩어지지 않게 된다. 신이 왕성하고 기가 흩어지지 않으면, 이것이 오장에 모여들어 가슴과 배를 포만하게 한다. 가슴과 배가 포만해지면, 외부에 대한 욕구가 감소하게 되고 욕구가 감소하면 탐욕이 한층 더 줄어든다. 탐욕이 한층 더 줄어들게 되면, 신지가 더욱 맑아지게 되고 행위가 더욱 단정하게 된다. …이렇게 인체 안의 정·기·신의 원활한 순환이 이루어지게 되고, 최상의 좋은 상태에 이르게 되어 "우환이 능히 들어오지 못하고, 사기邪氣가 능히 기습하지 못하는" 이상적인 효과를 낳게 되는 것이다.

3 동정관動靜觀과 기공

동정動靜은 역학연구에 있어 중요한 문제 가운데 하나이다. 『주역』에서는 음양을 핵심으로 삼고, "한 번 음하고 한 번 양하는 것을 일러 도라고 한다."를 신봉한다. 『주역』의 동정관에는 반드시 두 개의 기본적인 관점을 견지한다. 하나는 우주는 근본적으로 말해서 영원히 운동 변화한다는 것이고, 다른 하나는 동과 정 사이에 변증법적 관계가 갖추어져 있다는 주장이다.

1) 『주역』의 동정관

왜 이렇게 말하는 것일까? 음양은 어느 때든지 존재하지 않는 때가 없고, 어느 곳에도 존재하지 않는 곳이 없기 때문이다. "변화의 부모이며, 생살生殺의 근원"(「素門·陰陽應象」)인 음양의 상호작용은 우주만물이 운동 변화하는 동인이다. 음양이 있는 곳에는 바로 운동이 있고, 생성변화(生化)가 있다. 음양이 쉬지 않으면 운동도 그치지 않는다. 그래서 만사만물은 운동하는 가운데 처하지 않는 것이 없다. 그러므로 운동은 그치는 경우 없이 영원하며 항구적이다.

정靜은 단지 동動의 일종의 특수한 표현형식일 뿐이다. 동시에 『주역』에 의하면 음은 정에 속하고, 양은 동에 속한다. 한 번은 음하고 한 번은 陽하며(一陰一陽), 한 번은 열리고 한 번 닫힘(一闢一闔) 또한 바로 한 번은 동하고 한 번은 정함(一動一靜)인 것이다. 음양이 서로 의지하여 상호 뿌리가 되고, 소멸되고 자라남(消長)이 서로 전환되는, 이렇게 대립하면서 또한 통일하는 관계의 속성 또한 이미 동정에 갖추어져 있는 것이다. 바로 명·청 교체기의 역학자 왕부지가 말한 "태극이 동하여 양을 낳는 것은 동의 동이요. 정하여 음을 낳는 것은 동의 정이다. 폐하여 동함 없이 정한다면 음은 어디로부터 생겨나겠는가? 한 번 동하고 한 번 정하는 것은 닫히고 열림의 일컬음이다. 닫힘으로부터 열리고, 열림으로부터 닫히는 것 모두가 동이다. 폐한 정, 즉 이것은 쉬는 것(息)이다."(『思問錄·內篇』)와 같은 것이다.

왕부지가 보기에 동은 절대적인 것이고, 정은 상대적인 것이다. 동과 정은 변증법적 통일을 이룬다. 왕부지의 논의는 물론 『주역』에 대한 발전이지만, 본질적으로는 『주역』과 서로 부합되는 것이다.

음양이론에 의하면 음양은 상호간에 서로를 포함하고 있으며, 음양 가운데 다시 음양이 있다. 그러므로 동과 정 역시 상호간에 서로를 포함하며, 동정 가운데 다시 동정이 있는 것이다. 이로써 『역전』에서 말하는 '정'은 동 가운데 있는 정으로 동을 포함하고 있는 정을 말하며, 『역전』에서 말하는 '동' 역시 정과 떼어놓을 수 없는 인연을 가지고 있다. 따라서 『역전』의 작자가 보기에 세상에는 절대적으로 정지되어 움직이지 않는 사물은 없으며, 일체의 정지상태를 벗어난 운동 역시 존재하지 않는다는 것이다. 다만 동정이 결합하고 음양이 서로 교감할 때 비로소 능히 변화가 생겨나고 만물이 이루어지게 된다는 것이다. 그러므로 왕부지는 『周易外傳』 卷四 가운데에서 지적하기를 "동정은 상호간에 서로를 포함하고 있기에 만변의 근원(宗)이 되는 것이다."라고 하였다.

　64괘로 보면 건괘乾卦는 양으로 동에 속한다. 그러나 "건도의 변화 가운데에 각자 자기의 성명性命을 바르게 한다."(「乾·彖傳」)고 하였으니, 하늘로부터 부여받은 성性과 명命은 만물에 대해서 말한다면 안정적이고 불변적인 요소이기 때문에 동 가운데에 정을 포함하고 있는 것이다. 건괘 초구효사初九爻辭는 "잠룡潛龍이니 쓰지 말라."이다. "잠긴 용이니 쓰지 말라고 한 것은 양이 아래에 있기 때문이다."(「象傳」) 아래의 양은 곧 잠겨 있는 양이고, 잠긴 양은 음을 포함하는 것으로, 그 동이 정에 거주하는 것이다. 쓰지 말라는 잠룡 역시 정태이다.

　곤괘坤卦는 음으로 정에 속한다. 그러나 곤坤은 건양을 따르고 받들며, 만물을 생성시키는 사명을 짊어지고 있기에 정 가운데 동을 내포하고 있는 것이다. 「문언전」에서 "곤坤은 지극히 유순하나 움직일 때에는 강건하고, 지극히 고요하나 덕은 방정하다."고 하였다. 명나라 사람 하해何楷가 "건乾은 강건하고, 곤坤이 유순한 것은 정해진 체體이다."라고 하였다. 곤은 본래 지극히 유순하다. 그러나 건의 시행이 일단 이르게 되면, 곤은 곧 능히 (이를) 거둬들이며 (坤의 작용을) 발생시킨다. 그 기세가 한번 일어나면(動) 이를 그치게 하거나 억제할 수가 없으니, 이것이 또한 유순한 가운데의 강건함이다.

　건은 동하고, 곤이 정함은 정해진 체이다. 곤은 본래 지극히 고요한 것이나, 건의 시행을 받들어 만물을 양성함에 이르러서는 각기 바꿀 수 없는 정해진 형태가 있으니, 이 또한 정 가운데의 방정함(方)이다.(『古周易訂詁』) 건은 강건하고, 곤은 유순하며, 건은 움직임이고, 곤은 고요함이다. 이것은 정해진 체이다. 그러나 건곤 또한 각기 강유동정을 갖는다. 이것은 건양곤음이 상호 결합하고 상호 삼투하여, 쌍방 각자가 서로 상대방의 속성을 함유하도록 하기 때문이다. 이것이 바로 만물을 처음 생성시키고, 만물을 양성하는 데 필요한 전제조건인 것이다.

「계사전」상에서 "건은 고요할 때는 전일하고, 움직일 때는 곧기 때문에 큰 것이 생기고, 곤은 고요할 때는 닫히고, 움직일 때는 열리기 때문에 넓음이 생긴다."라고 하였다. 이것은 바로 동정이 서로 융합될 때에야 비로소 만물이 능히 생성되고 변화하게 됨을 표명한 것이다.

그 밖에 64괘 가운데에서도 진괘震卦는 동하고 간괘艮卦는 정하며, 진震과 간艮이 전후로 서로 의지하여 상대적인 짝의 괘를 이룸으로써, 동정이 서로 따르며 분리되지 않음을 나타내고 있는 것이다. 「설괘전」에서 "간艮은 동북방의 괘로, 만물이 마침을 이루고, 시작을 이루는 곳이다."라고 하였고, 간괘艮卦「단전」에서도 또한 "동정이 그 때를 잃지 아니하니, 그 도가 빛나고 밝다."라고 하였다.

여기에서 『주역』 경전의 작자가 정지靜止란 상대적인 것이며, 동과 정이 상호 뿌리가 되어 교체되면서 진행되는 것이 만물이 생성 변화하는 정상적인 상태라고 인식하고 있었음을 알 수 있다. 그리고 64괘가 미제괘未濟卦로 끝을 맺은 것은 마치, 「서괘」에서 "사물은 (그 변화를) 마칠 수 없기 때문에 미제괘로 받아서 마무리한다."라고 말한 것과 같다. "사물은 마칠 수 없다."는 것은 우주의 운동이 그침 없이 이루어지는 영원한 것임을 설명하는 것이다.

2) 동 가운데 정을 포함하고 있는 동공動功

기공의 종류는 동공과 정공으로 크게 양분할 수 있다. 『주역』의 동정관은 고대 양생가들이 세운 동공과 정공의 이론적 근거의 하나이다.

동공에 대하여 『呂氏春秋·盡數』에서 "흐르는 물이 썩지 않고, 문지도리가 좀먹지 않는 것은 움직이기(動) 때문이다. 형기도 역시 그러하니, 형이 움직이지 않으면 정이 흐르지 않고, 정이 흐르지 않으면 기가 맺히게 된다. 맺힌 곳이 머리이면 부어올라 바람이 될 수 있으며, 맺힌 곳이 귀이면 움츠러들어 귀머거리가 되며, 맺힌 곳이 눈이면 흐려져 눈이 멀게 되고, 맺힌 곳이 코이면 막혀서 숨을 쉴 수 없게 되고, 맺힌 곳이 복부이면 부어올라 배앓이가 되고, 맺힌 곳이 발이면 발이 저려서 각기병이 된다."고 하였다.

『여씨춘추』의 작자는 선진의 동공, 즉 도인술의 경험을 총괄하여 '흐르는 물', '문지도리'의 비유를 사용하여 사람의 형체에 왜 반드시 적당한 정도의 운동이 필요한 것인지를 천명하였다. 이는 형체의 운동이 체내에 있는 기혈의 순행을 촉진시키고, 생명의 활력을 증강시키고, 인체의 잠재능력을 계발하여 정기가 맺혀 통하지 못하고 질병을 양성하는 것을 방지한다고 여긴 것이다.

이와 같이 형체의 동작이 기혈의 순행을 촉진시킨다는 도인술의 연원은 유원하고 장구하다. 『여씨춘추·古樂』의 기록에 의하면 "옛날 도당씨陶唐氏의 처음에는 음이 많아 막히고 쌓여 물길이 막힘으로써 그 원류에로 소통이 되지 못하였고, 백성의 기는 심하게 맺히고 막혀서 근골筋骨이 오그라들어 발달하지 못하였다. 그러므로 춤(舞)을 통해 이를 지도하였다."고 한다. 이것이 바로 동공의 기원인

듯하다. 그 후 오로지 병을 치료할 목적으로 무도舞蹈가 '도인안교導引按蹻'로 발전하였다.

「素問·異法方宜」에서 "중앙이라는 것은 그 지역이 평평하므로 습하여, 천지가 만물을 생성하는 것 또한 많아서 그 백성들이 다양하게 먹으며 일하지 않음으로써 그 병이 대부분 몸이 마비되는 병(中風)이거나 춥고(惡寒) 열이 나는(身熱) 병이니, 그 치료는 도인안교가 마땅하다. 그러므로 도인안교라는 것 역시 중앙으로부터 나온다."라고 하였다. 당나라 사람 왕빙王氷은 이를 주석하여 "도인導引이란 근골筋骨을 흔들고, 팔다리의 뼈마디(支節)를 움직이는 것을 말한다. 안按이란 피부와 근육을 누르는 것이고, 교蹻란 수족手足을 빠르게 드는 것이다. 중원 지역 사람들은 이것을 신을 기르며 기를 조절하는 정도正道로 사용한다."고 설명하였다.

'도인안교'는 원고시대의 기공으로, 그 요체는 동공動功이다. 정공은 발전과정에서 여러 가지 다양한 양식과 체계적인 무술동작(套路) 및 문파가 형성되었는데, 그 가운데 저명한 것으로는 '오금희五禽戲'와 '역근경易筋經', '팔단금八段錦'이 있다. 그 중에서 오금희 계통의 발생이 비교적 빠르다.

『장자·刻意』에서 "숨을 내뿜고 들이마시는 취구호흡吹呴呼吸, 체내의 낡은 공기를 토해내고 신선한 공기를 받아들이는 토고납신吐故納新, 곰이 나무에 매달리듯이 하고 새가 목을 길게 뺀 것 같이 하는 웅경조신熊經鳥申 등은 장수하기 위할 따름인 것이다. 이것은 도인하는 선비이거나, 양형하는 선비이거나 팽조彭祖와 같이 장수한 사람들이 좋아한다."라고 하였다. 여기에서 말한 '웅경조신熊經鳥申'이 바로 오금희五禽戲의 전신이다.

동공動功이 비록 일정한 형체동작을 그 특징으로 삼아 양형에 치중하지만, 그러나 또한 조신調神·조기調氣 역시 엄하게 요구된다. 동공을 행할 때에는 반드시 심리적 안정을 유지하고 잡념을 배제하여, 규정에 따라 의념을 형체 동작에 집중도록 하며, 때에 따라서는 필요한 생각에 더욱 몰두하도록 한다. 형체동작을 조심·조기와 더욱 긴밀하게 결합시켜 형과 신이 서로 의지하도록 하며, 신으로 기를 다스려 신도 이르고, 기도 이르게 한다. 형체동작의 주요 목적은 기혈로 하여금 잘 소통하도록 하여 대자연의 기와 서로 원활하게 상통하게 함으로써 모든 유기체의 자아조절 능력을 제고하는 것이다.

원활한 동공수련의 관건은 마음을 고요하게 하고, 신을 편안하게 하는 것이다. 이것은 바로 동공이 동 가운데 정을 내포하고 있어 정으로 동을 촉진시키며, 비록 형체단련을 위주로 하지만 동시에 기와 신을 단련함으로써 형·기·신 삼자의 총체적 수준을 향상시킴을 표명한 것이다.

서양에서 발원한 체조·육상 등의 체육운동은 근골과 근육의 단련에 중점을 둔다. 그들의 심리적 방면의 훈련 또한 형체의 역량과 기교 및 반응의 제고를 핵심으로 하고 있어, 동공에서 형·기·신의 통일을 강조한 것과는 같지 않다. 따라서 동공과 서양체육은 비록 모두가 신체를 강건하게 하는 효과를 갖고는 있지만 본질적으로 차이가 있는 것이다.

3) 정 가운데 동을 포함하고 있는 정공靜功

『주역』의 동정관 외에 도가의 "근본으로 돌아가는 것을 정靜이라 한다."(『노자』 제16장). "정은 성급함(躁)의 군주"(『노자』 제26장)의 사상 또한 기공 양생학에 대해 지대한 영향을 미쳤다. 도가는 정이 근본임을 주장하면서 우주의 진화과정에서 정태가 갖는 지위와 만물의 정상적인 생성과 변화에 있어서의 가치를 강조하였다. 도가의 이러한 주정적 관점은 위진 이후의 역학에 깊이 스며들어 왕필, 주돈이, 장재 등 대역학가들에게 접수되어 융합되었고, 정공이론과 정공공법의 형성과 발전에 있어서도 적극적인 촉진작용을 하게 되었다.

기공 가운데에서 정공은 중심적 지위를 차지하고 있다. 기공 양생학의 정공에 대한 연구는 대대적으로 이루어져 풍부한 자료와 문헌을 남겼다. 정공의 특징은 형체의 모습과 위치가 부동을 유지하면서 조심調心과 조식調息을 통해 잡념을 제거하고, 심신心神으로 하여금 정靜에 들어가도록 하여 건강한 몸과 밝은 지혜와 수명을 연장하는 효과를 이끌어내는 데에 있다.

노자는 "마음을 비우고 배를 실하게 한다."(『노자』 제3장), "비움을 지극하게 하며 고요함을 독실하게 지킨다."(『노자』 제16장), "백성들은 모두 자신들의 이목을 주목하지만 성인은 모두를 (무지 무욕한) 어린애로 만든다."(『노자』 제49장)라고 하였다. 마음을 비운다는 것은 곧 욕심을 줄여 마음을 허정하게 하는 것이다. 후세의 양생가들은 "배를 실하게 한다(實腹)."는 것을, 생각을 돈독하게 유지함(意守)을 통해 단전의 기가 충만하게 하는 것으로 해석하였다.

정공을 이해하지 못하는 사람들은 종종 이목耳目 등과 같은 감각기관의 물질적 자극을 추구하며, 끝없는 물질적 욕망을 만족시키기 위해 골똘히 생각하면서 상하를 분주하게 뛰어다니지만, 노자는 오히려 사람들이 어린애와 같은 상태로 되돌아갈 것을 반복 강조한다. 이것은 바로 물욕의 방해를 제거함으로써 정신으로 하여금 고요하고 편안한 상태에 이르도록 하는 것이다.

『性命圭旨』에서 "마음 가운데 물욕이 없는 것이 허이고, 생각이 일어나지 않는 것이 정이다. 허에 이르러 그 극치에 도달하고, 정을 지켜 그 돈독함에 이르면 음양이 자연히 교감하게 되고, 음양이 일단 교감하면 양정이 생하게 된다."고 하였다. 『성명규지』의 작자는 도가의 내단공 이론을 이용하여 허정을 해석하였다.

내단술 및 모든 정공공법의 이론과 실천은 정공을 행할 때, 사람의 심신이 비록 잡념을 제거하고 형체가 외관상으로는 부동을 유지하고 있지만, 형체 안에서 정·기·신이 복잡한 생리적 조정과정에서 정 가운데 동을 내포하고, 정으로써 동을 통제하는 법칙을 충실하게 실현하고 있음을 충분히 설명하고 있다. 동공과 정공의 커다란 성과는 역학과 관련된 동정 상호간에 서로가 서로를 포함하고 있음이 생성과 변화의 근원이라는 이론을 실증하였다.

정공의 주된 요점은 '마음'의 공부, 즉 의념의 운용에 있다. 따라서 중국 인체과학의 '마음'에 대한 인식과 밀접한 관계가 있다. 『管子』에서는 마음의 본질을 '신체의 군주(身之君)'로 정의하였는데, 이는 역대 학자 및 의학, 양생학의 공통된 인식이 되었다. 예를 들면 순자가 말한 "마음이란 몸(形)의 군주이다."(『荀子·解蔽』), 『내경』에서 말한 "마음이란 군주의 벼슬이다."(「素問·靈蘭秘典」), 『淮南子』에서 말한 "마음이란 몸(形)의 주인이다."(「精神訓」) 등과 같은 것이다. 곧바로 명대에 이르러 왕수인 또한 "마음이란 신체의 주재자이다."(『傳習錄』下)라고 강조하였다.

마음을 한 나라의 군주에 비유한 것은 그것이 전신을 주재하는 작용을 행하고 있음을 설명하는 것이다. 이러한 비유는 언뜻 보기에 매우 소박한 것으로, 이렇게 환원론의 영향을 깊이 받은 것이 오히려 최신과학의 빛을 습득하였음을 자처하는 반서양학자들의 조롱과 "이것도 저것도 아니다(不倫不類)."라고 배척하는 것을 피하기는 어렵다. 그렇지만 뜻밖에도 바로 이 간단한 비교논의가 서양 전통과는 매우 다른 시각, 즉 인체를 상대적으로 조심스럽게 살피는 일종의 특수한 방식을 오히려 선명하게 드러내고 있는 것이다. 그것은 인체는 하나의 유기적인 통제체계이며, 이 통제체계의 중추가 바로 '마음'이라는 것을 명확하게 지적하면서 아울러 강조하는 것이다.

인체과학의 발전사의 측면에서 말하면, 이러한 인식에 도달함은 매우 중요하다. 그것은 인체와 관련된 이론의 출발점이자 구성의 원칙으로서, 향내적인 사유의 추동과 제약 아래서는 인체 연구의 방향과 중점, 그리고 인체이론의 구성형태를 근본적으로 결정하는 것이기 때문이다. 또한 바로 사람을 하나의 기민하고 영활한 통제체계로 간주할 때 비로소 마음의 문제를 두드러지게 부각시킬 수 있는 것이며, 그리하여 고대 인체과학의 기초 위에서 한 걸음 더 나아가 중국 특유의 심학을 발전시켰던 것이다.

'마음'에 대한 강조는 분명히 역학 및 중국철학의 총체관과 직접적인 상관관계가 있다. 총체가 총체를 이루게 되는 까닭은 그것이 각개의 부분적인 간단한 퇴적이 아니라, 하나의 내적인 상관관계를 가진 집합체이기 때문이다. 고급의 총체는 자기의 통제중추를 형성하여, 외부환경의 자극에 대응하고, 각개 조직 부분의 관계를 조정하여, 더욱 더 상호 협동하게 함으로써 총체적 생존에 더욱 유리하도록 한다.

역학에 의하면 우주는 하나의 총체로서, 그 통제의 중추가 바로 태극이다. 태극은 우주만물의 시원이며, 동시에 또한 만물의 생성 변화 및 발전과 존망에 대해 결정적이고 지배적인 작용을 한다. 그것은 각개의 구체적인 유한사물 속에서 구현되는 것인데, 그것이 바로 각개의 구체적 사물 자신이 가지고 있는 태극으로서, 그 사물의 선천적인 결정인소가 되는 것이다. 선천적인 결정인소는 그 사물의 본질적인 속성과 기본적인 생명의 과정을 규정한다. 그 사물이 만일 하나의 수준 높은 체계를 갖춘 조직이라면 그 각개의 조직부분의 행위에 협조하며, 주위의 환경인소와의 관계를 조절하기 위해 하나의 후천적인 통제중추가 필요하게 될 것이다. 사람으로 말하자면 그것이 바로 자각의식인 '마음'이다. 이렇게 보면 사람은 두 개의 통제중추를 가지고 있다. 하나는 선천적인 것으로 명문命門(사람의 太極)에 있고, 하나는 후천적인 것으로 마음에 있다.

중국 인체과학에서는 음양 가운데 다시 음양이 있으며, 오행 가운데 다시 오행이 있다는 이론에 의거하고, 인류생활의 실천적 체험을 이와 결합하여, 인체는 하나의 통제체계이며 인체의 통제중추는 마음(心)일 뿐 아니라, 원래 하나의 복잡한 통제체계임을 표명하였다. 이러한 체계 가운데에는 또한 자기의 통제중추가 있는 것이다. 제일 먼저 이러한 발견을 선포한 것은 바로 『管子』였다.

"마음 가운데 또 다시 마음이 있다."(「心術下」)
"무엇을 일러 이를 해결한다고 하는 것인가? 마음을 다스리는 데에 있는 것이다. 나의 마음이 다스려지면 기관이 이에 다스려진다. 나의 마음이 편안해지면 기관이 이에 편안해진다. 그러므로 다스리는 것은 마음이다. 마음으로써 마음을 갖추고 있으니 마음 가운데 또한 마음이 있는 것이다. 저 마음 가운데의 마음이란 생각(意)으로써 먼저 말한 것이다. 생각이 있은 후에 형이 있고, 형이 있은 후에 말(言)이 있다. 말이 있은 연후에 부림(使)이 있고, 부림이 있은 연후에 다스림이 있게 된다."(「內業」)

마음이 인체의 군주이니, 마음의 마음은 자연히 마음의 군주, 즉 마음의 통제중추이다. 마음 가운데에 다시 마음이 있음을 판정하는 것은 이론적 형태로서의 확인인 것이며, 마음에는 자기 스스로의 조양이 필요하며, 또한 자기 스스로 능히 조양할 수 있는 것이다. 옛사람들은 사람의 심신활동은 사고·욕망·정감·심미·의지 등의 다양한 요소로 구성된 것으로 여겼다. 그리고 이러한 요소들 사이에는 상호 얽혀 서로 영향이 미치게 된다. 그러나 사고와 판단을 통해 최종적으로 정신과 행위를 지배하는 하나의 의지를 형성하게 된다. 이렇게 정신활동에 대한 하나의 관리과정이 바로 심신心神의 자기조절의 과정이다. 이 조절과정을 주관하는 것이 바로 마음 가운데의 마음이다. 이렇기 때문에 '마음의 다스림'과 '마음의 편안함'이 있게 된다.

마음의 편안함과 마음의 다스림은 마음 가운데의 마음의 마음에 대해 행한 조절행위와 그 결과이다. 그러므로 「내업」에서 "마음의 형상(形)은 스스로 충만하게 하며, 스스로 생성시킨다."고 하였다. 이것은 곧 마음이 스스로 관리하고, 스스로 협조하는 기능을 갖추고 있음을 강조한 것이다. 『내경』에서도 또한 "지의志意라는 것은 정신을 제어하는 바로써, 혼백을 거둬들이고 한온에 적응하며, 희노를 화해시키는 것이다.", "지의가 조화를 이루면 정신은 오로지 곧게 된다."(「靈樞·本藏」)라고 하였다. 여기에서 '지의'는 바로 마음 가운데의 마음의 작용을 일으키는 것이다.

『管子』의 "마음 가운데에 또 마음이 있다."는 이론은 상당 정도 기공 양생활동의 결과를 총결한 것이다. 장자는 "오직 정신 이것만을 지킨다."(「刻意篇」)라고 하였다. 이를 기공학의 대강으로 볼 수 있다.

『내경』에서 "홀로 신을 지키면, 피부와 살이 하나가 된다.", "(마음을) 고요하고 맑게 하며, 텅 비워 아무것도 없게 하면, 참된 기운이 좇아 정신이 안에서 지켜지니, 병이 어디로부터 오겠는가?"(「素問・上古天眞」)라고 하였다. 『調氣圭臬圖說』에서 "기를 기르는 것(養氣)은 마음을 기르는 것(養心)이요. …기를 조절하는 것(調氣)이란 몸을 조절하는 것(調身)이다."라고 하였고, 『性命圭旨』에서 "유가에서는 마음을 보존하고 성性을 기르는 것(存心養性)을 말하였고, 도가에서는 마음을 닦고 성性을 단련하는 것(修心煉性)을 말하였으며, 불가에서는 마음을 밝혀 성性을 드러냄(明心見性)을 말하였다."라고 하였고, 또한 "정精을 단련하여 기로 화하고(煉精化氣), 기를 단련하여 신으로 화하며(煉氣化神), 신을 단련하여 허로 되돌린다(煉神還虛)."라고 말한 것 등등이다.

이러한 논의는 모두 심신의 조섭은 기공수련의 핵심임을 표명한 것이며, "마음 가운데에 또 마음이 있다."는 논의는 기공의 마음조절(調心)에 이론적 토대를 제공한 것이었다. 정공의 심신수련에 대한 기본원칙은 (마음을) 비워 고요하게 함으로써 한 가지에 전념토록 하는 것(虛靜專一)이며, 마음을 깨끗하게 하고 욕심을 없애는 것(淸心寡慾)이다.

이와 관련해서 언급된 기공서적의 논의는 이미 매우 많다. 수많은 정공의 실천적 경험은 (이것이) 정당하지 못하거나 과도한 것이 었음을 분명하게 나타낸다. '근심・즐거움・기쁨・성냄・욕심・이

기심' 등은 심신수련을 방해하는 주요 요소이다. 만약 사람들이 수련을 통해 능히 정서를 평화롭고 편안하게 하여 각종 불합리한 사욕을 제거하면 마음은 곧 자기조절을 통해 자신의 질서한도를 회복함과 아울러 이를 제고시키게 되고, 그래서 이목耳目 감관의 감지능력이 강화되고, 지능지수도 크게 상승하게 된다. 『대학』에서 "그칠 데를 알고 난 후에 능히 안정되고, 안정된 후에 능히 고요해지고, 고요해진 후에 능히 편안해지고, 편안해진 후에 능히 사려하게 되고, 사려한 후에 능히 얻을 수 있다."고 하였다. 이것이 바로 소위 "안정되면 능히 지혜를 생生한다.", "고요하면 이에 스스로 얻는다."인 것이다.

현대 기공의 과학적 실험연구는, 의식의 자기조섭을 통해서 허정의 상태에 진입하여 전체 뇌의 질서화 정도가 분명하게 증강되며, 뇌세포가 억제되는 것이 아니라 일종의 특수한 흥분상태에 처하게 되는 것임을 분명하게 나타내고 있다. 이러한 상태 아래에서 뇌의 사유능력과 감수능력 및 전신에 협조하는 기능은 모두 제고되고, 그리하여 사람의 지혜와 병에 대항하는 능력이 강화되고, 기초대사율은 현저히 내려가게 되어, 수명연장에 유리하게 되는 것이다.*

신神은 기氣를 제어한다. 정공의 실천은 신의 이런 능력이 정공수련이 강화됨에 따라 더욱 제고되며, 이것이 바로 정공이 능히 양생하고 지능을 개발하는 메커니즘의 소재임을 표명하고 있다. 정공수련을 통해 마음의 질서한도를 제고하고, 심신이 진기眞氣를 통섭하는 능력을 강화하며, 세력은 필히 장부·기혈·구규九竅·백해百骸에 대한 협조작용을 증강시켜 몸의 병에 대한 저항력과 노쇠함을

---

* 謝煥章, 『氣功的科學基礎』 第三章, 北京理工大學出版社, 1988.

극복하는 능력, 즉 무의식적 조절기능을 상승하게 하는 것이다. 『내경』에서 "지의가 조화를 이루면 정신은 오로지 곧으며, 혼백은 흩어지지 않고, 후회와 성냄이 일어나지 않으며, 오장이 사악한 기운을 받지 않는다."(「靈樞·本藏」)고 하였다. 만약 정공수련의 공부가 일정한 수준에 도달하게 된다면 주관적 염원에 따라 자신의 장부와 기혈을 조절함으로써 생명을 장구하게 할 수 있는 것이다.

우리들은 중추신경체계가 비록 장부와 기혈을 제어하는 기능을 담당하고는 있지만, 사람의 자각의식 활동과도 소통되는 것은 결코 아니라는 사실을 알고 있다. 다시 말하면, 일반적인 상황에 있어 체내 장부기관의 생리과정은 의식의 지배를 받지 않는다. 그러나 만약 허정전일의 자아수련을 행하게 되면, 곧 이 한계를 뛰어넘어 '마음'이 장부기혈에 대해 의식적으로 조양할 수 있는 메커니즘을 구축하게 된다. 그리하여 사람들의 자아치유와 자아회복의 능력을 대대적으로 제고하게 되는 것이다.

동공은 몸을 기름(養形)에 치중한다. 형을 신에 상대되는 의미로 말한다면, 형은 정의 방면에 속한다. 정공은 신을 기름(養神)에 치중한다. 신을 형에 상대되는 의미로 말하면 신은 동의 방면에 속한다. 기공 양생학에서는 동공과 정공을 발견하고, 형과 신을 아울러 함께 돌보고, 동정을 함께 수련할 것을 주장하면서 역학의 정精 속에 동動이 내포되어 있고, 동 속에 정이 내포되어 있으며, 동정이 결합하여 만물을 변화시키고 완성시킨다는 사상을 실현하였다.

6장-양생의 최고 경지

우주와 인간은
하나의 기氣요, 하나의 리理다

6장-양생의 최고 경지

와 인간은
하나의 기氣요, 하나의 리理다

'천인합일天人合一'은 역학과 중국 전통문화를 관통하는 일관된 주제이다. 이는 또한 중국 고대철학이 추구하는 최고의 인생 경지이며, 학술과 예술에 있어서의 최종 준칙이며, 양생의 지상 규범이다.

특별히 연구하고 진지하게 체득되어야 할 점은 중국 문화에서 말하는 양생이란 결코 단순한 생리학적, 의학적 혹은 자연과학적인 개념이 아니며, 또한 결코 건강과 장수만을 위한 것도 아니라는 것이다. 양생은 동시에 도덕과 치세까지도 포함한다. 역학과 중국철학에서 보자면, 양생과 도덕수양과 치세는 상호 제약 및 상호 발전의 관계에 있으며, 그 자체가 동일한 과정에 있다. 그 때문에 천인합일은 역학철학의 이상이며, 동시에 기공양생이 추구하는 목표이다.

역학에서는 인간과 천지 우주(곧잘 '천天'이라 간략하게 칭한다.) 사이에는 분명한 통일성을 지니고 있고, 나눌 수 없는 온전한 하나라고 보고 있다. 따라서 인간의 도덕과 양생 및 일체 사회생활은 모두 응당 우주와 상응 상통해야 한다. 건괘乾卦 「문언전」에서는 "대인은 천지와 그 덕을 함께 하고, 일월과 그 밝음을 함께하고, 사시四時와 그 질서를 함께하고, 귀신과 그 길흉을 함께한다."라고 하였다. 여기서 말하는 '귀신'이란, 「계사전」 상에서 말하는 "정기가 사물이 되고, 혼이 떠돌아 변하게 되니, 이로써 귀신의 실상을 안다."라고 말할 때의 귀신과 같은 의미이니, 이것은 기의 왕래하고 굴신하는 운동변화를 가리키는 말이다.

『역전』에 따르면, 인간의 덕성과 의지 및 실천은 모두 반드시 우주의 도를 따라야 하고, 우주의 운동과 합치되는 기반 위에서만 자신의 주관적 능동성을 충분히 발휘할 수 있어, 성공을 이룰 수 있고 이상적인 경지에 다다를 수 있다는 것이다. 이른바 "천지가 그 위치를 세움에 성인이 능함을 이룬다."(「繫辭下傳」)라는 말은, 사람들이 천지를 인식하고 천지를 도와 만물을 만들고 길러내는 천지의 기능을 성취한다는 것으로, 또한 후대의 도교에서 말하는 "천지가 교합할 때마다 음양 조화의 기밀을 탈취한다."* 는 것과 같은 말이다. 즉 사람이 자연의 법칙을 장악하기만 하면 자연이 준 것들을 개조하여 기적을 만들어낼 수 있다는 것이다.

---

* 兪琰의 『參同契發揮』에서 재인용.

1 우주와 인간은 한 몸(一體)이다

천인합일은 본체론적인 근거가 있다. 즉 사물의 구성과 근본적인 법칙에 있어서 양자, 즉 천지와 인간은 완전히 일치한다.

1) 『역경』 구조 중의 인간과 천天의 상응

천인합일의 사상은 『역경』의 64사괘 중에서 이미 분명히 드러나고 『역전』의 해석을 통하여 더욱 심화되고 풍부해졌다.

『역경』 통행본은 상경上經과 하경下經 두 부분으로 나누어진다. 상경은 모두 서른 개의 괘로서, 건괘乾卦와 곤괘坤卦로부터 시작하여, 감괘坎卦와 리괘離卦로 끝난다. 하경은 서른 네 개의 괘로서, 함괘咸卦와 항괘恒卦로 시작하여, 기제괘既濟卦와 미제괘未濟卦로 끝난다. 일반적으로 상경은 천도天道를 말하고, 하경은 인도人道를 논하고 있다고 여긴다. 그러나 상경에서도 인간을 논하고 있고, 하경에서도 하늘을 말하고 있다.

『역경』 전체로 보면, 64사괘는 우주의 과정을 대표하는 동시에 또한 인생의 여정도 서술한다. 예컨대 건곤괘乾坤卦는 천지를 의미하면서도 동시에 남녀를 대표한다. 기제괘와 미제괘는 한편으로는 인생 사업이 성공을 이루는 과정, 즉 "군자는 미제괘의 상을 본받아 사물 변별하기를 조심스럽게 하여 올바른 처소에 거처한다."(未濟「상전」)를 기술하고 있으면서, 다른 한편으로는 사물의 발전 변화는 항상 끝남은 끝남이 아닌, 그래서 옛 사물이 일단락을 고하면 새로운 사물이 이로부터 발생됨을 상징하고 있다. 그러기에 "사물의 변화는 끝날 수 없다. 그러므로 미제괘로 받아서 마쳤다."(「서괘전」)라고 한 것이다.

『역전』의 작자는 인생은 우주의 거대한 변화의 흐름과 서로 합치되는 것으로서, 그 통일법칙을 따라야 한다고 생각하였다. 64사괘의 각 괘 역시 그렇다. 상괘와 하괘는 서로 연결되어 있어서 두 종류의 자연물 간의 관계를 표현해 주고 있다. 하지만 괘효사는 인생사의 길흉화복을 예언해준다. 괘효의 상象은 우주의 도를 표현하지만, 괘효사는 인생의 규율을 논한다. 이 두 가지는 서로 호응하여, 내재적 일치성을 지니는 하나의 온전한 전체를 이룬다. 이 때문에 「상전」에서 괘상卦象을 해석할 때에는, 언제나 앞 구절은 괘상의 자연적 함의를 설명하고, 뒤의 구절은 '군자'나 '대인'이 이러한 괘상을 관찰하여 이에 상응하는 어떠한 덕성을 갖추어야 하는지를 논술하고 있다.

이러한 구조는 『역전』의 작자가 보기에 육효의 상하괘가 대표하고 있는 여덟 가지 자연물이 우주 구성의 기초로서, 인간의 생존과 발전에 있어 상호 밖으로 드러난 특징이며, 서로가 원인과 결과가 되는 밀접한 상관관계를 갖고 있음을 표명하는 것이다.

2) 우주와 인간은 하나의 기氣다

이 책의 4장에서 이미 자세히 기술하였듯이 인간을 포함한 천지만물은 모두 기氣로 구성되어 있고, 인간의 생명을 포함한 천지만물의 운동변화는 모두 기의 추동으로부터 말미암는다. 이를 『장자』에서는 "천하를 통틀어 하나의 기일 뿐이다."라고 말한다. 그렇다면 인간과 우주 사이에는 근본적인 구분이 있을 수 없고, 더더욱 넘을 수 없는 높은 담장이란 존재할 수 없다. 기는 공통의 질료적 구성*이 된다. 때문에 인간과 우주는 반드시 공통의 규칙을 갖게 된다.

기의 기본 법칙 중의 하나는 모이면 곧 형체를 이루고, 흩어지면 곧 기가 된다는 것이다. 이 법칙은 인간과 대자연계의 기와 사물을 서로 연결시켜서 그들이 서로 넘나들고 서로 변화할 수 있도록 만들어준다는 점이다. 기의 또 다른 중요한 특성은 "그 작기로는 안이 없으며, 그 크기로는 밖이 없는" 것으로 만물을 꿰뚫고 온 천지를 관통하는 능력을 지니고 있다는 점이다.

기 변화의 이론에 의하면, 형체를 이루고 있는 모든 사물은 하나하나가 모두 '생성과 변화의 틀'로서, 그 내부와 내외 간에는 시시각각 올라가고 내려가고 들고나는 기 변화의 운동이 일어나고 있다. 만물의 영장으로서의 인간은 더더욱 주위 환경과 영원히 끊이지 않는 기의 연계를 만들어내고 있다. 그러나 기는 물질 및 에너지와 정보의 종합체이다. 따라서 인간과 천지만물의 관계는 전면적

---

* 질료적 구성이란 "物能構成"을 번역한 것이다. 역자는 이 말을 '사물을 이룰 수 있는 구성 성분'이라는 의미로 번역하였다.

이면서 종합적이어서 지극히 심원하고 광대하다. 다시 말하면 기의 작용을 통하여 인간과 무한우주는 물질과 에너지의 상호 소통뿐만 아니라 또한 정보를 주고받게 된다는 것이다.

혁괘革卦「단전」에서는 "탕湯임금과 무武임금이 혁명하며 하늘에 순종하고 사람들의 뜻에 응하였다."고 하였고, 태괘兌卦「단전」에서는 "안은 강직하고 밖은 유연하니 기뻐함으로써 '바르게 함에 이롭다.' 때문에 하늘에 순종하고 사람들의 뜻에 응하였다."라고 하였다. 한 가지 일을 가지고 어떻게 하늘에 순종하고, 또한 사람들의 뜻에 응할 수 있는 것일까? 『역전』의 작자가 보기에 이것은 바로 인간과 우주가 동일한 법칙의 지배를 받기 때문에 상통하는 명맥을 지니고 있어서, 동일한 사건으로 같은 방향의 반응을 불러올 수 있음을 설명해주고 있는 것이다.

더욱 중요한 것은, 태극기학太極氣學에 의하면, 신神이 곧 기라는 것이다. 신은 일반적인 운동의 기능을 포괄하면서 동시에 인간의 사유 의식을 포괄한다. 인간은 사유의식이 있기 때문에 현란하면서도 무한히 넓은 정신세계를 만들어내어 객관세계와 마주할 수 있다. 바로 이러한 정신세계가 인간과 우주를 구분하고 또한 종종 격리시키기도 한다. 그러나 신을 기로 보는 논의에 있어서 본체론 상으로는 원래부터 정신세계와 물질세계는 상통하는 것으로서, 서로 같은 내원과 질료적 구성을 갖고 있는 것으로 설명한다. 이처럼 인간과 우주, 정신과 자연, 주체와 객관은 철저하게 한 몸으로 연결되어 있는 것이다.

3) 우주와 인간은 하나의 리理다

「계사전」 하에서는 "옛날 포희包犧씨가 천하에 왕 노릇할 때에 우러러 하늘의 상象을 살피고, 굽어 땅의 법칙을 관찰하였다. 들짐승 날짐승의 문양과 땅의 마땅함을 살펴, 가깝게는 자신의 몸에서 취하고, 멀리는 사물에서 취하여 처음으로 팔괘를 만들어, 신명神明의 덕에 통하고, 만물의 정情을 분류하였다."라고 하였다. 이는 「계사전」의 작자가 인간(의 몸)과 우주(의 사물)가 하나의 이치로 통하여 있다고 생각하고 있었음을 보여준다. 오직 우주와 인간이 하나의 리理를 공유하고 있어야만 '가까이는 자신의 몸에서 취하는 것'과 '멀리는 사물에게서 취하는 것'이 비로소 상호 검증이 되면서 엇갈리지 않게 되는 것이며, 팔괘 역시 동시에 천지인天地人 삼재三才의 본질을 보여줄 수 있게 되는 것이다.

역학에서는 인간과 우주가 함께 준수하는 근본적인 법칙을 음양으로 보고 있다. 「계사전」 하에서는 "『역』이라는 책은 광대하게 모든 것을 다 갖추고 있어서, 그 속에는 천도天道도 있고, 인도人道도 있고, 지도地道도 있다. 삼재를 겸하여 두 번 거듭하므로 여섯이 되었다. 여섯이란 다른 것이 아니라 삼재의 도를 가리킨다."라고 하였다. 무엇을 일러 삼재의 도라고 하는가? 즉 "한 번 음이 되었다가 한 번 양이 되는 것"이다. 그 때문에 천도·지도·인도는 각기 둘이 되고, 이를 모두 더하면 여섯이 된다.

「설괘전」에서는 이렇게 말한다. "옛날에 성인께서 『역』을 만드신 것은 그것으로써 성명性命의 이치에 순응하고자 함에서였다. 이 때문에 하늘의 도를 일러 음과 양이라 하고, 땅의 도를 일러 유柔와 강剛이라 하고, 사람의 도를 일러 인仁과 의義라고 한다. 삼재를 겸하여 두 번 거듭하였기에 『역』은 여섯 개의 획으로 괘가 이루어지게 되었고, 음과 양으로 나뉘며 유와 강을 번갈아 쓰기 때문에 『역』이 여섯 자리에 문장文章(天文과 地理로서의 文章)을 이루게 된다." 이는 여섯 개의 효로 이루어진 괘가 삼재의 도를 갖추고 있다는 상징적 의의를 설명하는 것이다.

오효와 상효는 하늘(天)을 대표하고, 초효와 이효는 땅(地)을 대표하고, 중간의 삼효와 사효는 사람(人)을 대표한다. 초효와 삼효, 오효는 양위陽位에 해당하고, 이효와 사효 상효는 음위陰位에 해당한다. 천·지·인 삼재는 각기 하나의 음위와 하나의 양위를 점하고 있으니, 이는 모두가 음양을 그 도로 삼고 있음을 보여주는 것이다. 비록 음양의 도가 천·지·인 속에서 구체적으로 표현하는 것은 달라서, 천은 음양의 두 기氣를 표현하고, 지는 강유의 두 체體를 표현하고, 인은 인仁(陰)과 의義(陽)라는 두 덕을 표현한다고 하더라도, 그 실질은 모두 하나, 즉 음양인 것이다.

한대 이후 역학가들은 오행학설을 역학에 끌어들여 오행(木火土金水)의 구조가 천지만물의 보편적인 계통모형系統模型에 적용된다고 여겼다. 도가와 기공가들은 모두 오행의 구조로 간장·심장·비장·폐·신장 등의 오장을 핵심으로 하는 인체이론을 성립시켰으며, 오장 육부와 사시四時 오방五方을 오행의 체제에 맞추어 소통시켜, 사시 오방을 근간으로 하고 인체와 자연환경 등의 각 요소를 포함하는 오행의 대체계를 형성하였다. 소위 우주와 인간이 하나의 리理라는 것은 근본적으로 말해서, 음양 이외에 다시 오행을 포괄하는 것이다. (2장의 환도관과 기공양생의 '오행귀류표' 참고)

2 선천先天의 전개

인간과 천지는 본질적으로 상통한다. 도리道理로 말하면 사람들은 누구나 천인합일을 할 수 있다. 그러나 각각의 개인은 결국 상대적으로 독립적인 개체이며, 아울러 한 개체로서의 자각의식을 갖게 되는 것이다. 따라서 무한의 우주, 혹은 주위의 기타 사물들과 필시 모순관계를 야기하게 된다. 이것이 바로 사람들이 현실 생활 중에서 항상 우주와 상통하지 못하게 되는 이유이다. 인생법칙과 정신경지로서의 천인합일은 반드시 일련의 노력을 통해서만이 실현될 수 있는 것이다.

1)선천과 후천後天의 모순

역학과 기공 양생학에서는 사람들의 천인합일을 방해하는 주된 장애가 인간의 후천적인 신神과 선천적인 성性 사이에 존재하는 모순에 있다고 본다. 기공 양생학에서는 선천성先天性을 선천신先天神, 혹은 원신元神이라 부르고, 후천신後天神은 식신識神 혹은 욕신欲神이라고 부른다.

　인간과 만물은 모두 태극으로부터 나왔다. 사람이 탄생하는 처음에 태극과 천지가 인간에게 생명을 부여하면서 인간의 본질적 속성도 동시에 주입하였다. 건괘乾卦「단전」에서는 "위대하도다! 건원乾元이여, 만물이 이를 바탕으로 하여 비로소 시작되었다. …건도乾道의 변화과정 중에 각기의 성명性命을 바르게 하고, 태화太和를 보합保合하니, 이에 곧게 함이 이롭다."라고 하였다.

　주희는 이에 다음과 같이 주석하였다. "사물이 받은 것이 성性이고, 하늘이 부여해 준 것이 명命이다. 태화란 음양이 모여서 가득 차고 지극히 조화로운 기이다. '각기 바르다'라는 것은 처음 만들어질 때에 얻는다는 것이다. '보합'이란 이미 만들어진 뒤에 온전하게 한다는 뜻이다. 이는 건도가 변화함에 모든 사물이 이로워서 만물이 각기 그 성명을 스스로 온전하게 함을 얻는다는 것을 말하는 것이다."(『주역본의』)

　주희의 이 주석은 매우 타당하다. 이 뜻은 천지가 만물을 만들어낼 때에 만물에게 부여해주는 것을 '명命'이라 부르고, 만물이 이로부터 갖추게 되는 품덕을 '성性'이라 칭한다. 하늘이 부여해주는 명과 성은 그것을 받는 사물의 입장에서 보면 아주 조화롭고 원만한 것이기 때문에, 만물이 이 성명을 얻게 되면 모두 스스로 온전하게 할 수 있음을 말한 것이다. 인간 역시 이의 예외가 아니다. 이것이 소위 선천의 성이다.

　구체적으로 말해서, 인간의 선천적인 성은 가장 기본적인 도덕원칙과 규범을 포괄하는 것으로, 역학에 의하면 이것이 바로 건원과 곤원이 갖추고 있는, 아무런 사심 없이 만물을 만들고 길러내는 품덕인 것이다. 유가에서는 이것을 '지극한 선함(至善)'이라고 칭하고,

도가에서는 '자연自然'이라고 이름 붙인다. 인간의 선천적인 본성은 또한 생명의 원동력과 생장과 노쇠를 통제하는 기능에서 생리과정 중의 무의식적인 조절까지를 포괄한다. 이러한 기능은 사람들로 하여금 면역기제를 갖추도록 한다. 기공 양생학에서는 선천의 본성 중 일부분은 명문命門에 있고, 일부분은 심心에 있다고 여긴다.

사람이 처음 태어났을 때에는 그 본성은 스스로 온전하다. 그러나 사람에게는 형체와 자각의식이 있다. 이러한 자각의식은 비록 근본적으로 말해서 선천적인 기초 위에서 나고 자란 것이지만, 그것은 직접적으로 형체 및 외부의 환경과 서로 연관을 맺고 있다. 자각의식의 기능은 세계를 인식하여, 외부의 환경에 적응하고 그것을 이용하는 데에 있다. 때문에 그것은 후천적인 신神이라고 말할 수 있다.

형체란 생명을 담고 있는 그릇이다. 형체가 손상을 입으면 생명도 손상을 입는다. 형체가 존재하지 않으면 생명 또한 끝난다. 때문에 형체를 보양하는 것은 선천적인 본성을 실현하는 데에 있어서 없어서는 안 될 전제이다. 하지만 사람의 형체는 상대적으로 독립적인 요구와 기호가 있다. 형체는 후천적인 신神의 표현을 통해 실현된다. 이것이 바로 '물욕物慾'이다.

물욕 중에는 합리적인 것, 즉 선천적인 본성에 합치하는 것도 있고, 불합리한 것, 즉 선천적인 본성에 위배되는 것도 있다. 이러한 불합리한 욕망에도 적절한 것과 과도한 욕망이 포괄된다. 만일 이러한 욕망들이 제어되지 못하면, 즉 선천적인 본성과 서로 충돌하게 되면, 선천적인 본성은 억압되거나 급격하게 훼손되게 된다. 이로부터 사람은 도덕으로부터 멀어지거나 수명을 단축하게 된다.

『禮記』「樂記」에서 "사람이 처음 태어날 때에 고요한 것(靜)이 하늘이 내려준 본성(性)이다. 사물에 감발되어 움직인 것은 본성의 욕망이다. 사물이 이르러 이를 알게 하는(知) 지각(知)이 있게 된 뒤에 좋아하고 싫어하는 구분이 생기게 된다. 좋아하거나 싫어하는 감정이 안에서 절제되지 못하고 지각이 밖의 사물에 유혹되면 자신을 능히 돌아보지 못하며, 천리天理는 사라지게 된다. 사물이 사람에게 지각되기는 끝이 없는데, 사람의 좋고 싫어함에 절제가 없게 되면 사물이 이르게 될 때 사람이 사물로 변화하게 되는 것이다. 사람이 사물로 변화하게 된다는 것은 천리를 소멸하고 인욕人欲을 추구하는 것이다. 이로부터 도를 어그러뜨리고 거스르며 거짓으로 속이는 마음이 생기고, 음탕하고 문란하여 혼란스런 일들을 야기함으로써, 강한 사람은 약한 사람을 협박하고, 다수는 소수를 핍박하게 된다. 똑똑한 사람은 어리석은 사람을 속이고, 용맹한 사람은 겁 많은 사람을 고통스럽게 한다. 병든 사람은 보호받지 못하고, 노인이나 어린이나 고아나 무의탁 노인들은 의지할 곳이 없는, 이것이 바로 크게 혼란스럽게 되는 길이다."라고 하였다.

　이 단락은 선천적인 본성과 후천적인 신神 사이의 모순관계를 아주 잘 설명하고 있다. 소위 선천적인 본성이 본래 고요하다는 것은 '사물에 감지되어 움직인다'는 것에 대한 상대적인 말이다. 여기에서의 '고요함' 혹은 '움직임'이란 그 나름의 특정한 뜻(涵義)을 지니고 있다. 선천적인 본성이 본래는 고요하다는 말의 의미는 사람들이 하늘로부터 부여받은 본성은, 사람들의 자연생명과 도덕생명으로 하여금 스스로의 조정을 통해 화해和諧 질서에 도달하게 함으로써, 그리하여 우주의 거대한 변화의 흐름을 따르게 함으로써 자기 자신을 충분히 실현하도록 한다는 뜻이다. 이것이 바로 이른바 '자전自全'인 것이다.

'고요함'의 본질은 스스로의 조절(自調)과 화해和諧이다. '움직임'의 일반 의의는 운동·활동·변화이다. 여기서는 주로 인체의 생성변화에 있어서의 운동과 대외 사물의 자극에 대한 응답을 가리킨다. 때문에 고요함 속에 이미 움직임을 함축하고 있다. 적절한 움직임이 없다면 스스로의 조절과 화해는 불가능하며, 선천적인 본성의 정상적인 발휘와 전개 역시 불가능하다. 하지만 '움직임' 그 자체는 동시에 자아조절과 화해 및 질서의 손실과 충동, 심지어는 파괴를 조성한다. 더구나 규범에 어긋나는 '움직임'과 과도한 '움직임'이 '고요함'을 파괴하는 작용은 더욱 큰 것이다.

'움직임'의 원인은 본성(형체를 통한)의 요구(즉 '본성의 욕망')와 외물의 유발이다. "외부 사물이 이르면 이를 알게 하는 지각(知)이 있게 된다."라고 할 때의 '지각'과 "지각이 밖의 사물에 유혹된다."라고 할 때의 '지각(知)'은 '지혜(智)', 즉 후천적인 신神을 의미한다. 후천적인 신은 형체의 영향 하에서 끝없는 외물의 유혹을 받아 절제를 잃을 수 있다. 이로부터 선천적인 본성의 조절로부터 벗어날 수 있게 되는데, 이를 '천리의 소멸'이라고 한다.

사물은 본래 당연히 사람에게 제공되고, 사람을 위해 쓰여야 하며, 사람에 의해 변화되어야 한다. 만일에 절제를 하지 않아 천성으로부터 벗어나 외물을 추구한다면, 사람은 도리어 사물의 조종을 당하게 될 것이며, 이를 '사람이 사물로 변화하게 된다'고 한 것이다. 그 결과는 사회질서의 파괴이며, 사람과 사람 사이에는 화해와 상호 협력이 사라지게 되고, 정상적인 윤리 관계는 파괴되게 되어 커다란 혼란을 초래하게 된다. '병든 사람이 보호를 받지 못한다'는 것은 의사를 만나고 약을 먹을 수 없다는 것도 포함하지만, 인체 자체가 자연적인 치유 능력을 상실하게 된다는 것을 포함한다. 선천적으로 부여받은 생명력과 자체적인 조절능력이 손상되면, 쇠망의 도래는 그만큼 더욱 빨라지게 되는 것이다.

2) 고요하게 하고 사욕을 줄여 천도天道로 되돌린다

선천적인 본성은 고상한 도덕이며 몸과 마음을 건강하게 해주는 보증이다. 그렇다면 선천적인 본성과 후천적인 신神의 모순을 해결하기 위해서는, 너무나도 당연히 전자를 발양해줌으로써 후자를 인도하여, 불합리한 물욕을 극복해야 하는 것이 불변의 원칙이다.

손괘損卦「상전」에서는 "산 아래 연못이 있음이 손괘이다. 군자는 그 덕성을 본받아 자신의 화를 다스리고 욕망을 절제한다."라고 했다. 손괘는 하괘가 태괘兌卦이고 상괘는 간괘艮卦이다. 태괘는 연못이고, 간괘는 산이다. 때문에 '산 아래 연못이 있다'라고 한 것이다. 연못의 물이 산의 근간을 침식하여 산은 천천히 줄어든다. 산의 근간이 침식되면서 토석이 연못 속으로 유입되어 연못의 물 역시 점점 감소하게 된다. 때문에 이 괘의 이름을 '손損'이라고 한 것이다. '(화를) 다스리다'는 말은 그치게 한다는 의미이다. '(욕망을) 절제하다'는 말은 막아서 나오지 못하게 한다는 의미이다. 『역전』의 작자는 군자는 이 괘상을 관찰하여 응당 자신의 분노를 그치게 하고 욕망을 막아서 나오지 못하게 한다고 여긴 것이다. 분노를 그치고 욕망을 막는 것은 선천의 본성을 배양하고 발전시켜, 인간과 우주의 합일을 완성시키는 주요한 방법이다.

이제 '욕망(欲)'에 대해 분석해보도록 하자. 유가·도가·불가 또는 각종 고대 기공전문가를 불문하고 언제나 '소욕少欲(적은 욕망)',

'과욕寡欲(적은 욕망)', '멸욕滅欲(욕망 제거)', '질욕窒欲(욕망 봉쇄)' 등을 말하여 왔다. 설명 내용도 통일되어 있지 않고, 또한 그 의미도 때에 따라 다르다. 광의의 '욕망'은 생명을 가진 일체의 사물이 지니고 있는 것이다.

일정한 의의에서 말하자면 '욕망'이 있느냐 그렇지 않느냐는 생물과 무생물을 구분할 수 있는 중요한 요소가 된다. 그러나 생명이 있는 세계에 있어서 인간과 기타의 생물 간에는, 비록 그들이 모두 '욕망'을 지니고 있다고는 하지만 본질적인 차이가 존재한다. 기타 생물의 '욕망'과 그 내함內涵 및 표현 방식은 모두 유전인자에 의해 결정된다. 만일 유전인자가 변하지 않는다면, 생물체가 표현해 내는 '욕망' 역시 불변할 것이며, 영원토록 동일한 양식으로 부단히 반복될 것이다.

인간은 그렇지 않다. 인간은 창조적으로 새로운 것을 만들어낼 줄 아는 지혜를 지니고 있기 때문에, 그의 욕망은 단지 일부분만이 유전인자에 의해 결정될 뿐, 훨씬 더 많은 부분은 후천적인 신神에 의해 결정된다. 때문에 기타 생물의 '욕망'은 현재의 생존만을 유지할 뿐 일반적으로는 자신을 극복해내지 못하는 반면, 인간 '욕망'의 가장 커다란 특징은 부단한 초월에 있다. 인류의 '욕망'은 영원토록 만족되지 못하기 때문에 인류는 영원토록 끝나지 않는 발전을 이룰 수 있는 것이다. 이처럼 이러한 자아초월의 '욕망'은 원래 인류 전진의 원초적인 동력이다.

하지만 인간의 욕망에 대해 좀더 진일보된 분석을 할 필요가 있다. 역학과 기공 양생학에 의하면 인욕은 사적인 욕망과 공적인 욕망으로 나눌 수 있으며, 또 자연에 순응하지 못하는 욕망과 자연에 순응하는 욕망으로 나눌 수 있다. 사적인 욕망은 자기 자신을 위한 욕망이며, 공적인 욕망은 타인을 위한 욕망이 된다. 사적인 욕망이든 공적인 욕망이든 모두 합리적이거나 불합리한, 혹은 정당하거나 정당하지 못한 구분이 있을 수 있다. 그 기준은 천도에 합치하느냐 혹은 자연에 순응하느냐, 그렇지 못하느냐가 된다.

  천도에 합치하고 자연에 순응하는 욕망은 그것이 사적인 것이 되었든 공적인 것이 되었든 모두 합리적이고 정당한 것이다. 그 이유는 이러한 욕망은 우주의 변화 운동과 일치하는 것으로서, (인류를 포함한) 천지만물 공존과 공영의 이익과 요구에 부합하기 때문이다. 천도에 합치하지 못하고 자연에 순응하지 못하는 욕망은 비록 그것이 공적인 것을 위한 것이라 해도 그것은 합리적인 것이 못되며, 당연히 제거되어야 한다. 예컨대, 인류 목전의 이익을 위해 생태 환경을 파괴하는 행위가 여기에 해당한다. 그렇지만 선천적인 본성에 위배되어 인간에게 불이익의 영향을 주는 욕망은 절대부분이 개인의 사적인 욕망임을 알아야 한다.

  이상에서 알 수 있듯이 우리는 아무렇게나 욕망을 부정해서도 안 되고, 아무렇게나 욕망을 긍정해서도 안 된다. 고대의 학자들은 비록 대부분이 '질욕窒欲(욕망 봉쇄)', '寡欲(적은 욕망)' 등을 말하지만, 그 실질을 살펴보면, 대부분이 일체의 욕망을 제거할 것을 주장하는 것은 아니다. 오히려 욕망에 대해 구체적으로 분석해볼 것을 요구하고 있다. 실제적으로 그들은 불합리한 욕망만을 반대할 뿐, 천도에 합치하고 자연에 순응하는 욕망은 적극적으로 긍정하는 태도를 견지하고 있다.

3) 후천적인 신神의 능동성을 발휘하라

기공의 각종 이론과 법칙을 총괄하자면, 그 총체적인 지도원칙은 식신識神의 능동 작용을 발휘하는 데에 있다. 마음으로 마음을 조절함으로써 '욕망'으로 하여금 선천적인 본성의 궤도에 합치되도록 만들고, 후천적인 신과 선천적인 본성이 같은 방향으로 향하도록 해서, 모든 존재자가 화해하도록 하며, 개체의 화합기능을 제고하고 원래의 생명활력을 증강시키는 것이다.

맹자는 "마음을 기르는 데는 욕망을 절제하는 것보다 더 좋은 방법이 없다."(『孟子·盡心下』)고 말한다. 순자는 "마음을 기르는 데는 정성보다 더 좋은 방법이 없다."(『荀子·不苟』)고 말한다. '욕망의 절제'와 '정성'은 본질적으로 서로 상통한다. '정성'은 있는 그대로의 것으로서 아무런 속임도 없는 것이다. 가장 큰 정성이란 곧 우주의 거대한 변화의 흐름 그 자체이다. 그러므로 마음이 정성스러우려면 내심으로부터 만물을 길러내고 끊임없이 만들어내는 천도에 근접해야 한다.

욕망을 절제한다는 것은 소극적인 방면에서 말하는 것으로서 뭔가를 바라지 말라는 것이며, 정성이란 적극적인 방면에서 말하는 것으로 정면으로 뭔가를 발양하라는 것이다. 맹자는 다시, "자신이 돌이켜 정성되면 그 즐거움이 무엇보다도 크다."(『孟子·盡心上』)라고 말한다. 그러므로 욕망을 절제하기 위해서는 정성을 다해야 하며, 정성을 다하기 위해서는 욕망을 절제해야 한다. 그 목표는 하나, 즉 후천적인 신神과 선천적인 본성을 통일시키는 것이다.

불합리한 물욕을 제거하기란 단번에 해낼 수 있는 것이 아니고, 상당한 정도의 수련 과정을 반드시 거쳐야 한다. 맹자는 "나는 마흔이 되고서야 마음이 흔들리지 않을 수 있었다."(『孟子·公孫丑上』)라고 말한다. 아성이라 불리는 맹자마저도 마흔이 되고서야 고요한 마음으로 물욕을 대할 수 있었다고 하니, 그 어려움이 어느 정도인지는 알 만하다. 하지만 '흔들리지 않는 마음'이란 매우 높은 단계의 정신 층차임을 알아야 한다.

현실 생활에서 어떤 사람이 만일 자기 극복을 통하여 불합리한 물욕의 유혹을 이겨낼 수 있다면, 이미 상당히 높은 단계이다. 하지만 그것만으로는 아직 '흔들리지 않는 마음'이라고 할 수 없다. '흔들리지 않는 마음'이란 곧 '고요함'을 일컫는다. 하지만 이 '고요함'이란 마음을 써서 하는 행위라기보다는 일종의 자연스러우면서도 습관적으로 도달할 수 있는 심리 상태라고 할 수 있다. 사람들이 만일 이러한 경지에 다다를 수 있다고 한다면, 이는 곧 "억지로 하지 않아도 높아지고, 인의라는 도덕의식이 없이도 수양이 되며, …담박한 무한의 경지에서 모든 것들이 따라오니, 이것이 바로 우주의 도이며 성인의 덕성이다."(『莊子·刻意』)라는 것이다. 이는 수련을 통하여 고요함에 머물고 선을 행하려는 상태에서 일종의 사고도 필요로 하지 않는 생활 습성의 단계로 옮아가도록 하는 것을 의미한다.

이렇게 되면, 총명과 지혜, 건강과 장수, 모든 종류의 화해와 아름다운 일들이 저절로 오게 된다. 손사막 역시 다음과 같이 말한다. "본성을 기르는 자는 습성이 본성이 되기를 바란다. 본성이 선해지면, 훈련하지 않아도 이롭지 않음이 없게 된다. 본성이 이미 선해졌다면, 안팎의 모든 병들이 사라지고 환란과 재해가 생겨나지 않으니, 이것이 본성을 기르는 위대한 방법이다. 본성을 잘 기르는 자는 아직 생겨나지 않은 병을 고친다라는 말이 바로 이 뜻이다."(『千

金要方 · 養性序』)

　선천적인 본성은 후천적인 신의 근본이자 원천이며, 위대한 태극과 천도를 체현한 것인데, 이는 우주의 거대한 운동 · 변화에 의해 결정된다. 후천적인 신은 인식 · 적응 및 생활환경의 거대한 임무를 담당하니, 인간의 영성靈性과 무한대의 능동성을 체현한다. 후천적인 신과 선천적인 본성으로 하여금 일치하도록 만들어서 천도로 돌아가고, 선천을 고양시키는 주도적인 작용은 오직 후천적인 신만이 가능하다. 『대학』은 "몸을 수련함은 그 마음을 바르게 함에 달려 있다."라고 하였다. '마음을 바르게 함'이란 후천적인 신, 즉 식신識神의 능동 작용을 발휘함을 말한다.

　송대의 내단가 백옥섬白玉蟾은 "선천성은 반드시 후천성에 의해 결정된다."(『修道眞言』)라고 말하는데, 바로 이러한 의미이다. 후천적인 신의 자아 조절과 운용을 통하여, 한편으로는 그러한 불합리한 물욕과 사적인 마음을 제거하고, 다른 한편으로는 선천적인 본성과 서로 일치되려는 사상의지思想意志(합리적인 욕망)로 하여금 실행에 옮겨지고 충분히 발양될 수 있도록 하는 것이다.

　이 두 부분을 종합하면, 곧 '텅비어 고요함으로 무위 한다' 또는 '욕망을 절제하여 마음을 다 한다'라는 것의 모든 내용이다. 장자는 말하길, "텅 비면 고요해지고, 고요해지면 움직이며, 움직이면 얻는다. 고요하면 무위하고, 무위하면 일을 맡은 이가 책임을 다한다."(『莊子 · 天道』)라고 한다. "고요하면 움직이고, 움직이면 얻는다."라는 것은, '고요함'을 통하여 정확한 '움직임'을 실현시키고, 정확한 '움직임'을 통하여 적극적인 성취를 이루어낸다는 말이다.

　'고요하면 무위하다'라는 것은 '고요함'을 통하여 불합리한 욕망이나 사사로운 마음을 제거함으로써, 사람의 행위가 '자연을 본받는'

원칙에 부합할 수 있도록 한다는 것이니, 이것이 곧 '무위'이다. 그러나 '무위'에 도달한 뒤라야 '일을 맡은 이가 책임을 다할 수 있는' 것이다. 즉 직무를 담당한 사람이 자신의 책임을 감당할 수 있다는 것이다. 여기서 우리는, 장자가 이해한 텅 비어 고요하며 무위하다는 것이 아무 것도 하지 않은 채 움직이지 않는 것을 의미하지 않는다는 것을 알 수 있다. 오히려 이것은 진정한 의미에서의 위대한 작위(作爲)이다.

맑은 마음의 고요함과 자연에 순응한 움직임 이 두 방면이 만일 잘 진행된다면, 후천적인 신 자체가 강력해질 뿐만 아니라, 선천적인 본성의 손실이 최소한도로 감소할 수 있다. 뿐만 아니라, 선천적인 본성이 회복될 수도 있으며, 심지어는 증강될 수도 있다. 이것이 곧 근본을 회복하여 원천으로 돌아가고, 우주와 합치한다는 것이다.

3 명命을 알고 운명을 즐겨라

기공 양생학은 주로 마음과 신의 수양에 대한 이론이다. (이것이 전부는 아니다.) 때문에 그 중점은 이해와 깨달음에 있다. 이것이 기공과 서양의 체육단련과의 중요한 구별이다. 당연히 식신識神과 원신元神의 모순을 해결하기 위해, 후천적인 신과 선천적인 본성을 서로 결합하려면, 반드시 선천의 본성에 대해 깊이 이해하고 통찰해야 한다. 그러므로 흔히 "기공을 많이 연마함은 도리를 청정하게 하는 것만 못하고, 도리를 청정하게 함은 진정한 도덕을 획득함만 못하다."라고 말한다. 이 말은 참으로 옳다.

1) 이치를 궁구하고 본성을 다함으로써 명命에 도달한다

역학에 의하면, 만물은 태극과 우주의 소생으로서, 각기 선천적인 명을 받는데 이를 일러 본성이라고 한다. 선천적인 본성은 그 사물로 하여금 일정한 법칙을 따라 운동 변화하게 하는데, 이를 일러 리理라고 한다. 역학의 임무는 천지 만물의 리와 본성을 보여주고, 사람으로 하여금 그러한 인식의 방법과 수단을 주는 데 있다.

「설괘전」은 이렇게 말한다. "옛날에 성인께서 『역』을 만드실 때에는 신명의 도움을 받으셔서 시초를 만드셨고, 하늘과 땅에서 둘과 셋이라는 수적 질서를 배우셨으며, 음양의 변화를 관찰하셔 괘를 만드셨고, 강유의 원리를 발휘하셔 효를 만드셨으며, 도덕에 순응하여 올바른 이치를 세우셨으니, 이는 이치를 궁구하고 본성을 다함으로써 명에 다다르게 하고자 함이셨다." 『역전』의 작자는, 옛날의 성인이 음양의 변화에 의거하고 시초를 만들어서 수적 질서에 의지하며 괘효를 그린 것이 모두, 사람들로 하여금 천하의 이치를 궁구하고 자신과 뭇사람 및 만물의 본성을 다함으로써, 최후에는 하늘의 명에 다다를 수 있도록 하기 위함이었다고 생각한 것이다.

리理-성性-명命 이라는 세 개념은 사물 본질의 세 층차를 대표한다. 인간이 그것들에 대해 궁구하거나 다한다는 것 역시, 낮은 단계에서 깊은 단계로 나아가는 과정이다. 특별히 '본성을 다한다' 할 때의 '다함'에 주의해야 한다. 그것은 인식과 더불어 실천을 포괄하는 것으로서, 지와 행의 통일을 의미한다. 때문에 "이치를 궁구하고 본성을 다함으로써 명에 다다른다."는 것은 우주 내에 온축되어 있는 것을 체득하는 것이며, 동시에 도덕의 실천과 전개를 가리키는 것으로서, 주관 능동성과 객관 규율성의 통일을 의미한다.

『중용』은 "하늘의 명을 일러 본성이라 하고, 본성을 따르는 것을 도라 하며, 도를 닦는 것을 일러 가르침이라 한다."라고 한다. 천명의 본성을 따르는 것을 '도'라고 보았으며, 이 '도'를 인식하고 실천하는 것을 교육의 주요 내용과 최종 목적이라고 본 것이니, 이 사상은 『역전』과 완전히 서로 일치한다. 그들은 모두 우주에 대한 인식 및 도덕실천과 내재 본성의 실현을 통일시켰으니, 이 역시 본성을 수양함으로써, 양생 및 우주와의 합일을 이루는 과정이 된다.

2) 명命에 이르러 (자신의) 뜻을 이룬다

천명天命이란 만물을 낳고 기르는 하늘의 내재적 본능이며, 하늘의 만물에 대한 부여이며 규정이다. 한강백이 「설괘전」에 주注를 달며 "명命이란 지극함이다."(『周易正義』에 보인다.)라고 하였다. 명은 사람과 사물의 본성으로 말하자면 궁극적인 원인이며 결정적인 인소이다.

여기서 특별히 알아야 할 것은, 천명이 인간과 만물에 부여하는 본성에는 일반·특수·개별이라는 세 가지 층차가 있다는 것이다. 일반이란 인간과 만물이 함께 받은 공통적인 본성을 가리킨다. 특수란 어떤 사물의 유적類的 속성을 가리킨다. 예컨대 앞에서 말한 선천적인 본성과 후천적인 신神 간의 모순과 통일은 곧 인간의 유적 속성에 속한다. 이 이외에 하늘이 부여해 준 것에는 어떤 한 사람 혹은 어떤 한 사물에게만 부여해 주어 혼자만이 갖춘 특성이 있으니, 이것이 개별이 된다. 하늘이 부여해 준 본성의 일반, 특수 그리고 개별은 모두 명이다. 그러나 개별의 어떤 한 부분 내용은 개인 사이의 차이를 드러내 보여주기 때문에 평소 우리가 말하는 '운명'의 범주에 속한다.

평소 말하는 '운명'이라는 개념은 선천과 후천 두 측면을 포괄한다. 앞에서 말한 천명의 본성은, 받은 사람으로 말하자면 나면서부터 갖고 있는 것이기 때문에 예정할 수도 선택할 수도 없는 것이다. 때문에 선천적인 명이라고 하는 것이다. 그 중에서도 개인이 혼자

지니고 있음으로써 남들과는 구분되는 어떤 부분은 더욱더 운명의 색채를 띠고 있다. 이 이외에도 후천적인 운명이 있다. 즉 인간의 일생에서 만나게 되는, 본인은 통제할 수도 없고 어떠한 주관 인소도 개입되지 않은 길흉화복의 강림이다. 선천적인 명과 후천적인 명은 모두 '하늘'로부터 결정되는 것으로서, 인간의 의지에 의해 바뀌지 않는다. 하지만 선천적인 명은 내재적 규정으로 표현되고, 후천적인 명은 외래적인 영향으로 표현된다.

역학은 선천적인 명뿐만 아니라 후천적인 명도 인정한다. 운명은 어떠한 신비적인 색채도 띠고 있지 않다. 하지만 확실히 부인할 수 없는 사실이다. 운명은 인간이 설정해 놓은 객관 역량의 영향을 받지 않는다. 반드시 이론적으로는 주관의 작용 인소와 구분되어야 한다. 이러한 주관 작용 인소의 영향을 받지 않고, 주관 작용 인소와 아무런 관계도 없는 사태가 이익이나 불이익의 조건을 지니고 있을 때에 운명의 의의를 지니게 된다.

운명에 대한 태도는 우주와 인간의 관계에 있어서 중요한 측면이며, 이는 본성의 수양과 양생에 있어서 반드시 정확히 해결되어야 할 문제이다.

공자는 "명을 알지 못하면 군자가 될 수 없다."(『論語·堯曰』)라고 말한다. 또 "도가 시행되려고 하는 것도 명이요, 도가 폐하여지려고 하는 것도 명이다."(『論語·憲問』)라고 말한다. 공자는 운명이 있음을 인정하고 있다. 하지만 그는 결코 소극적 태도를 견지하지 않는다. 그는 모든 사람이 자신의 운명이 어떻든 간에, 조금도 그것에 구애됨이 없이 자신의 도덕적 책임을 실천하고, 도를 알고 행하기 위해 노력해야 한다고 주장한다.

공자는 스스로 그 도가 실행될 수 없음을 분명히 알았으면서도,

동분서주하여 인정(仁政)으로 나라를 다스려야 함을 일생동안 주장하였다. 때문에 그는 '그럴 수 없음을 알면서도 열심히 하는' 사람이라고 불리기도 했다. 공자의 이러한 태도는 유가가 운명을 바라보는 근본적인 입장을 확립시켰다.

맹자는 "하지 않으려 해도 하게 되는 것은 하늘이 정한 것이며, 가지 않으려 해도 도달하게 되는 것은 운명이다."(『孟子 · 萬章上』)라고 말한다. 또 "요절하느냐, 장수하느냐는 둘이 아니다. 자신의 몸을 수양하며 기다리는 것이 바로 명을 바로 세우는 것이다."라고 하고, 또 "그 어떤 것도 운명이 아님이 없으니, 그 바른 것은 순응하면 그만이다. 때문에 명을 아는 사람은 무너지려는 담장 밑에 서지 않는다. 그 도를 다 하다가 죽은 사람은 올바른 명대로 살았다고 할 수 있다. 감옥에 갇혀 죽는 것은 올바른 명이라고 할 수 없다."(『孟子 · 盡心上』)라고 하였다.

맹자는 일체 사물에 모두 명의 성분이 있다고 여긴 것이다. 그러나 운의 좋고 나쁨이나 수명의 장단을 가릴 것 없이 모두 열심히 자신의 몸과 마음을 수양하여 하늘의 이치에 순응해야 하니, 힘써 그 도를 실행하고 절대로 방치하거나 게을러서는 안 된다는 것이다.

『역전』의 작자는 유가의 이러한 운명관을 계승 발전시켰다. 곤괘困卦 「상전」에서는 "연못에 물이 없으니 곤궁하다. 군자는 이것을 본받아 명에 이르고 의지를 이루어야 한다."라고 하였다. 곤괘는 아래가 감괘坎卦이고 위가 태괘兌卦이다. 태괘는 연못이고 감괘는 물이다. 물이 연못 아래에 있으니, 물이 땅 속으로 숨어 들어간 형국으로 연못이 말라버린 것이다. 이때는 연못 속의 생물들이 연못 바닥에서 곤궁함을 당하는 때이기 때문에 괘명을 '곤'이라고 한 것이다.

군자가 곤궁한 때에는 어떻게 해야 하는가? 그 대답이 바로 '명에 이르고 의지를 이루다'라는 것이다. 정여해鄭汝諧는 다음과 같이 해석한다. "구해서는 안 된다는 것을 알면서도 스스로 다가옴을 보는 것이 '치명' 곧 명에 이르는 것이다. 명으로는 구해서는 안 되지만, 내 의지로는 이룰 수 있으니, 소위 내 하고픈 대로 한다는 것이다."(『東谷易翼』)

한편으로는 어떤 사태는 반항할 방법이 없음을 인정한 것으로, 다만 세계의 필연성에 순응할 뿐 맹목적인 저지를 할 필요가 없다는 것이니, "하늘의 위대한 명에 순응한다."(大有卦「상전」)는 것이다. 다른 한편으로는 우주의 근본 법칙에 의거해서 시종 자신의 이상과 의지를 실행함으로써, 세계를 조절하고 제어하여 더욱더 인류의 수요에 부합하도록 하는 것이니, "천지의 도를 이루어주고, 천지의 올바름을 도와준다."(泰卦「상전」)라고 하는 것과 같은 것이다. 응당 "명에 이르고 의지를 이룬다."는 것은 상당히 중요한 명제라고 해야겠다.

3) 즐거움은 하늘의 뜻을 행하는 데에 있다

중국 고대 사상가들은 대부분 하늘의 의지를 알고 하늘의 의지를 실행하는 것을 인생 최대의 즐거움으로 보았다. 공자는 "너무도 열심히 해서 밥 먹는 것도 잊어버리고 즐거움에 근심도 잊어버려 늙는 것도 몰랐다." 혹은 "거친 밥과 물만 마시고 팔꿈치 베고 누워도 즐거움은 그 속에 있다."(『論語‧述而』)라고 하였다. 그의 제자인 안회를 회상하면서는 "한 바리 밥과 한 표주박의 물로 누추한 마을에서 지낸다면 다른 사람들은 그 근심을 이겨낼 수 없겠지만, 안회는 그 즐거움을 바꾸지 않았다."(『論語·雍也』) 라고 하였다.

맹자는 "자신을 돌아보아 정성을 다한다면, 그 무엇이 이것보다 더 즐겁겠는가?"(『孟子·盡心上』)라고 하였다. 그 즐거움은 어디에 있는가? 도를 얻어 하늘과 함께 하는 데에 있다. 도가 역시 이렇다. 장자는 "하늘의 즐거움을 아는 자, 하늘을 원망함도 남들의 비난도 사물의 얽매임도 없다."(『莊子·天道』)라고 한다. 또 "옛날에 도를 얻은 사람은 궁핍해도 즐겁고 형통해도 즐거우니, 그 즐거움은 궁핍한가, 형통한가에 달려 있지 않다. 도와 덕을 얻으면 궁핍과 형통은 그저 추위와 더위, 비와 바람이 때에 맞춰 오가는 것에 불과하다."(『莊子·讓王』)라고 하였다.

어째서 옛날의 선현들은 궁핍해도 형통해도 즐거울 수 있었는가? 원래 즐거움은 형통함에도 궁핍함에도 잊지 않았다. 그것은 그들이 우주 유행의 근본 법칙을 이해하여, 가슴으로부터 우주와 동일해져 세속을 초월하고 우주와 합치함으로써 얻어지는 즐거움에 도달한 것이다.

『역전』의 작자는 유가의 낙관정신을 발휘하였으며, 동시에 유가의 '천락天樂' 즉 하늘의 뜻을 즐거워 한다는 사상을 융합하였다. 「계사전」 상에서는 이렇게 말한다. "처음을 궁구하고 끝을 돌아본다. 그러므로 죽음과 삶의 원리를 안다. 정미한 기는 사물이 되고 떠다니는 혼은 변한다. 때문에 귀신의 본질에 대해 안다. 천지와 비슷하기 때문에 거스르지 않고, 만물을 두루 아울러서 천하에 도를 실행하기 때문에 지나치지 않는다. 권도를 행할 줄 알면서도 정도를 지키고, 하늘의 뜻을 즐거워하며 명을 알기 때문에 근심하지 않는다."

『역전』의 작자는 『역경』이 천지의 위대한 도를 보여줌으로써, 만물의 존재와 성장을 도와줌에 성공하지 못한 것이 없다고 보았다. 더 나아가서 시의의 변화에 적절하게 응대하여 모두 실수가 없다는 것이다. 『역경』은 사람들로 하여금, 원래 천지의 운행과 음양의 변화는 순환하여 끝이 없다는 것을 체득하도록 한다. 삶과 죽음, 형통하고 궁핍함, 형체가 있는 기는 모두 상호 전이轉移되고 변화한다.

가장 정확하게 말하자면, 일체의 인생을 우주의 거대한 운행 속으로 밀어넣어, 자신의 성공과 실패를 위대한 우주 운행의 일부를 따르는 것으로 보아, 하늘의 의지를 알고 하늘의 의지를 실행하는 것에서 무한한 쾌락을 찾아야 한다는 것이다. 이렇게 한다면 개인의 득실을 넘어설 수 있어서, 다시는 한때의 궁핍이나 형통함 때문에 일희일비하지 않는다는 것이다. 그 어디에 무슨 근심할 것 혹은 번뇌나 분노할 것이 있겠는가?

『역전』의 작자와 유가, 도가의 선현들의, 명을 알고 하늘의 의지를 즐거워하여 아무런 근심걱정도 없는 인생철학은 기공 양생학의 중요한 성분이 된다. 사람들은 '위대한 형통함'에 합치하고 '하늘의 의지를 즐거워하는' 경지를 얻을 때만이, 오랫동안 텅 비어 고요하고 담박하며 맑은 마음으로 욕심을 내지 않을 수 있으며, 동시에 우뚝 서서 위로 향상함과 새로운 것을 개척하는 정신을 잃지 않을 수 있다.

오직 텅 빈 고요함과 담박함 그리고 맑은 마음에서 오는 욕심의 절제만이 우주와 합치할 수 있게 해주며, 선천적인 본성의 전개를 방해하는 모든 요소를 제거할 수 있다. 오직 진취적으로 새로운 것에 나아갈 때만이 하늘의 의지를 즐거워할 수 있고, 사람이 하늘로부터 부여받은 생명활력을 적극적으로 조절하고 계발하고 증강시킬 수 있다.

4 우주와 그 덕성을 함께한다

인간 본성의 내면의 진실을 충분히 발휘하여, 우주와 합일하기 위해서는, 한편으로는 텅 빈 고요함과 담박함으로 올바르지 않은 욕망을 극복해야 하지만, 다른 한편으로는 우주와 합일하는 도덕을 적극적으로 실천해야 한다.

1) 덕을 수양함은 몸을 기르는 것보다 중요하다

이괘頤卦는 전문적으로 양생을 기술한 괘이다. '이頤'란 '턱(䐜)'을 말하고 '턱'이란 입의 겉을 말한다. 이괘의 괘사는 "턱을 보면, 스스로 입 속을 채울 것을 구한다."라고 하였다. 여기서 '채울 것'이란 먹을 것을 말한다. 입 속에 먹을 것을 넣는 것이 양생의 필수가 된다. "스스로 입 속을 채울 것을 구한다."는 것은 양생은 반드시 자기 자신을 의지해야지 타인에게 기대서는 안 된다는 것이다. '뺨을 본다'는 것은 주의력을 뺨에 모음으로써, 자연스레 양생의 문제를 논한다는 것이다. 그러므로 「서괘전」에서는 "턱이란 양생이다."라고 하였고, 이괘「단전」에서는 "이괘에서 올바르면 길하다고 한 것은, 올바름을 기르면 길하다는 뜻이다."라고 하였다.

　양생은 좋은 일이다. 하지만 반드시 올바른 방법에 의거했을 때만이 좋은 효과를 얻을 수 있다. 이괘「상전」에서는 "산 밑에서 번개가 치는 형국이 이괘이다. 군자는 그것에서 교훈을 얻어 말을 삼가고 음식을 절제한다."라고 하였다. 이괘는 아래는 진괘震卦이고 위는 간괘艮卦이다. 진震은 번개요 움직임이며, 간艮은 산이요 멈춤이다. 움직임도 고요함도 있고, 운동도 멈춤도 있으니, 움직임과 고요함, 운동과 정지가 적절히 결합되어 있는 것이 양생에서 반드시 따라야 할 원칙이다. 때문에 "산 밑에서 번개가 치는 형국이 이괘이다."라고 한 것이다.

　구체적으로 말해서 입의 기능은 두 가지, 즉 말하는 것과 음식을 먹는 것이다. 말하고 음식을 먹을 때는 움직임이 필요하다. 하지만 선택과 절제가 필요하다. 때문에 다시 멈춤이 있는 것이다. 그렇게 함으로써, 화가 입으로부터 나오거나 병이 입으로 들어가는 것을 막을 수 있는 것이다. '말을 삼가는 것'은 덕을 수양함에 해당하고, '음식을 절제하는 것'은 욕망을 절제함에 해당한다.

　이괘의 초구初九는 "너의 영험한 거북이를 버려두고, 나를 바라보며 턱을 늘어뜨리고 있으니, 흉하다."라고 하였다.「상전」에서는 "'나를 보며 턱을 늘어뜨린다'는 것은 귀할 것이 못 된다는 것이다."라고 하였다. 영험한 거북이는 신령한 거북이라고 부르기도 하는데, 이는 정도正道를 대표한다. '늘어진'이란 움직인다는 의미이다. 늘어진 입이란 음식물을 씹고 있는 것이다. 초구는 양효로 충분한 음식물이 있어서 스스로 양생할 수 있음을 의미한다. 하지만 그는 양생의 정도를 버려두고, 다른 사람의 입 속에 있는 음식물을 바라

보고 있으니 이는 덕이 없음을 보여주는 것으로 흉하다.

왕부지는 이렇게 주를 달고 있다. "이는 탐욕스럽고 조급한 사람이 내가 턱을 움직이며 씹는 것을 보고서 주목하여 응시함을 말한 것이다. 그 허물은 턱을 늘어뜨리는 데에 있지 않고 상대를 보는 데에 있다. 비록 아직 뭔가 몫이 떨어지길 바라고 있는 것은 아니지만, 그 마음은 이미 정도를 벗어났다. 때문에 '역시 귀할 것이 없다'라고 한 것이다."(『周易稗疏』)

상구上九효의 효사는 "말미암아 움직이니 험난하면 길하다. 큰 강을 건넘이 유리하다."라고 하였고, 「상전」에서는 "'말미암아 움직이니 험난하면 길하다'라는 것은 큰 경사가 있다는 말이다."라고 하였다. 상구 역시 양효이다. '말미암아 움직인다'는 것은 상구가 자신만을 양생할 뿐 아니라, 그 외의 네 개의 음효(육이, 육삼, 육사, 육오)를 길러낸다는 것으로서 덕이 크다고 말할 수 있다. 때문에 '험난하면 길하다'라고 한 것이다. 육오는 지존한 군주에 해당하는데, 음효이기 때문에 스스로를 길러낼 수 없고, 더욱이 만백성을 길러내는 군주의 책임을 다 해낼 수 없다. 다만 육오는 '올바르니 길하다'. 이는 그가 '순종하며 윗사람을 따를 수 있기'(「상전」) 때문인데, 그는 백성을 길러내는 중임重任을 상구의 현명한 신하에게 일임한 것이다. 상구는 덕과 재능을 겸비하였기에 훌륭히 부탁받은 맡은 바 임무를 완수할 수 있다. 때문에 '큰 강을 건넘이 이롭다'고 하고, '큰 경사가 있다'라고 한 것이다.*

초구와 상구를 비교해보면, 이괘와 『역전』은 모두, 오직 고상한 덕성을 갖춘 사람만이 양생을 정도로 인도할 수 있음을 강조하고

---

* 程頤의 『周易程氏傳』과 徐志銳의 『周易大傳新注』 참조.

있다는 것을, 그래서 덕성을 수양함이 몸을 양생함보다 더욱 중요함을 알 수 있다. 이것과 "가장 훌륭한 것은 신神을 기르는 것이고, 그 다음이 몸을 기르는 것이다."는 관점과 일맥상통한다.

덕성을 기르는 것이 몸을 기르는 것보다 더욱 중요하다는 원칙에는 충분한 사상적 기초가 있다. 중국 전통의 양생학 중에서 양생은 단순히 개인의 행위에 속하지 않는다. 더욱이 단순히 의학이나 생리학의 각도에서 이해되거나 그 가치를 확정할 수 있는 것이 아니다.

양생은 우선 일종의 도덕을 실천하는 책임이다. 유가에서는 자신의 신체를 아끼는 것이 효도를 다하는 것이라고 본다. 자신의 몸에 난 털 하나나 머리털 하나 모두 부모에게서 난 것이기 때문에, 부모를 공경한다면 응당 자신의 신체를 사랑해야 한다는 것이다. 건강한 신체는 인과 의를 실천하고, 진충보국하며, 자식을 낳아 대를 이을 수 있는 보증이 된다. 도가에서는 인간의 신체를 천지가 길러낸 것이라고 본다. "내 몸은 내가 사적으로 가질 수 있는 것이 아니다."(『莊子・知北游』) 때문에 양생은 죽음을 미워해서가 아니고, 사람들이 '자연을 본받고', '하늘의 덕성에 합치'하기 위해 반드시 실행해야 하는 것이다. 이는 위대한 도의 실행을 체현하는 것이며, 동시에 그렇게 함으로써 고결한 생활을 할 수 있는 것이다.

양생은 도덕적 요구에서 출발하였기 때문에 사회성을 지니고 있고, 사람이라면 누구나 실행해야 하는 장엄한 의무가 된다. 때문에 도덕적인 인간은 반드시 양생을 중시하여야 하며, 양생의 동력 역시 응당 도덕의 명령으로부터 나와야 한다. 양생을 도덕의 범주에 집어넣을 때만이 양생은 비로소 정확한 목적을 지니게 되며, 비로소 충분한 동력과 힘을 지니게 되는 것이다. 이처럼 양생이 도덕에 속하니, 덕을 수양하는 것이 몸을 기르는 것보다 더 중요한 것이 된다.

2) 자신 기르기, 남 기르기, 사물 기르기는 하나의 온전한 전체이다

중국 전통의 양생학 중에서 양생은 하나의 온전한 전체 개념이지, 단순하게 한 사람의 각도에서 이해될 수 있는 것이 아니다. 그래서 양생을 그저 자신만을 길러내는 것으로 보아서는 안 된다. 천인합일의 관념에 의하자면, 양생 활동을 시작한 사람은 자신을 길러낼 뿐만 아니라 남도 길러내야 한다. 남만을 길러내는 것이 아니라 모든 사물을 길러내야 한다. 이괘頤卦「단전」에서는 "'턱을 바라본다'는 것은 양생할 바를 본다는 것이다. '입에 들어갈 것을 스스로 구한다'라는 것은 스스로를 기를 것을 바라보는 것이다. 천지는 만물을 길러내고, 성인은 현자를 길러내어 만백성에게 보내주니, 이괘의 때는 참으로 위대하도다."라고 하였다.

『역전』의 작자는, 양생('턱을 바라본다')에서 가장 중요한 것은 그 양생의 도가 정확한가('양생할 바를 본다')에 있다고 생각한 것이다. 자신의 물욕을 어떻게 대처할 것인가를 바라보는 것은, 즉 '스스로 입에 들어갈 것을 구하는 것'에 해당하지는 않는가 하고 묻는 것은, 스스로 양생이 진행되는 것을 고찰하고 평가('스스로를 기르는 것을 본다')하는 것이다.

또한 천지가 만물을 낳고 기르는 것이나, 성인이 현명하고 능력 있는 자를 배양하여 국가를 통치하고, 모든 백성들로 하여금 풍족한 환경에서 문화를 즐길 수 있도록 하는 것이 모두 양생의 범위에 든다는 것이다. 그러므로 양생은 개인의 일에 국한되지 않고 모든 백성 혹은 만물에 미친다. 이괘의 양생 작업이 때에 맞춰 적절하게 행해지는 것은 의심할 것도 없이 아주 중대한 일이다.

북송 시기의 정이는 『역전』의 양생사상에 대해 아주 훌륭한 해석

을 가하고 있다. "성인께서 괘를 만드셔서 양생의 의미를 알리셨으니, 크게는 천지가 만물을 양육하는 데에 이른다. 성인은 현자를 배양하여 백성에게 보내주니, 다른 사람과 더불어서 생명을 길러주고, 덕을 길러주고, 사람을 길러준다. 이 모든 것은 이괘의 양생의 도이다. 행동거지가 모두 적절하게 절제되도록 하는 것은 본성을 기르기 위함이다. 음식과 의복은 몸을 기르기 위함이다. 위엄 있는 의식과 의를 행하는 것은 덕을 기르기 위함이다. 자신의 생각을 미루어 남에게까지 이르도록 하는 것은 남을 기르는 것이다."(『周易程氏傳』)

『역전』과 정이의 관점에 의하자면, 자신을 기르는 것과 남을 기르는 것과 사물을 기르는 이 세 가지는 상호 연관되어 있는 것으로서, 상호적으로 진행되는 내재적 연계를 지닌 온전한 전체이다. 예를 들어 '추기급인' 즉 자신의 생각을 미루어 남에게까지 이르도록 하는 것을 생각해보자. 타인의 양생에 관심을 갖는 것은 자신의 덕성을 기르는 것에 해당하고, 자신의 덕성을 기르는 것은 또한 자신의 기를 다스리고 몸을 기르는 데에 유익하다.

추기급물하여 모든 중생을 사랑함으로써, 만물이 화해하고 공존공영 하도록 하면, 그 결과는 또한 인류를 양육하는 데에도 유익하다. 그러나 만물의 화해를 실현하기 위해서는 또한 반드시 '행동거지가 모두 적절하게 절제되는' 즉 인욕을 다스리는 것이 필수적이다. 이것은 역학에서 말하는 양생학이 실제로는 자연을 더욱 아름답고 뛰어나도록 만들어서 가장 아름다운 생태 환경을 만드는 것을 포함하고 있음을 보여주는 것이다.

이로써 자신 기르기, 남 기르기, 사물 기르기 이 세 가지의 통일은 생명의 양육, 덕성의 수양, 그리고 세상 다스리기의 통일이며,

동시에 양신·양기·양형의 통일임을 알 수 있다. 사회나 개인을 불문하고, 자신 기르기, 남 기르기, 사물 기르기가 가장 적절하게 결합할 때, 그래서 모든 방면에서 최선을 다할 때만이 비로소 온전한 양생이며, 비로소 우주의 덕성에 합치하는 양생의 정도가 된다.

「계사전」에서는 "천지의 위대한 덕을 일러 생生이라 한다.", 혹은 "낳고 낳는 것을 일러 역易이라 한다."라고 말한다. 만물을 낳고 길러내는 것이 곧 천도의 핵심이다. 때문에 우리 한 사람 한 사람 모두 천지처럼 뭇 생명을 사랑하고 만물을 아끼는 드넓은 마음을 지녀야 한다. 「계사전」 상에서는 또 이렇게 말한다. "한 번 음이 되고 한 번 양이 되는 것을 일러 도道라고 한다. 그것을 계승하는 것이 선善이요, 그것을 이루어내는 것이 성性이다."

송대 역학의 해석에 따르면, 음양의 도의 실질은 음과 양이 저절로 조화를 이루어 가장 훌륭한 생성과 양육에 이르는 것이다. 음양의 도가 곧 천지의 위대한 덕이다. 여기서 말하는 언행의 훌륭함(善)이란 바로 이러한 도덕에 대한 계승을 말한다. 여기서 말하는 선천적인 본성(性)이란 이러한 도덕을 부여받은 것을 말한다.

역학에서 말하는 건괘乾卦의 네 가지 덕성이란 이러한 훌륭함(善)과 본성(性)에 대한 개괄인 것이다. 건괘의 괘사는 '원형리정元亨利貞'이다. 『역전』은 그것을 하늘의 네 가지 덕성이라고 해석한다. 건괘 「문언전」에서는 이렇게 말한다. "원元이란 훌륭함의 으뜸이요, 형亨이란 좋음이 모인 것이다. 리利란 옳음의 조화요, 정貞이란 일의 근간을 말한다."

공영달의 『주역정의』에서는 장씨莊氏의 말을 인용하여 다음과 같이 해설한다. "'원元이란 훌륭함의 으뜸이다'라고 한 것은 하늘의 본성이 만물을 낳고 길러내는 것임을 의미한다. 훌륭함은 생명을 불어넣어주는 것보다 더 좋은 것이 없다. 원元은 곧 생명을 불어넣어 주는 으뜸이 되기 때문에 '원元이란 훌륭함의 으뜸이다'라고 한 것이다. '형亨이란 좋음이 모인 것이다'라는 구절에서 좋음(嘉)이란 아름다움(美)을 말한다. 이 말은 하늘이 능히 만물을 통창하게 하여 사물마다 좋고 아름다운 것을 모이게 한다는 말이다. 때문에 '좋음이 모인 것'이라고 한 것이다. '리利란 옳음의 조화이다'라고 하는 것은 하늘이 능히 모든 사물을 이롭게 하여, 그것으로 하여금 각기 가장 적당함을 얻어 조화할 수 있도록 한다는 것이다. '정貞이란 일의 근간이다'라는 것은 하늘이 중정中正한 기氣로 만물을 이루어내어 사물마다 모두 적절한 근간을 성취하도록 한다는 것이다."

역학이 '원형리정'을 하늘의 네 가지 덕목으로 해석하려는 것은 사람들로 하여금 하늘의 도를 깨닫고 하늘의 덕을 행하도록 하고자 해서이다. 「문언전」은 계속해서 이렇게 말한다. "군자는 인仁을 체득하였으니 족히 남보다 뛰어날 수 있고, 좋음이 모였으니 족히 예에 합치할 수 있고, 사물을 이롭게 하니 족히 올바름에 조화로울 수 있으며, 그 의지가 바르고 견고하니 일을 성취할 수 있다. 군자란 바로 이러한 네 가지 덕을 실행하는 자이다. 때문에 '건乾은 원형리정元亨利貞'이라고 한 것이다."

공영달의 이에 대한 주석은 다음과 같다. "군자는 인도仁道를 체득하였기 때문에 널리 사랑하고 생명을 베풀어준다. 때문에 족히 다른 사람들에게 존경을 받을 수 있다. 인仁이란 곧 선善이다. 인덕仁德을 행하는 것은 하늘의 원덕元德을 본받은 것이다. '좋음이 모였으니 족히 예에 합치할 수 있다'라고 한 것은 군자는 능히 만물로 하여금 좋고 아름다운 것만을 모이도록 할 수 있으면서도 예에 합치할 수 있다는 것이니, 이것은 하늘의 형亨을 본받은 것이다. '사물을 이롭게 하니 족히 올바름과 조화한다'는 것은 군자는 만물을 이롭게 하여 각기 그 가장 적절함을 얻게 하면서도 족히 올바름에 합치할 수 있도록 한다는 것이니, 이는 하늘의 리利를 본받은 것이다. '바르고 견고하니 일을 성취할 수 있다'라는 것은 군자는 능히 굳건하고 바를 수 있기 때문에 사물이 이루어지고 일이 모두 성취되도록 한다는 것이니, 이것은 하늘의 정貞을 본받은 것이다."

여기서 '일이 모두 이루어진다'는 것은 일이 모두 성취함이 있다는 것이다. 역학에 의거하여, 만일 양생을 정도 위에 자리 잡으려 한다면 반드시 건괘의 네 가지 덕을 고양해야 한다.

3) 아름다움이 그 안에 있으면 사지四肢에 통하여 드러나게 된다

공자는 "지자知者는 물을 좋아하고, 인자仁者는 산을 좋아한다. 지자는 동적이고 인자는 정적이다. 지자는 즐거우며 인자는 장수한다."(『論語·雍也』)라고 말한다. 통상 사람들이 이 말을 인용하여 해석할 때에는 곧잘 '지자'와 '인자'를 구분하길 좋아한다. 하지만 공자의 사상은 지자는 인仁하고, 인자仁者는 지혜롭다. 동정은 서로의 근거가 되고, 즐거움과 장수는 서로 의지한다는 것이다.

생각하건대 인자는 하늘의 덕에 합치하는데 즐겁지 않을 수 있을까? 지자는 이치에 밝기 때문에 절로 그 마음이 깨끗하니 장수하지 않을 수 있을까? 만물을 인애仁愛하여 뭇 생명을 돕는다면 지혜롭고 동적이지 않을 수 있겠는가? 만물의 이치를 궁구하고 만물의 본성을 체득하여, 깊이 생각한다면 인仁하지 않고 정靜하지 않을 수 있겠는가? 인仁과 지智를 나누어서 논술하는 것은 단지 지知와 인仁이

지닌 각기의 특성과 편향을 강조하기 위한 것일 뿐이다. 그러나 유가의 학설 중에서 이 두 가지는 모두 '덕'이라는 훨씬 광범위한 범주에 속한다.

『대학』에서는 "부유함은 거처를 윤택하게 하고, 덕성은 자신을 윤택하게 하니, 마음이 넓으면 몸도 반듯해진다."라고 말한다. '반胖'은 음이 반盤이다. 주희의 주注에서는 '반胖이란 편안함이다'라고 말하고, "마음에 아무런 거리낌이나 부끄러울 것이 없기 때문에 넓고 담담할 수 있다. 때문에 몸도 언제나 편안한 것이다. 이러한 것이 바로 덕성이 자신을 윤택하게 하는 것이다. 선善이 자신의 내부에 충만해 있으면 밖으로 드러나 보임이 이러하다."라고 한다. 이는 고상한 도덕이 사람의 마음을 평화롭고 담담하게 만들어 건강과 수명에 도움을 줄 수 있음을 말하는 것이다.

곤괘坤卦「문언전」역시 이렇게 말한다. "군자는 황黃이 그 중심에 있어 이치에 통하니 바른 자리에서 하체下體에 거처하여, 아름다움이 그 안에 있어 사지에 통하여 사업에 나타나니 아름다움의 지극함이다.", "황이 그 중심에 있어 이치에 통하니 바른 자리에서 하체에 거처한다."는 것은 군자의 마음에 품고 있는 덕성이 지혜로우면서도 어질다는 것이다. 이처럼 안으로 아름다움을 간직하고 있는 사람은 반드시 사지에 기혈이 충만하고 순통하며, 직면한 모든 일들이 잘 풀려나가 장수하면서 발전할 수 있다는 것이다. 때문에 '아름다움의 지극함이다'라고 한 것이다.

그렇다면, 어째서 도덕의 고상함이 건강에 유익한 것일까?

우선, 고상한 도덕을 지닌 사람의 이상은 원대하여 적극적으로 향상되기를 추구하며, 밖으로는 엄숙하면서도 안으로는 평정한 심리상태를 유지하여 스스로에게 아주 엄격하다. 이러한 정신 상태는 선천적인 본성의 계발과 심리의 안정적인 유지에 이롭다. 또한 생명의 활력과 생명과정에 대한 자기조절 능력을 향상시켜 준다. 동시에 불합리한 사욕을 제거하여 맑고 담박한 심리상태로 들어갈 수 있도록 도와준다.

다음은, 우주와 합치하는 도덕은 사람의 내면세계를 드넓게 해줘, 타인과의 관계를 조화롭게 해주고 사물과의 관계 역시 순조롭게 만들어준다. 이로부터 피부를 맑고 깨끗하게 만들어주어, 안으로는 아무런 노폐물도 없고 밖으로는 대자연의 기와 순통할 수 있게 해준다. 안에 아름다움을 간직하면, 같은 기는 서로 응대하고 같은 부류는 서로 모인다는 원리의 작용 하에, 외계 생활환경 중의 맑고 깨끗하고 새롭고 좋은 기들이 대량으로 신체에 들어와 건강을 촉진하게 된다.

셋째는 도덕적으로 반듯하면 사람을 바르고 곧게 만든다. 심신이 바르고 곧으면 호연지기浩然之氣를 만들어내어 신체를 충실하게 만든다. 맹자는 "나는 나의 호연지기를 잘 기른다.", "그 기는 아주 크고 아주 강직하여 곧장 길러내어 아무런 손상이 없으면 온 천지에 가득 찬다. 그 기는 의義와 도道에 짝하는데, 이것이 없으면 곧 졸아든다. 이것은 의를 모아서 생겨나는 것이지 어쩌다 한 번 의를 행했다고 얻을 수 있는 것이 아니다. 행동이 마음에 거리낌이 있으면 곧 졸아든다."(『孟子・公孫丑上』)라고 하였다. 이것은 곧 흔히들 말하는 '부끄러울 것이 없으면 기가 당당하다'라는 것이다.

그런데 맹자는 반복해서 의義와 도道를 강조하고 있다. 이것은 진정한 내면의 수양으로 도달할 수 있는 것이지 하루에 이룰 수 있는 것이 아니라는 것이다. 때문에 '의를 모아서 생겨나는 것' 혹은 '어쩌다 한 번 의를 행했다고 얻을 수 있는 것이 아니다'라고 말하는 것이다.

주희는 "습襲은 습격을 말한다. 제齊나라의 군주가 거莒나라를 습격한 것과 같다. 맹자의 말은 이 기氣가 비록 도와 의에 짝한다 하더라도, 그것을 기르기 시작할 때에는 사태마다 모두 의에 합치하도록 하여, 스스로 반성해보아 언제나 반듯해야 한다는 것이다. 그런 뒤라야 부끄러울 것이 없어서 이 기가 자연스럽게 마음속에 생겨난다는 것이다. 그것은 어떤 한 일이 우연히 의에 합치했다고 해서, 밖에서 습격하듯 얻을 수 있는 것이 아니다. 겸慊이란 통쾌함이요, 족함이다. 맹자의 이 말은 행위가 하나라도 의에 합치하지 않아서 스스로 돌이켜보아 바르지 않다면, 마음에 족하지 않아서 그 몸 역시 충실하지 않다는 것이다."(『四書集注』)라고 주注를 달아 설명하였다. 주희의 이러한 언급은 아주 적실하다.

『역전』의 "아름다움이 그 안에 있으면 사지四肢에 통하여 나타나게 된다."는 설과, 맹자의 "의義를 모아 '호연지기浩然之氣'를 만든다."는 설은 역대로 기공의 양생가들이 무척 중시하였다. 그 내부의 구체적인 원리에 대해서는 현대 과학과 기공학의 심층적인 연구가 필요하다.

4) 해와 달과 그 밝음을 같이하며

기공 양생학의 입장에서 말하자면, 덕의 수양을 추숭하는 것은 비단 덕이 몸보다 중요하기 때문만은 아니다. 덕을 수양하는 것은 몸을 기르는 데에 도움이 된다. 원래 덕을 수양함은 양생의 범주에 포함된다. 바꿔 말하자면, 기공 양생은 그저 수련하여 수명을 연장하기 위한 것만은 아니다. 오히려 고결하고 아름다운 정조를 도야하여 생명의 질을 고양시키는 것이다. 그것은 이치를 궁구하여 본성을 완성하고 자신에게 부여된 천명을 알고 즐기며, 대자연의 위대한 변화에 동화되어 결국에는 천인합일의 지고한 정신경계에 도달할 것을 주장한다.

이러한 때에 이르러서는 자신을 사랑하고, 남을 사랑하고, 사물을 사랑하는 마음이 본성을 기르는 도로 승화하여, 하늘의 네 가지 덕성과 합치한다. 게다가 도道가 만물을 만들어내듯이, "낳았으되 자신의 것으로 하지 않고, 수고하였으되 지니려 하지 않으며, 길렀으되 지배하려 하지 않는다."(『老子』 51章) 즉 공을 차지하여 자신의 것으로 만들지도, 사사로운 이익을 도모하지도 않는다.

건괘乾卦 「문언전」에서는 "해와 달과 그 밝음을 함께 한다."라고 말한다. 이것은 무슨 뜻인가? '해와 달과 그 밝음을 함께 한다'는 것은 해나 달처럼 밝다는 것을 말하는 것이 아니다. 이것은 자신의 정신의 빛이 하늘에 떠 있는 해나 달의 빛처럼 환하게 빛나서, "위아래로 천지와 함께 흘러간다."(『孟子 · 盡心上』)는 것을 말한다.

천인합일의 경지에서 두드러져 보이는 감각은 바로 '자득自得'이다. 『淮南子』에서는 "천하의 요체는 저들에게 있지 않고 내게 있으며, 사람에게 있지 않으며 몸에 있다. 따라서 몸을 얻으면 만물이 갖추어지는 것이다. …천하는 나의 소유이며, 나 역시 천하의 소유이다. 천하와 나 사이에 어찌 간격이 있을 수 있겠는가? 천하를 지닌 사람이라는 것이 어찌 꼭 권세를 지닌 자로서, 살생의 칼자루를 지니고서 호령을 행사하는 자이겠는가? 내가 말하는 천하를 소유했다는 것은 이것을 이르는 것이 아니다. 자기 스스로 얻은 것일 뿐이다. 이렇게 자득하면 천하 역시 나를 얻을 수 있는 것이다. 나와 천하가 서로 얻었으니, 항상 서로 소유한다. 거기에 무슨 포용하지 못할 것이 있겠는가? 내가 말하는 자득한 자는 자신의 몸을 온전하게 만드는 자이다. 자신의 몸을 온전하게 만드는 자는 곧 도와 하나가 되는 것이다."(「原道訓」)라고 하였다.

여기서 말하는 '자득'이란 우주와 인간의 본성이 상통하여 조금의 차이도 있지 않다는 것을 충분히 체득하여, 우주와 인간이 서로 얻어 서로 실현되는 것을 의미한다. 이미 나의 몸은 완전히 우주의 본성이니 나와 우주는 같은 존재이다. 그렇다면 나의 본래의 마음에 또 무엇을 포용하지 못할 것이 있겠는가? 또 그 무엇이 포용되지 않은 것이 있었겠는가? 때문에 맹자는 "만물이 모두 내게 갖추어져 있다."(『孟子·盡心上』)고 한 것이다. 이 점을 이해한다면 천도에 따라 행하여 자연스레 천하를 자신의 소유라고 여기는 쾌락과 만족감을 지니게 될 것이다.

이로써 인생은 지고至高, 지실至實, 지미至美의 경지에 도달할 것이다. 이를 장자의 말로 표현한다면 "천지와 나는 함께 태어났고, 만물과 나는 하나"(『莊子·齊物論』)인 것이다. 생각해보라! 이러한 마음의 태도로 남을 대하고 세상을 살아간다면, 반드시 적극적이면서도 이성을 잃지 않으며, 온 마음을 다하면서도 마음이 동요하지 않을 것이니, 어찌 삶이 통쾌하면서도 장구하지 않을 수 있겠는가?

천인합일에 도달하면, 사물과 나의 차이를 잊어버릴 수 있다. 주체를 객체 속에 융합시키면 주관과 객관의 대립이 사라진다. 이것이 역학과 중국의 전통철학에서 주객관계를 처리하는 시종여일한 원칙이다. 북송의 정호程顥는 그래서 "인자仁者는 혼연하여 사물과 동체가 된다."라거나 "이 도는 사물과 대대관계에 있지 않다."(「識仁篇」)라고 말하는 것이다. 천인합일이란 어떤 의미에서는 바로 이

원칙의 철저한 관철이라고 할 수 있다.

천인합일의 경지에 도달한 사람은 정신상 우주와 융화되어 하나가 되기에 만물의 구분이나 차이를 잊어버린다. 기공 양생학에서는 정신상 물아일체物我一體를 실현시키면, 신체와 대자연계의 진기眞氣는 쉽게 상통하여 인체와 우주 기운 간의 교류를 촉진한다고 여긴다. 그렇지 않으면 인간과 우주의 사이에는 무형의 장애가 형성될 수 있어서, 기의 유통을 방해하여 양생에 좋지 않을 수 있다는 것이다.

천인합일에 도달하기 위해서는 반드시 일정한 수양의 과정을 거쳐야 한다. 이 과정은 완전히 기공양생과 합치하는 것으로, 전문적인 수양과 일상생활에서의 실천을 포괄한다. 또한 천인합일의 경지는 학습이나 일 또는 교제나 오락 등 평소의 일상생활 속에서 실현되어야 한다.

손사막은 "옛날에 양생을 한 사람들은 비단 약물을 먹는 것에 그치지 않고 일상의 삶 속에서 겸행하였다. 일상의 삶에서 두루 갖추어지면 비록 약을 끊는다 해도 족히 수명을 연장할 수 있다. 반대로 덕행이 훌륭하지 못하다면 금단이나 아무리 좋은 약을 먹어도 수명을 연장할 수 없다."(『千金要方·養性序』)고 하였다. 양성養性은 단순히 약을 복용하거나 정좌靜坐를 하거나 혹은 양기를 마시고 아침 기운을 쌓아가는 것이 아니다. 도리어 모든 언행 속에서 관철되어야 하는 것이다. 때문에 '일상의 삶 속에서 겸행한다'라고 한 것이다.

북송의 백옥섬은 "정靜 속에서만 정靜할 수 있어서는 안 되고 반드시 동動 속에서도 정할 수 있어야 공부의 효험을 볼 수 있다." 또는 "정좌靜坐라는 것은 앉아 있을 때만 정靜하는 것이 아니라 언제라도 정하는 것을 의미한다." 또 "향을 피우고 차를 끓이는 모든 것이 도道이다. 즉 산수山水나 구름과 노을을 보는 것들 역시 도인 것이다. 마음속이 그저 넓고 평정하기만 하다면 반드시 정좌를 틀고 앉아서만 도를 구할 수 있는 것은 아니다."(『修道眞言』)라고 말하였다.

　이렇게 저렇게 말했지만, 결국에 천인합일의 관건은 심성心性이 곧 천명이라는 것을 깨닫고 실천하는 데에 있는 것이다. 그것은 일종의 승화된 정신경지이다. 이러한 경지는 자연과 사회, 생리와 윤리, 정신과 형체, 개인과 우주가 상호 전화를 이루어 하나의 연속되는 통일체임을 나타낸다. 기공양생은 바로 이러한 통일체 중의 하나의 연결고리인 것이다. 그것은 반드시 이 통일체와 하나로 연결되어 있어야 한다.

5 우주와 그 질서를 함께한다

인간은 천지 속에서 살아간다. 우주 전체 속에서의 하나의 성원이 된다. 인간 능력의 구조와 생명의 질서는 우주와 합치한다. 때문에 인간의 일체 행위는 반드시 우주의 대구조의 질서와 서로 조화를 이룰 때만이 성공을 이룰 수 있고 건강하게 장수할 수 있다.

1) 때에 따라 행동하고 때에 따라 멈추다

역학과 중국 고대철학은 우주의 질서가 '시時'로 집중 표현되어 있다고 여긴다. 중국의 전통사유는 특별히 '시'를 중시하여 시간을 공간보다 더 중요한 것으로 간주한다. 이러한 관점은 생명을 중시하고 귀하게 여기며 우주의 위대한 움직임을 하나의 생명과정으로 여기는 관점과 관계가 있다. 왜냐하면 생명의 가장 커다란 특징은 그것이 시간 속에서 지속된다는 것이다. 풍괘豐卦 「단전」에서 "해도 하늘 한가운데 이르면 곧 기울고, 달도 차면 곧 이지러진다. 천지가 찼다가 비는 것은 때에 맞춰 이루어진다."고 하였다. 이것은 천지만물의 운행과 변화가 모두 시간에 맞춰 이루어지고 있음을 강조한 것이다. 시간의 질서는 주로 일 년 속의 분포, 즉 춘하추동의 네 계절로 표현된다. 천지만물은 네 계절의 순환 속에서 생성과 성장, 수렴과 사멸을 주기적으로 반복한다.

고대인들은 직관적으로 하늘의 변화(해와 달이 번갈아 뜬다든가, 북극성을 중심으로 별이 운행하는 등)는 땅의 변화(사계절의 순환에 맞춘 생성·성장·수렴·소멸 등)를 수반한다고 여겼다. 고대에 시간을 기록한 것은 또 천상天象의 변화를 그 기준으로 하였다. 때문에 중국 고대에는 언제나 시간과 하늘을 연관시켰는데 그래서 항상 '천시天時'라고 불렀다. 대유괘大有卦 「단전」에서는 "하늘에 응대하여 때에 맞춰 행동한다. 때문에 크게 형통한다."라고 하였다. 여기서 하늘과 시간은 서로를 함축하는 관계에 있다. 그러나 하늘이란 대지를 덮고 있는 것으로, 일월성신과 구름·비·바람 등을 포괄한다. 시간을 하늘과 연결시킨 이후로 '시' 개념은 공간의 인소를 은연중에 함축하게 되었다.

그 밖에 고대에서 말하는 '시時'란 때때로 추상적인 시간을 가리킨다기보다는, 구체적인 변화의 시점을 의미하는 것으로, 어떤 한 시점에서 발생되는 일정한 조건과 요소의 집합을 가리킨다. 때문에 이러한 '시'는 '시기時機'라고 해석할 수 있다. '시기'는 사물 사이의 일정한 상관관계 속에서 발생하는 것으로, 이 역시 우주 질서의 표현이라고 할 수 있다. 『역전』 속에서는 무수히 많은 곳에서 '시'를 논하고 있는데, 이것은 모두 시기의 의미를 지니고 있다.

결론적으로 말해서, '시'는 아주 종합적이면서도 민감한 개념으로서, 역학 중에서는 '시'를 사물이 우주 질서의 총체적 영향을 받는 주요한 요소로 보았다. 때에 맞추는 것이 하늘의 질서에 합치하는 것이 된다. 인간의 양생, 수덕修德 및 치세가 '시'에 부합하는가가 바로 성패의 관건이 된다. 「계사전」 하에서는 "변통이라는 것은 시기에 합치하는 것이다."라거나 "시기를 기다려 움직이니 무엇이 불리할 것이 있겠는가?"라고 한다. 또 간괘艮卦 「단전」에서는 "시기가 멈춰야 할 때면 멈추고, 시기가 행동해야 할 때이면 행동한다. 그 동정이 모두 시時의 적절함을 잃지 않았을 때라야 그 도가 아주 밝다."라고 한다.

일체의 변통變通은 반드시 시기가 무르익었는가를 살펴야 한다. 시기를 살펴, 응당 멈춰야 할 때면 멈추고, 응당 행동해야 할 때면 행동해야 한다. 모든 행동거지가 시의 적절함을 따를 때에 반드시 좋은 결과가 있을 것이다. 이로써 '시'의 중요성을 확인할 수 있다.

역학의 '시時'를 중시하는 사상은 의학과 기공 양생학에 거대하고도 심각한 영향을 미쳤다.

우선, 인체人體를 하나의 시간적인 구조로 이해한다. 간장·심장·비장·폐·신장 등 오장을 오시五時에 분속한다. 간장은 봄, 심장은 여름, 비장은 늦여름, 폐는 가을, 신장은 겨울에 해당한다. 진기眞氣는 경맥을 통해서 온몸을 돌기 때문에 주야·사시·십이월 등도 밀접한 대응 관계를 지니고 있다. 여기에 기초하여, 중의학에서의 진단학·치료학·침구학·방제학 등 그 어느 하나도 시간적 인 소因素의 영향을 심각하게 고려하지 않은 것이 없다. 이러한 방면의 풍부한 내용은 『黃帝內經』과 역대의 의학서적 중에서 모두 상세히 논하고 있다. 때문에 중의학은 어떤 의미에서는 음양의 시간의학이라고 부를 수 있다.

다음으로는, 인체의 기화와 우주의 유행은 상응상통하기 때문에 그 내부에는 통일적인 법칙이 있으며, 유기체의 생리生理 혹은 병리는 시간과 밀접한 상관관계가 있다. 때문에 양생 역시 반드시 시간적 인소와 서로 적응해야만 한다.

「素問·四氣調神大論」에서는 "봄 석 달을 발진發陳이라 부른다. 천지가 함께 생겨나 만물이 아름답게 된다. 밤에는 자고 아침 일찍 일어나 정원에서 이리저리 걸어 천천히 형체가 늘어지게 하여 의지가 생겨나도록 한다. 살아가도록 도와주고 죽이지 않으며, 줄 뿐 빼앗지 않으며, 상을 주지 벌을 내리지 않으니, 이것이 춘기春氣에 응대하는 것으로 생성을 돕는 도이다."라고 하였다. 또 "여름 석 달을 번수蕃秀라고 부르는데, 이때에는 천지의 기가 교류하여 만물이 번성해진다. 밤에는 자고 아침 일찍 일어나되 낮에는 엎드리지 않아 의지를 약하게 하지 않고, 더욱 번성하고 풍부하게 하며, 기를 발출할 수 있게 하여 마치 사랑할 만한 것이 밖에 있듯이 한다. 이것이 하기夏氣에 응대하는 것으로 성장을 돕는 도이다."라고 하였다.

또한 "가을 석 달을 용평容平이라 부르는데, 이 때에는 천기天氣가 빨라지고 지기地氣는 밝으니 일찍 자고 일찍 일어난다. 닭과 함께 일어나 의지로 하여금 편안하게 한다. 가을의 만물을 덜어내려는 움직임을 늦추고 신기神氣를 수렴하여 가을 기운을 평이하게 만들며, 그 뜻을 밖에 두지 않아서 폐기肺氣가 맑게 한다. 이것이 추기秋氣에 응대하는 것으로 수렴을 기르는 도이다."라고 말하였고, 또한 이르기를 "겨울 석 달을 폐장閉藏이라 부르는데, 이 때는 물은 얼고 땅은 갈라져 양陽의 기운을 받지 못한다. 일찍 자고 늦게 일어나 반드시 햇볕을 받아서 의지로 하여금 마치 엎드린 듯 사라진 듯한다. 만일 사사로운 생각이 있거든 이미 얻은 듯하며, 추위를 피하고 따뜻한 것을 좇아 피부로 빠지지 않게 하며 기를 빼앗기지 않도록 한다. 이것이 동기冬氣에 응대하는 것으로 폐장閉藏을 기르는 도이다."라고 하였다.

『내경』에 의하면 네 계절의 기는 같지 않다. 때문에 반드시 시기에 맞춰 조절해야 한다. 팔방의 사특한 기운은 각기 다르기 때문에 때에 맞춰서 피해야 한다. 기거와 노동, 의지와 조절 및 각종 사회적 행위는 모두 춘하추동의 서로 다른 계절적 특징에 맞추어 그에 상응토록 안배해야 한다.

다음은 고대 양생가들이 일찍부터 발견한 것으로서 같은 수련이라 하더라도 그 시기나 시간이 같지 않으면 그 효과가 다르다는 것이다. 이 때문에 언제 수련을 해야 그 효과가 가장 좋은가에 대해 옛 사람들은 많은 연구를 하였다.

예컨대 마왕퇴馬王堆 한묘漢墓에서 출토된 죽간竹簡『養生方』에서는 "기를 잘 다루는 자는 묵은 기가 밤에 흩어지고 새로운 기는 아침에 모이도록 한다."라고 하였고, 『却谷食氣篇』에서는 "기를 배양하는 자가 숨을 들이쉬고 내쉬는 것은, 처음 누웠을 때와 처음 일어날 때이다."라고 하였다. 이는 모두 아침에 일어나고 저녁에 눕기 전에 호흡을 수련해야 한다는 것을 주장하는 것이다. 또한 갈홍葛洪은 말하기를 "기를 운행시킬 때에는 반드시 기가 생겨나는 때에 해야지, 기가 죽어가는 때에 해서는 안 된다. …하루 밤낮은 모두 12시간인데, 한 밤중부터 정오까지 6시간은 기가 생겨나는 때이고, 정오부터 한 밤중까지 6시간은 기가 죽어가는 때이다. 기가 죽어가는 때에 기를 운행하는 것은 무익하다."(『抱朴子內篇·釋滯』)라고 하였다.

그는 자시子時부터 오시午時까지 6개의 시진時辰은 양이 성장하고 음이 소실되어가는 시간으로, 호흡과 도인導引하기에 적절한 시간이라고 여기는 것이다. 반면에 오시에서 자시까지의 6개 시진은 음이 성장하고 양이 소실되어 가는 시기로 적절치 못하다는 것이다. 갈홍의 이러한 주장은 후세에 상당한 영향을 끼쳤다. 그러나 서로 다른 수련 방법마다 적절한 시간의 선택의 차이를 불러온다. 예컨대 내단공內丹功 수련은 수련의 시간 선택에 대해 아주 엄격하다. 그들은 수련하기에 가장 좋은 시간을 자시로 보고, 그 다음은 오시와 묘시 및 유시로 본다.

시간 양생학은 인체구조 과학의 한 부분이다. 때문에 이것은 아주 오래되었으면서도 아주 새로운 학문인 것이다. 전통이론에 대한 충분한 이해와 발굴이라는 기초 위에 한 걸음 더 나아간 새로운 과학 방법으로 연구해야 한다.

2) 상수象數의 모형에 대하여

모형模型 방법은 역학에서 우주의 질서를 이해하여 우주와 서로 합치하기를 구하는 중요한 방법이다. 팔괘와 64사괘의 상象과 수數는 바로 우주 만물을 설명하고 연구하기 위하여 창조된 상수 모형인 것이다. 중국의 전통사유는 형상과 유비를 아주 중시하여 아주 일찍부터 자각적으로 모형을 이용해 왔다.

『역전』에 이르면 상당히 구조적인 모형이론이 등장한다. 「계사전」 하에서는 이렇게 말한다. "『역』은 상象이다. 상이란 형상화(像)이다.", "상이란 그것을 형상화한 것이다." 여기서 말하는 '상象'이란 객관세계에 대한 도상 모형을 가리킨다. 왜 모형을 제작하는가? 「계사전」 상에서는 "성인은 천하의 움직임을 살펴 그 속의 회통하는 모습을 관찰하고는 전례典禮를 시행한다. 그리고는 거기에 문장을 부기하여 길흉을 판정한다. 때문에 이것을 효爻라고 한 것이다. 이는 천하의 지극한 자취여서 싫어할 수 없고, 천하의 지극한 움직임이어서 혼란될 수 없음을 말한 것이다."라고 하였다.

성인은 세계의 운동이 끊이지 않고 수없이 변화하여 파악하기 어렵다는 것, 그리고 상과 수가 세계를 인식하는 공구가 됨을 발견한다. 이로 인해 사람들은 더 이상 미혹이나 무지에 빠져들지 않을 수 있게 되었다. "효와 상은 안에 있지만, 길흉은 밖에 드러나 보인다."(「계사전」하) 괘와 효의 도상圖象에 대한 연구와 관찰로부터 외부세계의 길흉 변화를 이해하고 미리 예측할 수 있다는 것이다. 이로써 괘효의 도상은 일종의 유력한 인식 수단임을 알 수 있다. 이것은 바로 상수를 인식모형의 본질로 설명한 것이다.

『역전』에서는 또한 모형방법의 일반적인 특징에 대해서도 논술하고 있다. 모형과 그것에 의해 그려지는 대상이 서로 비슷해야 하는 것은 모형을 구성하는 가장 중요한 조건이다. 「계사전」 상에서는 "성인은 천하의 자취를 볼 수 있고 그 형체를 헤아릴 수 있어서 그 사물의 적절함을 상징화해낸다. 때문에 상象이라고 하는 것이다."라고 말한다. 또한 "그 광대하기는 천지에 짝할 수 있고, 그 변통은 사시四時에 짝할 수 있으며, 음양의 옳음은 일월에 짝할 수 있으며, 간이簡易한 훌륭함은 지극한 덕에 짝할 수 있다."고 말한다. 그리고 "『역』은 천지와 더불어 기준이 된다. 때문에 천지를 모두 감쌀 수 있는 도인 것이다."라고 말한다.

『역전』의 작자는 모형이 객관세계에 대하여 '헤아리고(擬)', '상징해내고(象)', '짝하고(配)', '기준이 되는(准)' 관계에 있음을 강조한다. 즉 '이것을 따라한다(效此者也)'거나 '이것을 상징한다(像此者也)'는 것이다. 그는 "천지와 서로 비슷하기 때문에 어긋나지 않는다."(「계사전」 상)고 생각한다. 다시 말하면 64사괘의 상象과 수數가 정확히 천지만물을 그려내어 객관세계와는 일정한 유사성을 지니기 때문에, 그것을 통하여 세계 변화의 규칙을 찾을 수 있다는 것이다.

『역전』은 더 나아가 모형模型과 원형元型은 서로 비슷하기는 하나 서로 같은 것은 아님을 밝히고 있다. 「계사전」 하에서는 "하늘은 아주 강건하여 사람에게 쉬움으로 보여주고, 땅은 아주 부드러워 사람에게 간략함으로 보여준다. 효爻라는 것은 이것을 본받음이요, 상象이란 이것을 형상한 것이다."라고 하였다. 건괘乾卦와 곤괘坤卦를 비롯한 모든 64사괘는 세계 만물에 대한 조금의 누락도 없는 완전한 묘사라기보다는 일종의 간략하고 개략적인 모사에 불과하다. 바로 이러한 이유에서 이러한 괘효상은 비로소 응용될 수 있고, 비로소 모형으로서의 기능을 수행할 수 있는 것이다.

"평이하면 쉽게 알 수 있고, 간단하면 쉽게 따를 수 있다.", "쉽고 간단해야 천하의 모든 리理를 얻을 수 있다."(「계사전」 상) 괘효의 상과 수는 비록 간단하지만 부호와 도상의 형식으로 천하만물의 도리를 개략적으로 드러낸다. 사람들은 이러한 '상'과 '수'를 빌려서 비교적 쉽게 객관세계의 미묘 복잡한 사물과 깊이 감추어져 있는 오묘한 도리를 확보할 수 있는 것이다. 때문에 괘효의 상과 수는 간단함으로 번쇄함을 통어하거나, 드러난 것으로 드러나지 않은 것을 드러내 보이거나, 변치 않는 것으로 변화무상한 것을 개괄해내는 작용을 하게 된다. 그러한 것들이 있기 때문에 사람들은 우주와의 합일을 실현함에 있어서 편리함을 제공받을 수 있는 것이다.

주의해야 할 것은 팔괘와 64사괘가 모형의 기능을 하는 것은 대단한 보편성과 민감성을 지니고 있다는 것이다. 이것은 괘와 효 사이의 구조와 관련이 있다. 우리 모두 아는 것처럼 팔괘와 64사괘는 모두 음효(--)와 양효(—)가 서로 중첩되어 이루어진 것이다. 음양의 두 효는 아주 추상적이다. 그것들은 다만 음과 양의 도를 상징할 뿐인데, 이것은 천지 만물의 가장 보편적인 법칙이 된다. 이로부터 삼효괘(팔괘)나 육효괘(64사괘)는 서로 다른 변환의 과정을 거쳐 각종 유형의 음양 관계를 표현할 수 있다.

팔괘와 64사괘의 서로 다른 조합과 전체적인 조작을 빌리면 어느 정도까지는 어떤 사물이든지 거의 그려낼 수 있게 된다. 그러기에 「계사전」 하에서는 『역』으로 "신명神明의 덕에 통하고, 만물의 정情을 분류하였다."라고 말하였고, 또한 「계사전」 상에서는 "천지의 변화를 다 아우르면서도 어긋나지 않고, 만물을 각기 완성시키면서 하나도 빠뜨리지 않는다.", "그것을 이끌어 확장시켜 같은 부류의 사물에 적용시킨다면 천하의 능히 할 일들을 다 할 수 있다."고 말하였다.

이러한 토대 위에서, 기공 양생학 역시 역학에서 각종 괘효의 도상圖象을 모형으로 삼는 것을 이용하여 인체와 기공의 공리功理를 해석해낸다. 그렇게 하는 이유는 역학과 양생학에서는 인간을 하나의 작은 우주로 보기 때문이다. 예컨대 「설괘전」에서는 "건乾은 머리요, 곤坤은 배이고, 진震은 다리요, 손巽은 넓적다리이며, 감坎은 귀이고, 리離는 눈이며, 간艮은 손이고, 태兌는 입이다."라고 한다. 이는 사람과 우주가 서로 상응함을 표명한 것이다. 따라서 팔괘와 64사괘는 우주를 모사하는 동시에 자연스럽게 또한 인체를 아주 잘 설명할 수 있는 것이다.

동한의 위백양이 가장 먼저 그가 지은 『周易參同契』에서 『역경』의 괘상을 연단이론 연구의 모형으로 이용하였다. 그는 건곤감리乾坤坎離의 네 괘를 64사괘의 강령으로 보았으며, 내단 공법을 이해하는 데 있어서의 중심축으로 삼았다. 『주역참동계』는 곳곳에서 단법丹法을 역상易象으로 비유하고 있다. 그가 이렇게 선례를 남긴 이후로 후세의 단가丹家들은 모두 그러한 그의 견해를 따랐다.

소주천小周天을 그 예로 들어보기로 하자. 소주천 공법을 '감坎을 취하여 리離를 메운다.' 혹은 '감坎과 리離가 서로 얽혀 있다'라고 부른다. 그 목적은 후천의 정기를 따뜻하고 충실하게 만들어 선천의 정기로 환원시키기 위한 것이다. 이 과정을 설명하기 위하여 소주천 공법은 감괘坎卦(☵)로 신장을 대표하고, 리괘離卦(☲)로 심장을 대표한다. 수련의 결과 심장과 신장이 서로 교류하여 심장과 신장에 구비되어 있는 후천의 정기를 선천의 정기로 변하게 하고, 후천의 신神을 선천의 신으로 변하게 하는 것이다.

이러한 거대한 변환은 감괘坎卦가 곤괘坤卦(☷)로 변하고 리괘離卦가 건괘乾卦(☰)로 변하는 것으로 표시된다. 소주천 공법은 후천팔괘도로 수련 이전 신체의 상태를 상징한다. 감괘와 리괘는 후천팔괘도에서 자오子午의 위치에 해당한다. 감괘(신장)는 순수한 음괘가 아니고(중간에 양효가 있다), 리괘(심장)는 순수한 양괘가 아니다(중간에 음효가 있다). 이것은 인체의 내부에 잡된 것이 있어서 후천의 불합리한 욕망의 손상을 받았음을 의미한다.

'감坎과 리離가 서로 얽혀'진 뒤에 이 두 괘 중간의 효는 서로 바뀌어, 원래 자오子午의 위치에 있던 감괘와 리괘는 건괘乾卦와 곤괘坤卦로 변한다. 따라서 후천팔괘도는 선천팔괘도로 변한다. 건괘와 곤괘는 순수한 양괘이거나 순수한 음괘이다. 이는 심장과 신장에 담겨 있는 음과 양이 이미 순화되어, 정精·기氣·신神이 이미 후천에서 선천으로 회복되었음을 의미한다.

내단 공법은 또한 역상易象을 빌려 화후火候를 연구하였다. 예컨대 진양화進陽火와 퇴음부退陰符가 그것이다. 진양화는 생각을 집중하여 미려尾閭에서 니환泥丸으로 '약물藥物'을 올리는 것이고, 퇴음부는 생각을 집중하여 니환泥丸에서 하단전下丹田으로 '약물'을 내리는 것이다. 진양화는 자子·축丑·인寅·묘卯·진辰·사巳의 여섯 단계로 나눌 수 있는데, 그 중 묘시는 목욕沐浴이 된다. 퇴음부는 오午·미未·신申·유酉·술戌·해亥의 여섯 단계로 나누는데, 그 중 유시는 목욕에 해당한다. 진양화는 양이 길어지고 음이 적어지며, 퇴음부는 양이 사라지고 음이 늘어난다. 한 번 올라가고 한 번 내려가며 왕복하여 순환한다.

위백양은 십이소식괘十二消息卦를 모형으로 만들어 일년 열두 달과 십이율여十二律呂에 배합시켜 진양화와 퇴음부의 전체과정을 설명하였다.

십일월 초하루는 복괘復卦에 해당한다. 양기가 처음으로 통하여 음기와 양기의 드나듦은 빠르지 않다. 표를 세웠으나 그 기는 미약하여 강건하지 못하고, 십이율여 중에서는 황종黃鐘, 두병斗柄은 자子에 위치하는 11월에 해당한다. 양기의 조짐은 조금씩 현저해지고, 양기는 따뜻한 기운을 베풀고, 백성들도 항상됨을 얻는다.

임괘臨卦에 이르면 화로 속의 화기는 점차로 자라난다. 양기의 길이 열려 빛을 발하고 그 빛은 점차로 강해지며 낮의 길이도 점점 길어진다. 두병은 축丑에 위치하고 율려는 대려大呂에 해당한다. 일 년은 여기서 끝나고 높고 낮은 것 사이에서 다시 시작한다. 양기가 더 많아지면 태괘泰卦가 된다.

태괘는 강건함과 유순함이 서로 융성하고 음기와 양기는 서로 접한다. 음은 물러나고 양은 자라나는 시기이며 두병은 인寅에 해당하고 양기는 이에 모여들어 급히 앞으로 나아간다.

점차적으로 나아가면 대장괘大壯卦에 해당한다. 두병은 묘卯에 위치하고 율려는 협종夾鐘에 해당한다. 느릅나무의 열매를 싼 깍지가 땅 위로 떨어져 본원으로 복귀한다. 형刑과 덕德이 서로 등지며 낮과 밤이 비로소 같아진다.

쾌괘夬卦에 이르면 음은 점점 물러나고 양은 올라가 앞으로 나아간다. 이는 새가 티끌을 씻어버리고 날아오르려는 형국이다.

건괘乾卦에 이르면 양기는 왕성하고 밝다. 사방의 사람들이 그 덕을 입는다. 양기는 사巳에서 끝나지만, 그 중간에는 음기가 와서 간여하게 된다.

구괘姤卦는 음기가 처음으로 생겨나니 서리를 밟을 전조이며, 우물 바닥엔 차가운 샘이 흐른다. 두병은 오午에 위치하고 율려는 유빈蕤賓에 해당한다. 양이 물러나며 음이 객이 되었다가 나중에는 주인이 된다.

둔괘遯卦는 마치 군자가 세상을 피하여 자리에서 물러나는 것과 같다. 만물은 열매를 맺으려 하고, 덕을 간직한 채 때를 기다리며 잠시 유암幽暗의 땅에 휴식한다.

비괘否卦는 막혀서 통하지 않는 상이다. 초목의 싹은 발생하지 않고 음은 점차 늘어나고 양은 점점 줄어드니 성명性命을 훼상한다.

관괘觀卦는 기가 많고 적음을 재어보는 때이니 남과 밤의 길이가 같은 중추仲秋의 실정을 살펴야 한다. 미약한 식물을 길러 마른 식물도 다시 살아나, 냉이나 보리의 싹이 나오기도 하고 고목에서 새싹이 나오기도 하여, 이때를 틈타 땅을 무릅쓰고 살아난다.

박괘剝卦는 몸뚱이를 뜯어내어 그 형체를 소멸케 하고 기의 변화는 이미 다하고 지극한 신神을 망실케 한다.

도가 다하면 다시 돌아가 곤괘坤卦의 원元으로 돌아간다. …평탄하다고 언제까지고 기울지 않음이 없는 것이 자연의 이치이다. 변화는 다시 성대해지고 생성과 소멸은 서로 의지하여 곤坤으로 끝난 것은 다시 복復으로 시작하여 끊임없이 순환하는 고리와 같다.(『周易參同契』中篇)

위백양은 진양화와 퇴음부 중의 열두 단계를 각기 십이소식괘에 배열시킨 뒤에, 십이소식괘의 괘상으로 음양, 소장 상태의 서로 다른 단계를 표현하였다. 그렇게 함으로써 아래와 같은 표를 만들어 보였다. 표에서 볼 수 있듯이 내단 공법은 한편으로는 십이소식괘로 '진양화'와 '퇴음부'를 해설하고, 다른 한편으로는 그 기본적인 법칙이 천지자연의 운행 규칙을 존중함으로써 제정되었음을 보여준다.

괘상과 각 유형의 역도易圖를 이용하여 인체와 기공법칙을 연구하는 모형으로 삼은 예는 아주 많다. 이러한 방법들은 곧 천인상응天人相應 및 우주와 그 질서를 함께 한다는 이론의 체현이며, 동시에 인간이 우주와 합치하려는 의지의 표출인 것이다. 아래의 표2는 『중국의학백과전서·기공학』에서 인용하여 약간 변형시킨 것이다.

단계	괘상	음양의 수	해당 월	律呂	消息
자	復	1양	11월	黃鐘	陽氣가 시작된다.(進火)
축	臨	2양	12월	大呂	양이 2양으로 늘어난다.
인	泰	3양	정월	大簇	양이 3양으로 늘어난다.
묘	大壯	4양	2월	夾鐘	양이 4양 목욕으로 늘어난다.
진	夬	5양	3월	姑洗	양이 5양으로 늘어난다.
사	乾	6양	4월	仲呂	6양이 모두 순전하도록 양이 늘어난다.
오	姤	1음	5월	蕤賓	양이 극히 성해지자 음이 생겨난다.(退火)
미	遯	2음	6월	林鐘	2음이 점차 늘어난다.
신	否	3음	7월	夷則	3음이 건괘를 잠식한다.
유	觀	4음	8월	南呂	양이 사라져 4음 목욕이 된다.
술	剝	5음	9월	無射	마감하여 화후가 그치도록 한다.
해	坤	6음	10월	應鐘	공부가 크게 이루어진다.

●지은이 - **유장림(劉長林)**

1963년 북경대학 철학과 졸업한 지은이는 중국과학원(현재의 중국사회과학원) 철학연구소에서 부연구원으로『철학연구(哲學研究)』와『철학역총(哲學譯叢)』잡지의 편집을 맡았고, 1988년부터 2002년까지 연구원 및 교수로 재직하였다. 일찍이 공자기금회(孔子基金會)의 부회장 및 학술위원회 주임(主任)을 역임하였으며, 현재는 곡부공자서원(曲阜孔子書院) 부원장(副院長)을 맡고 있다. 주로 중국고대철학과 중의철학(中醫哲學)을 연구하였고, 주요저작으로는『四五運動紀實』,『中國系統思維』,『周易與養生』(공저) 등이 있다.

●옮긴이 - **김학권**

현 한국주역학회 회장과 국제역학연합회(IAICS) 부회장을 맡고 있는 옮긴이는 고려대학교 철학과와 동대학원(석사)을 마치고 대만 문화대학에서 철학박사 학위를 취득하였다. 중국 북경대학 철학과 연구교수를 거쳐 현재 원광대학교 인문대학 철학전공 교수로 재직하고 있다.
저서로는『주역의 현대적 조명』(공저),『주역의 근본 원리』(공저),『동양의 자연과 종교의 이해』(공저) 등이 있고, 역서로는『주역산책』과『주역과 중국의학』(공저)이 있으며, 주요 논문으로는「역경지천인관계연구(易經之天人關係研究)」(박사학위논문)와「주역의 수양론」,「주역의 우주변화에 관한 고찰」 등이 있다.

사람살이와 자연섭리의 이치를 풀어 밝히는
주역의 건강철학

- 지은이 : 유장림(劉長林) / 옮긴이 : 김학권 // 펴낸이 : 고재구
- 초판1쇄 인쇄 : 2007년 3월 6일 / 초판1쇄 발행 : 2007년 3월 14일
- 펴낸곳 : 고양시 일산구 정발산동 1122번지 102호
  전화 : 031)925-1475 // 팩스:031)925-1476 / 등록 : 2005년 11월 17일(제 2005-63호)

ⓒ(주)정보와사람
ISBN 978-89-957829-6-5 03910

※잘못된 책은 바꾸어드립니다.